JN098359

法学入門

[第3版]

Tanaka Shigeaki
田中成明

Introduction
to
Law

有斐閣
Yuhikaku

第 3 版　はしがき

　本書は，2005 年に初版を上梓して以来，幸いにも刷を重ねることができ，その間，2016 年に大幅な改訂をして改版した他，法改正や判例の変更などにその都度対応して関連個所の説明の補正などに努めてきた。だが，新版に改めた後も数年経ち，現代日本の法状況に焦点を合わせて法システム全体の仕組みと主な機能について入門的な説明をするという，初版はしがきで述べた方針に照らして，補正する必要のある個所が出てきていた。このたび再度大幅な改訂をする機会を得て，新版以降の法改正や新判例に関する説明や各種データの更新などの通例の改訂に加えて，全体の説明を見直して，新たな章を加えて章編制を一部変更し，それに合わせて関連個所の説明を調整した他，あちこち手を加えることになったので，版を改め第 3 版とすることにした。

　新たに「第 6 章　権利と人権」を追加し，それに合わせて，法規範の機能，判決（判例）による法形成，裁判の政策形成機能など，関連個所の説明を調整するとともに，15 章編成という全体構成を維持するために，旧「第 12 章　法的思考」と旧「第 13 章　法学の諸分野」を統合して「第 13 章　法的思考と法律学と法学」とし，旧 12 章と旧 13 章の内容の一部は割愛し，法曹養成に関する個所は加筆修正して「第 14 章　日本の法律家」に移した。

　本書の全体の構成を決めた当初は，権利と人権は，犯罪と刑罰と並んで，法システムがその目的や機能の実現のために用いる基幹的な概念であり，法の全体的な特質や仕組みの説明において重要な位置を占めていることは承知していたけれども，放送大学の「法学入門」科目の印刷教材の章編成をベースにしたこともあり，権利や人権に関して総括的な一般理論的説明のための章は設けず，それぞれ関連個所で必要な限りで説明することにした。だが，刷を重ねるたびに全体の説明を通読して見直しているうちに，本書における法の考え方や用い動かし方に関する私の説明を理解していただくためには，法的権利義務関係や基本的人権に関する基礎理論的な説明を一通りして，関連個所の説明もそれを

ふまえたものに書き直したほうがよいのではないかという思いが強くなり，この機会に新たに権利と人権に関する章を設けることにした。

　法的思考・法律学・法学・法曹養成に関する説明を整理し直したのは，半期15回の授業という大学の標準的講義スタイルへの愛着もあるが，もともと，旧12章から旧14章にかけて取り上げていた内容の整理の仕方については，法的思考・法律学の独特の知的性質や社会的機能を初学者に分かりやすく説明することが難しいうえ，法科大学院制度をはじめ，先般の司法制度改革における法曹養成・法曹制度関連の諸改革が，円滑に実施され期待通りの成果を収めうるかどうかの見通しに不確定なところもあって，いずれのテーマについても説明が繁簡宜しきを得ていない部分があり，機会があれば是正したいと考えていたことによるほうが大きい。

　また，前回の改版と同様に，本書で法学を学びはじめる方々とともに，本書を参考に法学教育に携わられる方々にも配慮して，法というものを考えながら学ぶ手がかりになりそうなテーマについては，少し専門的な問題や論点にもできるだけ何らかの形で触れ，理解を深める参考になる関連文献を脚注と巻末の参考文献で追加した。

　おそらくこれが最後になるであろう今回の大幅な改訂も，前回と同様，有斐閣京都支店の一村大輔氏のお世話になったが，同氏をはじめ校正を担当してくださった方々の行き届いたご配慮に厚く御礼を申し上げたい。

　　2023年1月

田 中 成 明

初版　はしがき

　本書は，法とはどのようなものか，法をどのように用い動かすべきかについて学ぼうとする人々のための入門書である。

　わが国では，法学という科目は，ほとんどの人にとって大学に入学してはじめて学ぶ学問であり，それ以前の学校教育では，憲法などを中心に，法についての知識を多少学んだことはあっても，法システムの全体像や法学の具体的内容についてはあまり知らないのが通常であろう。しかも，法学という学問は専門技術的で難解だというのが一般的なイメージであり，実際，法学を専門的に学ぶ者も，当初は相当苦労するものである。このような学問への道案内をする「入門」という科目の教え方もなかなかむずかしく，さまざまなアプローチが可能である。

　本書では，法システムや裁判制度の基本的な仕組みと主な機能，法の実現すべき目的や価値，法の解釈・適用に用いられる法的思考の特徴と技法，法運用の専門的な担い手である法律家の組織と活動などについて，現代日本の法状況に焦点を合わせながら説明し，法というものをどのように考え，どのように用い動かすべきかについて，市民的教養として一通りの知識と理解力を身につけることができるようにすることをめざしている。

　全体の構成を説明しておくと，第1章と第15章は，本書全体の序論とまとめとして，わが国における一般の人々の法の考え方，法システムの運用や利用の仕方にどのような問題があるかを紹介しながら，法学入門という科目を学ぶことによって，法の考え方や用い動かし方について修得していただきたい基本的な姿勢・視座を説明している。第2章から第14章までの各章は，法に対するこのような視座・姿勢を身につけることをめざして法学を学ぶにあたって必要と考えられる基礎的な知識を順次説明したものであるが，法をどのように考え，どのように用い動かすべきかについても，それぞれ関連箇所で具体的に敷衍することに努めた。

第2章から第5章にかけては，法システム全体の基本的な仕組みと主な機能について，現代法の動向やわが国の法文化の特徴にも言及しつつ概観し，第6章と第7章では，法の実現すべき価値・目的について，とくに法と道徳の関連，法による正義の実現のあり方をめぐる基本的な問題を取り上げて説明した。第8章と第9章では，法システムの作動の中心に位置すべき裁判制度を取り上げ，わが国の裁判制度の組織・手続とその現代的機能をめぐる問題について説明した。

第10章から第12章にかけては，法の解釈・適用に用いられる独特の専門技術的な思考様式・技法に関する基本的な問題を概観した上で，法的思考の基本的な特徴とその社会的意義について説明した。第13章では，法律学（法解釈学・実定法学）をはじめとする法学の主要分野の学問的特質とその現況を概観し，法学教育と法曹養成の関連をめぐる問題についても説明した。第14章では，法システム，とりわけ裁判制度の運用に専門的に携わる法律家について，わが国の現況と課題について，今般の司法制度改革の主な成果をも取り込んで，全般的な説明をした。

法学をいわゆる教養科目として学ぶ人々を主な対象としているが，法学を専門的に学ぼうとする人々が基礎的な知識と素養を身につけることができるようにも配慮して，やや専門技術的な事柄に立ち入って説明したところもあり，関連条文も少し多めに挙げておいた。本書を読まれるにあたっては，手頃なサイズの六法全書を座右において，煩をいとわず関連条文を自分の眼で読んで確認するとともに，意味が分からない用語があれば，巻末の索引を利用して詳しい説明のある箇所を読んだり，適当な法学辞典を参照したりするように心がけていただきたい。

本書を執筆するにあたっては，これまでに公にされた「法学入門」に関する数多くの書物を参考にさせていただいた。これらの書物においてほぼ共通して取り上げられている事項については何らかの形で触れるように努めたが，私なりに取捨選択し，法に関する知識を網羅的に説明するよりも，法についての全体像を理解して各人各様の姿勢・視座を形成するのに共通して必要と考えられる基本的な事項の説明に重点をおくことにした。また，本書で示したような法の考え方や用い動かし方の意義，わが国の法システム・裁判制度の問題状況の

理解に役立つと思われるテーマについては，他の入門書であまり扱われていないものも取り上げることにした。

　本書は，2000 年から 4 年間にわたって放送大学で放映された「法学入門」という科目の印刷教材『法学入門——法と現代社会』を基礎に，章編制の順序を変更し，内容も全面的に見直し，かなり加筆補正して，新しい書物として上梓したものである。内容的には，司法制度改革が，教材の作成中に本格化し，放映と並行して推進され，数多くの重要な改革が具体化されたため，その成果を取り込んで書き加えた箇所が最も多い。放送大学その他の大学で実際にこの教材を用いて授業した経験をふまえて，章編成の変更や説明の見直しなどを行ったが，授業を聴講した学生諸君をはじめ，教材を読まれたり授業に教材を使われたりした方々からも，種々の有益なご指摘をいただき，参考にさせていただいた。

　本書をこのような体裁で公刊するにあたっては，有斐閣京都支店の奥村邦男氏と土肥賢氏に，予定通りに仕事が進まずご迷惑をおかけしたにもかかわらず，終始懇切なご配慮をいただいた。ご厚情に心から感謝の意を表したい。

　2005 年 11 月

田 中 成 明

第1章 法へのアプローチ

1 法のイメージと体験から

1 法イメージからの関心

　法学を学ぼうとする動機は各人各様であろうが，一定の法イメージや何らかの法体験をきっかけに，法そのものや法学に関心をもち，法や法学がどのようなものであるかを知るために，まず入門的な科目を学んでみようと思い立った者が多いのではなかろうか。さまざまな法イメージや法体験が想像されるが，代表的な事例を少し想定してみよう。

　人々の法イメージとしては，強制的で権力的な法，社会秩序を維持する道具，権利や自由を保障する手段などが一般的なものであろう。これらの法イメージは，新聞・テレビなどのマスコミ報道を通じて形成される場合が多い。そのなかでも，最も注目を集めやすいのは，殺人などの犯罪や刑事裁判についての報道であろう。犯罪と刑罰に関する規定である刑法や，刑法を具体的事件に個別的に適用する刑事裁判が，おそらく多くの人々の法イメージの中心となっており，強制的で権力的な法，社会秩序を維持する道具といった法イメージは，このような刑法や刑事裁判を念頭において形成されることが多いのではなかろうか。

　例えば，多数の死傷者が出た事件で，容疑者が浮かんでいても，なかなか逮捕されず，捜査状況を次々と伝える新聞やテレビの報道にイライラして，一体特定の人物を容疑者として認定し逮捕するためには，どのような証拠が必要で，どのような手続をとらなければならないのかということに関心をもった者は少なくないであろう。また，第一審の無罪判決が控訴審で覆され有罪となるなど，

裁判所の判断が下級審と上級審で異なることが少なからずあるが，なぜ同一の事件について裁判官によって無罪になったり有罪になったりするのか，判決が分かれること自体おかしいのではないかといった疑問をいだく者も多いであろう。とくに，第一審の裁判員裁判による無罪判決が，職業裁判官のみによる控訴審判決で逆転有罪となるケースについては，裁判員裁判の趣旨に反するのではないかという疑問をもつ人もいるだろう。さらに，第一審の無罪判決に対して検察側が控訴するようなケースは，もともと難しい事件であって，差し戻し審理が行われて裁判が長期化することが多く，最終的に無罪判決を得ることができても，長い間不安定な状態に置かれる被告人の立場はどうなるのか，裁判所の審理の進め方が遅すぎ，改善すべきではないか，無罪判決に対する控訴など検察の対応姿勢にも問題があるのではないかといった批判の声があがることもある。これらの諸事例のように，刑事裁判に対する関心や疑問が，かなりの人にとって法学を学んでみようと思い立った動機ではないだろうか。

ところで，裁判には，このような刑事裁判と並んで，商品を買って代金を支払わない者にその支払を請求する訴訟など，私人間の紛争を解決する民事裁判がある。民事裁判は，通常の事件の場合，その性質上あまり報道されることがないが，社会的な注目を集める公害環境訴訟，国や地方自治体などの行政機関相手の訴訟などは，かなり大々的に報道される。このような民事裁判による権利の実現や救済も，法の重要な機能であり，個人の自由と権利を守る法というイメージは，憲法が保障する各種の基本的人権の擁護や侵害がさまざまな機会に問題となり報道が増えていることに加えて，このような民事裁判の機能を念頭において形成されることが少なくないであろう。

例えば，全国各地でさまざまな公害環境訴訟が提起されたが，かなり長期間の審理を経てやっと判決が下された場合が多い。だが，過去の損害に対する賠償請求は認められるが，公害の発生源となる行為の差止請求は認められないケースが多く，一体公害被害はどのようなものであればどの程度救済されるのか，裁判所が差止請求をなかなか認めないのはなぜなのだろうか，とりわけ行政機関相手の訴訟において原告が勝訴するケースがきわめて少ないのはなぜなのだろうかといったことに関心をもつ者もいるであろう。さらに，少し専門的になるが，これらの訴訟で日照権や環境権などの新しい権利が主張され，判例

では，日照権は承認されたが，環境権はまだ承認されていない状況について，なぜこのような違いが生じるのか，そもそも日照権や環境権とはどのような内容の権利なのか，憲法・法律上の根拠条文はどれなのか，判例によって司法的救済が可能な権利として承認されるためには一体どのような要件が必要なのかといった疑問をいだいた者もいるであろう。これらの民事裁判に対する関心や疑問が法学を学ぶ動機となった人もいるのではないだろうか。

　しかし，刑事裁判にしろ，民事裁判にしろ，マスコミ報道の対象となるような出来事は，一般の人々にとっては，いずれかと言えば非日常的な現象であり，一生のうちに裁判に関わり合う者はきわめて少なく，ほとんどの人は裁判などに関わり合わずに一生を終わるのである。そして，基本的には，それが望ましく，また，普通であろう。しかし，だからと言って，法などは自分に関係のないものだと，敬して遠ざけてしまうのは早計である。実際には，われわれが毎日平穏無事に暮らせるのも，反社会的な有害行為が刑法などによって実効的に抑止されており，いざというときには警察などの機関によって法的な保護・救済を受けることができる体制が整備されていることによるところが少なくないのである。それどころか，日常生活における法との関わり合いを少しでも意識的に考えはじめると，どのような人でも実にさまざまな法によって行動の規制を受け生活を守られていることがすぐにわかるはずである。

2　法体験からの関心

　多くの人々が，毎日いろいろな商品を買ったり交通機関を利用したりしている。これらは，法的には売買契約や運送契約に基づいており，民法や商法などの法的規定を基礎にした法的行為なのである。例えば，家を買ったりマンションを借りたりする際に契約書を作成する場合，その段階から"法的"行為であると意識し，注意深く契約書を点検する者もいるかもしれないが，買った家に欠陥があったりマンションの解約時に敷金の返還額について争いが生じたりしてトラブルが発生してはじめて，これは"法的"問題だと意識する者のほうが圧倒的に多いであろう。自分自身や家族など親しい者がこの種の法的トラブルに出会って苦労したり不愉快な体験をしたりしたことが，法学を学んでみようと思い立った動機の人もいるかもしれない。

　私人の日常生活における法的活動の基礎になっている民法や商法などが果たしているこのような機能は，ほとんどマスコミ報道の対象にはならないけれども，多くの人にとっては，日常生活におけるこのような法の機能のほうが実際にははるかに身近なものである。人々の法イメージにおいても，本来は，このような国家の強制的な権力行使と直接には結びつかず，われわれの日常生活を支えている法の機能が，もっと大きなウエイトを占めてもよいはずだが，現実は必ずしもそうではない。

　さらに，一般の人々の日常的な法体験には，以上のようなものの他にも，役所に家族の出生・死亡や本人の結婚・住所の変更などを届け出たり，戸籍・住所・印鑑など各種の証明書を発行してもらったり，建物の新築・改築の届け出をしたり，各種の補助金・給付金を申請したり受け取ったり，役所との関係でいろいろな法的規制や法的手続に関わる機会も多い。そして，役所の形式主義・書類主義や杓子定規な法の運用に不愉快な思いをし，法や法学に関心をもつきっかけになった者も少なくないであろう。

　これらの役所との関わり合いの基礎となっている法には，民法の家族法に関連するものもあるが，多くは行政法と呼ばれている各種の法規に関連するものである。現代国家は，積極国家とか行政国家と呼ばれ，国や地方自治体などの行政機関が人々の社会経済生活のさまざまな側面に積極的に配慮し介入している。そして，その重要な手段として各種の行政法規が用いられており，われわれの日常生活に関連する法として，行政法規のウエイトが飛躍的に高まっていることが，現代法システムの重要な特徴である。例えば，われわれが生きてゆくのに不可欠な空気や水ですら，一見法とは無縁にみえるが，大気汚染防止法や水質汚濁防止法などの行政法規による規制のもとにおかれているのである。

　このように，法というものを少し意識的に考えはじめると，マスコミ報道などを通じて形成される法のイメージとは違って，われわれの日常生活自体が実に多くのさまざまな法によって取り巻かれており，誰もが否応なしに何らかの仕方で法と関わり合いながら生きていることがすぐにわかるはずである。法学入門という科目を学ぶにあたっても，法のイメージだけではなく，日常的な法の体験にも照らし合わせながら，法というものを考えるように心がけることが重要である。新聞・テレビなどの法や裁判に関する時事的ニュースに関心をも

つだけでなく，日常生活における法との関わり合いをもっと自覚し重視して，法というものを身近に実感するようになっていただきたい。

２ 法の全体的な仕組み

1 動態としての法システム

一人一人の法イメージや法体験は，それぞれの人の職業や生活様式・性格などによってかなり異なっているかもしれない。法というものを考える場合，法システムの全体の仕組みを理解して，自分のイメージや体験がその全体的な仕組みのどの側面とどのように関わり合っているかを理解することが重要である。

一般の人々が法というものを考える場合，まず思い浮かぶのは，憲法や法律などの条文であろう。たしかに，憲法や法

```
法システムの四側面

① 規範的側面   憲法や法律などの条文の規定内容
② 制度的側面   法の定立・適用・執行機関，独立の裁判所など
③ 技術的側面   専門的な法の解釈・適用の技法
              法律学(法解釈学・実定法学)
④ 主体的側面   法律家(法曹)─裁判官・検察官・弁護士
```

律の条文は，法規範の基本的な規定方式であり，各条文でどのような規範内容の指図がなされているかを知ることが，法の機能や目的を理解する場合の出発点であり，重要なことであることは間違いない。しかし，憲法や法律の条文がその規範的規定内容を具体的に実現し，期待された社会的機能を現実に発揮するためには，何よりもまず，国家などの公的機関によって実際に適用・執行され，個人・企業などの私人によって遵守されなければならない。そして，そのためには，法の適用や執行について，例えば条文の意味内容やある事例にその条文を適用することの当否をめぐって紛争が生じた場合，必要ならば裁判所で公権的に裁定し，最終的には物理的な力を用いてでも強制的に法を実現する一定の制度的な仕組みが整備されていなければならない。また，憲法や法律は一度制定されると，相当期間にわたって機能し続けるのが通例であるが，そのためには，独特の専門技術的な論法を用いる法律家によって，その規定内容が個々の事例ごとに具体的に確定され，必要に応じて継続形成されなければならないであろう。

　それ故，法というものを正しく理解するためには，憲法や法律などの条文の規定内容だけでなく，法の定立・適用・執行に関する制度的な仕組み，さらに，法独特の議論・決定の技法や法律家集団をも視野に収め，法システムをこれらの規範・制度・技術・主体の四側面からなる動態的なメカニズムとしてとらえなければならない。

　法システムのこのような四側面については，これから各章で順次取り上げ，それぞれ詳しく説明することになるが，ここでは，法の全体像の輪郭をつかむ一つの見取図として，各側面の基本的な特徴について，どの章でどのようなことが扱われるかとともに素描しておこう。

2　規範的側面

　法の規範的特質は，人々の行動の指針・評価規準となる理由を指図することであるが，その指図内容は，私人相互間や私人と公的機関との権利義務関係及び公的機関の組織・権限など法律関係を一般的に規律するものがほとんどである。法の具体的な指図内容は，憲法や法律などの条文で規定されており，憲法をはじめとする主要な法令は，現在行われている実定法の主な法令を分野別に分類整理して収めた法令集である「六法全書」をみればわかる。六法とは，本来，憲法，民法，商法，民事訴訟法，刑法，刑事訴訟法という，六つの基本的な法典のことをさすが，これらの法典だけでなく，主要な法令を集めた書物が「六法全書」あるいはたんに「六法」と呼ばれている。法学を学ぶにあたっては，適当な六法を座右において，テキストを読んだり講義を聴いたりする際に，煩をいとわず関連する条文を自分で確かめ，独特の法律用語や文書スタイルに慣れ，その意味内容を正確に理解するように努めることが重要である。

　法令や法規範にはいろいろな種類のものがあり，これらが組み合わさって法システムを構成しさまざまな機能を果たしている。それらの種別については第2章で，法規範の主な機能については第3章で，法システム全体の基本的な仕組みをどのように理解するかについては第4章から第6章で，それぞれ詳しく説明する。

3 制度的側面

　実定法規範がどのようにして形成され運用されるかを規律する制度的枠組について，わが国など，自由主義諸国の法システムの重要な特徴は，とくに次の二点にみられる。

　一つは，法の定立，適用，執行という三段階が区別され，法規範を一般的に定立する立法作用とそれを個々の事例に適用する司法作用とが段階的に区別され，規範論理的に司法は立法の下位にあるものと位置づけられていることである。

　もう一つは，裁判などの法適用過程が，その決定を必要とあらば物理的な力を用いてでも強制的に実現する執行過程から切り離されており，立法部や行政部からの独立を保障された裁判所が，典型的な法制度として法システムの運用の中心に位置していることである。

　これらの制度的特徴は，人々の自由と参加を尊重しつつ，法システム全体の公正で実効的な作動を確保するためのものであり，民主主義，法の支配，権力分立制，立憲主義，私的自治などの統治原理を制度化したものである。

　このような制度的側面の特徴のうち，実定法の存在形式に関する法源の問題については第2章で，裁判の制度と機能については第9章と第10章で，それぞれ詳しく説明する。

4 技術的側面

　裁判その他の法的過程において権利主張などの要求や判決などの決定を正当化するためには，政治・行政・経済などの領域での議論や決定の仕方とは異なった法独特の論法が用いられる。このような法の解釈・適用に用いられる論法は，相当期間の教育・訓練・経験によってはじめて習得できる専門技術的なものである。法律の条文を読んだだけではその意味内容がよくわからず，関連する分野の法律学の専門書や過去の裁判所の判例などを調べなければならない場合が少なくない。そのため，法の解釈・適用の技法を専門的に教育・研究する学問分野として法律学（法解釈学・実定法学）が存在している。法律家以外の者が，法の解釈・適用についてあれこれ意見を述べても，たんなる"素人論""常識論"としてしりぞけられ，"法律論""解釈論"として扱われない場合が

多いが，両者の関係は実際にはなかなか複雑微妙である。

　このような法の技術的側面については，第11章から第13章において詳しく説明する。

5　主体的側面

　法の運用に現実に携わる人々の組織や活動領域などについては，法とはどのようなものかが論じられる場合にともすれば見落とされがちである。法システム全体についてみると，法の規定内容が具体的に実現され，その機能が現実に発揮されるのは，公権力機関による適用・執行と一般私人による遵守・準拠においてである。その際，とりわけ，このような公権力行使に関わる公務員や個人・団体などの私人は，法的規律の対象であるだけでなく，法を用い動かす主体でもあるということを正しく理解することが重要である。

　けれども，このような法の適用・執行や遵守・準拠が実際に確保され実現できるかどうかを左右する大きな影響力をもっているのは，裁判をはじめ法の運用に専門的に携わる法律家集団である。わが国では，裁判官・検察官・弁護士が「法曹三者」と言われ，専門的な法的知識・技術を習得し一種の独占的な資格を与えられたプロフェッショナル集団として存在し，裁判その他の法システムの運用に直接的な責任を負っている。法の支配や司法権の独立がどの程度確立され，社会経済生活にどれだけ法の精神が浸透しているかは，このような法律家の数や質によるところが大きい。

　わが国では，このような法の主体的側面の整備が西欧諸国と比べて十分でなかったため，とくに司法制度が，憲法などの規定する制度的理想通りに機能していないということがつとに指摘されてきている。この問題については，第14章をはじめ，関連箇所でたびたび触れることになるであろう。

③　法をどうみるか

1　法は不要か

　現代社会では，全般的に，法の役割が拡大し，重要となっている。にもかかわらず，法が国家の権力や強制と結びつく規制的なものであり，その仕組みが

複雑で法律家以外には理解しにくいこともあって，たんに法を敬して遠ざける
だけでなく，なかには，法に反発したり嫌悪感を抱いたりしている人々，さら
に，法の無い社会を理想としたり，法をせいぜい必要悪としかみなかったりす
る人々も少なくない。

実は，法に対するこのような否定的な見方は，現代社会の「法化」[1]が進み，
法の“洪水”とか“過剰”ということが言われるようになってはじめて出てき
たものではなく，古くから存在するものである。

例えば，西欧では，ギリシアの哲学者プラトンは，その対話篇『国家』のな
かで，哲人王が統治する国家を理想として，法を蔑視した。その後も，バクー
ニンやクロポトキンらのロシアのアナーキストたち，カール・マルクスなど，
法の無い社会を理想とし，法の必要性を否定する思想家は絶えることがなかっ
た。

東洋でも，漢の高祖が「人を殺した者は死すべし，傷人および盗は罪にいた
さん」と，殺・傷・盗だけを禁じる「法三章」によって善政をしいた故事にも
うかがえるように，法によって社会を支配することは必ずしも望ましいとはみ
られていなかった。一般に儒教社会では，法は無いに越したことはないが，人
間の邪悪な本性に備えてやむを得ず用いる必要悪だとされていた。そして，こ
のような法の考え方は，第4章で説明するように，日本にも強い影響を及ぼし，
わが国の伝統的法文化の基層をなしている。

しかし，その反面，プラトンの弟子アリストテレスが，『政治学』などにお
いて，政治的動物としての人間の本性のなかに国家や法を基礎づけ，法を共有
することが都市国家（ポリス）の重要な特徴だと説いたのをはじめ，ホッブズ，
ヒュームなど，人間の本性によって法の必要性を基礎づけた思想家も枚挙にい
とまがない。おそらくこのような見方のほうが一般的であろう。

興味深いことは，プラトンも，晩年の対話篇『法律』では，哲人王の支配す
る最善の国家は実現不可能だとみて，法が支配者の上に立つ次善の国家の構想
へと関心を移し，法治国家的な考え方に傾いたことである。また，マルクスの
理想の実現をめざしたソ連などの社会主義諸国でも，国家や法は死滅するどこ

---

1) わが国における「法化」をめぐる問題状況については，第15章②参照。

ろか，国家権力は逆に強化され，法も統治・管理の技術としてフルに用いられたことも注目される。

たしかに，法を不要あるいは必要悪とみるさまざまな見解のなかには，強制的で権力的な法が存在すること自体や法の機能がどんどん拡がってゆくことに伴う危険と弊害に批判的な眼を向けさせることをはじめ，われわれが自明視している法の役割を根底から問い直させる鋭い洞察を含んでいるものも少なくない。けれども，"社会あるところ法あり（Ubi societas, ibi ius）"という法諺もあるように，どのような社会でも，家族関係の規制，紛争の解決，社会的に有害な行為に対する制裁などに関する何らかの法が存在していることは，事実として否定しがたいところであろう。そして，イギリスの法哲学者 H. L. A. ハートの説くように，人間社会の資源が有限であり，人間の身体が傷つきやすくその能力もおおよそ平等であり，人間の利他主義や理解力・意志の強さにも限界があるとすれば，人々が共同生活を安心して円滑に営むためには，暴力行為の制限，所有や約束の尊重に関して相互抑制的な規制を行う最小限の法は不可欠であろう。[2]

人間性善説・性悪説のいずれに与するかによって，どのような法がどの程度必要かという考え方にかなり大きな違いが生じることは，現代でも変わらないであろう。そして，このような基本的な人間観・社会観から法の存在理由を原理的に問うことが，思考実験として理論的に興味深く，法の理解にも貴重な示唆を与えている場合もあることは確かである。けれども，現代社会の法システムは，共同生活に不可欠な最小限の相互抑制的な規制だけでなく，経済的文化的な生活の質の確保・向上にも積極的に配慮し介入するようになっており，これらの多種多様な法の存在理由をすべて性善説・性悪説と関連づけて説明するだけでは単純すぎて，現代法の全体像の理解にあまり役立たないであろう。

2　法は万能か

むしろ，現代社会における法のあり方を考えるにあたってより重要な問題は，法の役割がますます拡がり多様化してゆくことが基本的に避けがたいとして，

---

2)　H. L. A. ハート／長谷部恭男訳『法の概念』（筑摩書房，2014 年）301-331 頁は，「自然法の最小限の内容」としてこのようなことを指摘している。

一体どのような場合にどのような法がどこまで必要で，どのような仕方で法的な規制や保護を行うのが適切かということである。日本人は，一般的に法を敬して遠ざけつつも，法への依存傾向も結構強く，反道徳的な行為の抑止，紛争解決や利害調整，権利の保護や救済などについて，法的な規制や保護が求められることが多く，法が万能だとみられている場合も少なくない。

例えば，俗悪なポルノ出版物・画像の社会的悪影響，手を変え品を変え登場する悪徳商法の被害などが世論の注目を集めるようになると，必ずと言ってよいほど「法律で厳しく規制あるいは禁止せよ」という声がすぐに出てくる。もちろん，法的な規制や禁止が必要であり，適切で実効的な対処方法である場合も多い。だが，私的な道徳，営業の自由，宗教の自由，個人の趣味・嗜好なども関わる事例について，具体的にどのような規制方法が適切で実効的かとなると，問題はそう簡単ではない。法的な規制に伴う費用とか個人の自由の侵害の可能性などのコストやリスクも無視できず，実効性も考え合わせると，パターナリズム的な法的規制よりも，個人のモラルや自覚あるいは社会的な制裁にゆだねておいたほうが適切な場合も少なくない。

また，社会にはさまざまな紛争や利害の対立が存在するのが常であるが，できるだけ法律によって詳しく規制するのが，紛争の防止にとって最善であり，万一紛争が生じた場合には，裁判所に持ち出して権利義務をめぐる争いとして黒白をはっきりさせるのが，最も合理的だという意見もよく聞く。たしかに，このような法的手段によらないと権利の適正な保護や救済ができないケースもあることは事実である。だが，紛争や利害の対立は，経済的・心理的・政治的などさまざまな要因が重なり合って生じる場合が多く，権利義務を云々することによって，人情の機微をうかがいながら臨機応変な処理をすることが困難となるケースや，また，判決によって法的に決着をつけても，かえって紛争がこじれるケースもある。さらに，問題によっては，インフォーマルな利害調整，政治的交渉，経済的取引などにゆだねておいたほうが上手くゆくケースも少なくないであろう。

これらの法的規制の当否をどのように考えるべきかについては，いろいろな観点からの慎重な検討が必要であり，その検討において留意すべき事柄については，法と強制（第5章），権利と人権（第6章），法と道徳（第7章），裁判の機

能（第10章）などについて説明する際にあらためて取り上げる。ここでは，法学を学びはじめるにあたって，法というものは，たしかに社会的に重要な役割を果たしており不可欠なものであるけれども，決して万能ではなく，法によって適切に対処できる問題には限界があり，法の果たしうる役割の可能性と限界をケース・バイ・ケースに見きわめることがむずかしい問題である，ということをさしあたり心にとどめておいていただきたい。

　一般に，法というものを至上視して，社会倫理や政治社会に関するあらゆる問題をできるだけ一般的な法的ルールの規制のもとにおき，権利義務の問題としてとらえ，裁判などの法的規準・手続によって処理することをよしとする考え方は，西欧では，「リーガリズム（legalism）」と呼ばれている[3]。

　リーガリズムは，西欧では，法律家の間だけでなく，一般の人々の間にも浸透しており，法の支配や立憲民主制，法律家の高い社会的地位などを支える政治風土を作り上げている重要なイデオロギーである。しかし，法的ルールによる画一的ないし強制的な規制に伴う弊害，権利義務観念による問題処理の一面性・部分性，裁判による法的処理の制度的・技術的限界などに必ずしも十分な配慮を払わない傾向もあり，「法規万能主義」と批判されることも少なくない。

　法規万能主義は，わが国の場合は，権威主義的な伝統的法文化と結びついて，行政機関や裁判所などの“お上”による法的な規制や保護・救済に過度に依存しがちな受動的姿勢としてよくみられるところである。このようないわば積極的な法規万能主義は，その反面として，「法律に反しない限り何をやってもよい」，「法律に基づいて行動している以上，それについて責任を問われることはない」，「法律がない以上どうすることもできない」など，公害や消費者被害の防止・救済要求に対して企業や行政機関がしばしば口にするせりふに典型的にみられる，消極的な法規万能主義を生み出している。これら双方の法規万能主義の悪循環が，わが国における法の運用を硬直化させ，人々の法律嫌いの一因となっていることは間違いなく，このような法に対する姿勢を改めてゆくことが，法に対する社会的信頼の確立にとってきわめて重要である。

3）　リーガリズムについては，J. シュクラー／田中成明訳『リーガリズム〔第2版〕』（岩波書店，2000年），田中成明『現代法理学』（有斐閣，2011年）106-109頁，123-133頁参照。

3　どのような姿勢で法と関わり合うべきか

　法の役割について基本的に以上のような考え方をする場合，どのような姿勢
で法と関わり合うべきかについて，これから法学を学び，法的な知識や素養を
身につけようとしている人々にとくに留意していただきたい事柄を幾つか指摘
しておきたい。

　まず第一に，法の役割の可能性や限界を考える場合，法というものは，あく
までも社会において用いられている多様な問題解決方式のなかのワン・ノブ・
ゼム（one of them）にすぎないということを忘れないことである。一定の問題
解決に法を用いることのメリット・デメリットを，道徳・習俗などのインフ
ォーマルな社会規範，政治的な取引交渉，行政的な保護・規制，市場メカニズ
ムによる調整などとも比較し，法というものをつねに利用可能な複数の問題解
決方式のうちの一つであると，相対化してみる必要がある。そして，自分自身
が直面している問題を解決する場合だけでなく，一定の問題への法的対応が議
会・裁判所・行政機関などに求められている場合にも，そもそも法を用いるべ
きかどうか，用いるとして具体的にどのような用い方をするのが適切かという
ことを，広い視野から柔軟に考える姿勢を身につけることが重要である。

　第二に，法システムの本領は，国家が強制権力を用いて人々に一定の行動を
一方的に義務づけたり規制したりする命令システムではなく，各人各様に善き
生き方を選択し追求する人々が公正な手続的状況のもとで共通の法的な規準に
基づいて自主的な交渉や理性的な議論によって行動調整を行うためのフォーラ
ムであるというところにみられることをよく理解して，従来の受動的な法の見
方を転換する必要があるということである。そして，このような法への視座の
転換をはかるためにも，法というものを考える場合，とかく国家と私人の垂直
関係における機能に焦点を合わせ，強制的で権力的なハードな側面に関心を向
けがちであった従来の支配的な法の見方を改め，もっと私人相互間の水平関係
における法の機能を前面にすえて，自主的な行動調整の指針・枠組を提供して
いるというソフトな側面に関心が向けられるべきである。

　最後に，法システムがこのような行動調整フォーラムとして公正かつ円滑に
作動するためには，一人一人が，たんに法的な規制・保護を受ける客体ではな
く，それぞれの人生目標を実現するために法を用い動かす主体でもあるという

姿勢を確立し，相互にそのような主体であることを尊重し合いながら法に関わり合うことが不可欠の前提だということを強調しておきたい。もちろん，法はいろいろな局面で国家の強制的な権力行使と結びついているから，このような権力行使が公正な手続にのっとって透明な形で行われるように監視し，必要に応じてその過程に異議を申し立てたり参加したりすることも重要である。だが，人々のこのような監視・参加能力を高めるためには，なによりもまず，社会レベルで法を自分たちのイニシアティヴで用い動かし相互関係を規律し調整するという相互主体的な姿勢を確立することが，その前提条件として必要なのである。現代国家による社会経済生活への配慮・介入があらゆる分野で拡がっているだけに，このような社会レベルにおける法に対する相互主体的な姿勢を強化し，法システムの運用について，トップ・ダウン方式だけに依存することなく，さまざまのボトム・アップ方式を拡充して，双方向的で多元的な行動調整フォーラムへと転換する必要性が一段と高まっているのである。

第2章　どのような法があるか

1 法の存在形式（法源）

　「どのような法があるか」という問いは，やや抽象的なので，具体的に何が問題とされるのか少しわかりにくいかもしれない。本章で取り上げるのは，一般の人々の行動や裁判官の判決を規範的に拘束する一般的な実定法規範は，どのような形式で存在するのかという，法源の問題と，多種多様な法令はどのような基準によってどのように分類・整理されるのかという，法の領域区分の問題である。「どのような法があるか」という問いのもとに法学の入門的あるいは概論的テキストで一般的に取り上げられている問題には，これらの他に，実定法規範の規定の方式や内容がどのような基準によってどのように区分されているかという問題があるが，この問題については，第3章①で法の機能の説明の一環として別に取り上げる。

　これらの問題は，いずれも，法実務において基礎的知識としてかなり共通の了解が成立し一般的に受け継がれてきている実際的なテーマである。けれども，「法とは何か」という法学の伝統的な根本問題にも関連する問題群の一部でもあり，法というものを道徳・宗教などの社会規範や裸の権力・実力による強制から区別し，法をして法たらしめている基本的な特質・属性を解明する「法の概念」をめぐる古くから論争ともからんで，法理論的にはなかなかむずかしい争点を含んでいる。

　ここで取り上げる法源と法の領域区分という実際的な問題についても，もちろん，これから説明するように，いろいろと見解が対立し論争が続いている争点がある。しかし，法学を学びはじめた人々にこれらの問題を説明するもっと

も一般的なやり方は，「六法全書」を手がかりに，そこに収められている各種の法令について分類・整理の仕方を説明したり，六法に収められている法令以外に権威的な法源として認められている存在形式にはどのようなものがあるかを説明したりすることであろう。ここでも，わが国の法制度・法実務においてこれらの問題が実際にどのように扱われているかをこのようなやり方で概観することにして，まず法源の問題から取り上げたい。

　六法に収められているのは法令であり，現に行われている実定法の主なものは，だいたい文章で書かれた法令である。法の存在形式には，このような法令の他にも，幾つかの種類がある。このような法の存在形式は，一般に「法源」と呼ばれるが，何が法源かについては，それぞれの時代や国家によってかなり違いがある。

　法源の問題は，「法による裁判」が要請されている法システムのもとでは，裁判官が判決を正当化するにあたって拘束され準拠すべき権威的規準・理由は何かという問題を中心に論じられてきている。このような法源は，通常，

> **法源の区別と種類**
> ● 成文法
> 　成文憲法，法律，命令，自治法規
> ● 不文法
> 　慣習法，判例法，条理，（学説）

文字・文章で表現され所定の手続に従って定立される「成文法」と，そうでなく，社会における実践的慣行を基礎として生成する「不文法」とに大別される。そして，成文法には，成文憲法，法律，命令，各種の自治法規などがあり，不文法には，慣習法，判例法，条理，学説などがある。

　これらの法源の範囲や効力順序などについて，大陸法系の成文法主義と英米法系の判例法主義とでは，伝統的にかなり異なった制度をとっている（第4章①参照）。わが国は，ドイツやフランスなどの大陸法系の制度を継受して，国家の制定法を中心的な法源とする成文法主義をとっている。しかし，成文法主義のもとでも，国家の制定法以外の諸々の法源の補充的効力が認められているのが通例である。わが国の場合には，国家の制定法の他に，これから説明するように，意見が分かれているものもあるが，公私の自治法規，慣習法，判例法，条理が法源として認められているとみてよいであろう[1]。

　以下，わが国の法制度・法実務における主な法源について，それぞれの特質

やその意義・問題点などを概観しておこう。

2 制 定 法

　制定法は，わが国など成文法主義をとる大陸法系諸国においては，原則として他の諸々の法源に優先する第一順位の法源として中心的な位置を占めている。判例法主義をとる英米法系諸国でも，制定法には判例に優先し判例を変更する効力が認められており，全般的に，制定法のウエイトが高まってきている。

　制定法は，事前の専門的な審議を経て計画的に制定され，内容も体系的論理的に整序されており，基本的に明確で安定しているという長所がある。その反面，規定の仕方が概して抽象的で，具体的内容が不確定であるとか，改正が容易でなく，社会の変動・発展に即応する弾力性に欠けているといった短所もある。

1　国家制定法

　制定法の基軸をなしているのは，憲法，国会の制定する法律，行政機関の定める命令（内閣の発する政令と，各省の発する省令），そして，各種の国家機関の定める規則（国会の両議院が定める議院規則，最高裁判所規則など）という，国家法の系列である。

　これらの国家の制定法相互間に規範内容の矛盾・衝突が生じるのを避けるために，相互の効力関係が一般的に定められており，主な原則は次のようなものである。

　第一は，国家法秩序における上下の段階的構造に関するものであり，上位法規は下位法規に優先し，上位法規と矛盾する下位法規は効力をもたないという

　1）　法律学者の学説については，歴史的には，古代ローマのように，元首から回答権（jus respondendi）を与えられた法律学者の学説が法源として公式に認められたこともあるし，19世紀ドイツでは，パンデクテン法学者の学説が実質上の法源として裁判実務に対して指導的な役割を果たしたこともある。わが国の現在の裁判実務においても，法律学者の学説は一定の影響力をもっているが，あくまでも裁判官にその法的判断の資料を提供するだけであり，権威的規準として裁判官を拘束するものとはみられていないから，法源に含ませるのは適切ではない。

原則である。先ほどあげた制定法相互間では，憲法―法律―命令という上下系列が確立されており，各種の規則は，異論もあるが，その内容が法律と矛盾する場合には，法律が優先するとみられている。

　第二は，同等の効力をもつ制定法規相互間に関するものであり，「後法は前法を廃する（Lex posteriori derogat legi priori）」という原則により，時間的に後に成立したほうが優先する。

　第三は，一般法と特別法の関係（例えば民法と労働法，民法と借地借家法の関係など）に関するものであり，これらの間では，「特別法は一般法に優先する（Lex specialis derogat legi generali）」という原則によって，特別法が一般法に優先して適用され，一般法は特別法に規定のない事項についてのみ補充的に適用される。

2　条例・規則

　次に，以上のような国家法とは系列を異にする制定法として，まず，地方公共団体の自治立法権に基づく条例と規則がある。地方公共団体の議会は，法律の範囲内で条例を制定することができ（憲法94条），地方公共団体の長は，法令に違反しない限りにおいて規則を制定することができる（地方自治法15条1項）。条例には，一定の範囲内で，懲役などの罰則をつけることができるが（同法14条3項），規則では，行政罰として過料しか科すことができない（同法15条2項）。

　地方自治体は，自治体内部の問題をこれらの条例や規則によって処理するが，青少年保護育成条例，環境基本条例，景観条例，消費生活条例，情報公開条例などが，裁判などとの関連でよく話題になる。条例の効力については，条例は法令に違反してはならないと明記されているが（地方自治法14条1項），環境基本条例や景観条例などには，法律の根拠のない規制的条例や法令よりも厳しい規制基準・手段を定めるいわゆる"横出し条例""上のせ条例"があり，その効力をめぐって，憲法や法律との関係について見解が分かれており，裁判で争われることもある。

3　社会自治法規

　さらに，このような公的な自治法規の他に，私的な社会自治法規として，労働協約，就業規則，定款，普通契約約款などの法源性が問題とされている。労働協約とは，労働条件などに関して労働組合と使用者またはその団体との間で結ばれる団体協約のことであり，就業規則とは，使用者が事業場における労働条件や服務規律などを定めた規則のことである。定款とは，会社などの法人の組織・運営の基本的事項を定めたものであり，普通契約約款とは，保険・運送などの営業について企業が予め大量取引に画一的に適用するために作成する定型的な契約条項のことである。

　これらの私的な自治法規については，通常の契約との区別に流動的なところがあり，その法的拘束力も私人間の契約の一種として解すれば十分であるとする立場から，法源性を否定する見解もある。しかし，これらの自治法規は，個人的色彩の強い通常の契約とは違って，一定の関係にある人々をかなり広範囲にわたって一律に拘束する一般的規準という性質をもっていることなどからみて，原則として，各々の関係者内部の行為規範にとどまらず，裁判規範としての法源性も認めるのが適切であろう。

③　慣習法・判例法・条理

1　慣　習　法

　慣習法は，社会の実践的慣行を基礎として法的効力をもつ不文法の典型である。社会において一定の行動様式が繰り返し継続的に行われることによって定着し，かつ，社会成員がそのような慣習を自分たちの行動の正当化理由や他人の行動に対する要求・非難の理由として用い，相互の行動・関係を調整し合うことによって，法として確信するようになった場合に，慣習法が成立する。

　近代国家成立以降の国内法秩序においては，国家の統一的な制定法が中心的な法源となり，自生的に生成する地域的な慣習法は，一定の範囲内で補充的な効力しか認められないのが通例である。しかし，制定法だけでは地域ごとに異なるさまざまな古くからの慣行をふまえた適切な規制が困難であったり，変動の激しい社会の法的要求に迅速に対処できなかったりする法領域もある。その

ため，成文法主義のもとでも，一定の領域では，慣習法に対して制定法の欠けている部分を補充する効力，場合によっては制定法を修正する効力が認められている。

　わが国では，法の適用に関する通則法 3 条「公の秩序又は善良の風俗に反しない慣習は，法令の規定により認められたもの又は法令に規定されていない事項に関するものに限り，法律と同一の効力を有する」という規定が，慣習法の効力に関する原則的規定である。例えば人身売買や村八分のように，「公序良俗」に反する慣習は別として，それ以外の慣習は，法令によって承認されている場合（境界線付近の建物に関する民法 236 条，入会権に関する民法 263 条・294 条など）と，法令の規定が欠けている場合（温泉権など）には，法律と同順位の法源として認められている。

　このような一般原則の他に，「商慣習法」と，いわゆる「事実たる慣習」については，特殊な効力が認められている。まず，商法 1 条 2 項「商事に関し，この法律に定めがない事項については商慣習に従い，商慣習がないときは，民法の定めるところによる」という規定は，商取引については，民法の強行法規[2]よりも商慣習法が優先的効力をもつことを規定している。これは，商法の領域では，経済生活の要求に敏速に順応する商慣習の重要性とその合理性にとくに配慮する必要があることによるものである。

　また，民法 92 条「法令中の公の秩序に関しない規定と異なる慣習がある場合において，法律行為の当事者がその慣習による意思を有しているものと認められるときは，その慣習に従う」という規定は，任意法規に関して当事者がそれと異なる慣習による意思があったと認めるべき場合には，その慣習に従うことを規定しており，慣習が契約などの法律行為の解釈の規準として実質的に法源となることを認めている。この慣習は，一般に法の適用に関する通則法 3 条などの慣習法と区別して，事実たる慣習と呼ばれ，法的確信の有無によって区別するのが従来の通説であった。しかし，このような区別が実際上きわめて困難なだけでなく，法の適用に関する通則法 3 条の規定と矛盾するところもある

　2）「強行法規」とは，当事者の意思にかかわりなく，それに優先して適用される法規のことであり，それに対して，「任意法規」とは，当事者が異なる意思を表示しないときにのみ適用される法規のことをいう。

ことなどから，現在では，民法 92 条が，法令に規定のある事項に関する慣習への準拠を，当事者がそれによる意思があると認められるべき場合に限定しているのに対して，法の適用に関する通則法 3 条は，法令に規定のない事項に関する慣習への準拠について当事者の意思を問題にしていないという点に相違があるとみる見解が有力である。いずれにしろ，立法段階から見解が分かれており，慣習の法的効力に関する関連規定の統一的な解釈はむずかしく，法改正による対応の必要性も説かれている。[3]

2　判　例　法

　判例とは，先例として機能する裁判例あるいは判決例のことである。一度ある事件に対して一定の判決が下されると，その判決で示された一般的規準が先例として規範化され，その後の同種の事件においても同じ内容の判決が下されるようになり，このような判決が繰り返されることによって，その先例的機能は一層安定したものとなり，判例法がいわゆる裁判官法として形成される。[4]

　わが国でも，このような判例法が実務上無視できない重要な役割を果たしていること自体は一般的に認められている。しかし，判例法に法源性を認めるか否かについては，法源の拘束力をどのように考えるかという問題ともからんで，見解が対立している。

　わが国など成文法主義をとる大陸法系諸国では，判例法主義をとる英米法系諸国とは違って，裁判所が上級および同級の裁判所の先例に拘束されることを法的に義務づける「先例拘束性（stare decisis）の原理」が制度的に確立されていないことから，判例は制度上の法源としては認められないとするのがかつての通説であり，現在でも，このような見解が実務家の間では有力である。しかし，現代では，大陸法系諸国でも，先例としての判例に従う裁判実務上の慣行はしっかりと根をおろしており，先例拘束性に関する基本的な慣行についても，

　3）　内田貴『民法Ⅰ〔第 4 版〕』（東京大学出版会，2008 年）273-274 頁，山本敬三『民法講義Ⅰ〔第 3 版〕』（有斐閣，2011 年）138-141 頁など参照。
　4）　わが国における判例の実務と理論については，判例の法源性に関する見解は本書の説明と異なるけれども，中野次雄編『判例とその読み方〔三訂版〕』（有斐閣，2009 年）参照。

大陸法系と英米法系の間に原理的な相違はなく，判例を重視する程度の相違にすぎないと言われており，成文法主義だから判例は法源ではないという論法は通用しなくなっている。制度上の法源と事実上の法源という区別もなされているが，区別の基準は必ずしも明確ではない。基本的な考え方としては，法源の種類によってその拘束力に程度差があることを認めることにして，各国の裁判実務において，先例としての判例に従う一般的慣行が確立され，その慣行の正統性が社会的に承認されている程度に応じて，判例法にも補充的な法源としての位置を認めるのが適切である。

　わが国の場合，たしかに，上級審の判決はその事件についてのみ下級審を拘束するにすぎず（裁判所法4条），判例の先例的拘束力が実定法上の明文で制度的に保障されているわけではない。しかし，実定法上も，最高裁判所による判例変更は大法廷で行わなければならないとか（裁判所法10条3号），最高裁の判例に反することを上告申立理由あるいは上告受理申立理由とする（刑事訴訟法405条，民事訴訟法318条）など，判例の変更にはとくに慎重な手続が要求されている。その限りで，間接的にではあるが，判例に一定の先例的拘束力が実定法上認められていると解することもできる。

　いずれにしろ，実際上，判例の変更は容易ではなく，裁判所は，よほどのことがない限り，確立された判例に従って裁判しており，個々の判決を正当化するために判例にも準拠することが裁判実務上の慣行として広く行われている。しかも，原則として判例に従うというこのような裁判実務上の慣行は，たんに訴訟経済の見地からだけでなく，法的安定性・予測可能性の確保や形式的正義の実現という観点からも，裁判所に対して社会的に要請され期待されているところであり，社会成員によってもその正統性を一般的に承認されているとみてよいであろう。

　また，判例の積み重ねによって，制定法の意味内容が具体的に明らかにされてきているだけでなく，譲渡担保[5]とか内縁[6]など，特殊な法制度・概念が形成されてきている例も少なくない。現実に行われている法規範の具体的内容を知る

---

5)　抵当権など民法の規定する典型担保と違って，債権を担保するために，物の所有権や権利を債権者に移転する担保方式であり，判例（大正3年11月2日大審院判決・大審院民事判決録20輯865頁など）によって認められた担保物権である。

ためには，判例を無視することはできず，あらゆる法領域において判例なしに法を語ることは不可能であるとさえ言われている。

判例の扱いに関する以上のような制度的・事実的な制約からみて，判例に対しても，個別具体的な事件の解決の前提として必要かつ十分な範囲内で定立された一般的規準である限り，法適用機関としての裁判所の固有の司法権限に基づいて妥当する補充的法源として，制度的拘束力を認めるのが適切であろう。

判例となりうる判決は，原則として，最高裁判所，その前身である大審院，上告審としての高等裁判所の判決であって，最高裁判所判例集，大審院判決録・同判例集，高等裁判所判例集に収められたものである。しかし，下級裁判所の判決も含め，それ以外の判決が判例となる可能性を全面的に排除する必要はないであろう。判例としての先例的拘束力は，一般的には，上級の裁判所の判例であればあるほど，また，繰り返し確認された判例であればあるほど強くなると言えよう。

判決のどの部分が判例としての先例的拘束力をもつかについては，わが国でも，英米法系諸国の慣例に従って，「主文」で述べられた結論に至る法的推論過程を説明する「理由」を，「レイシオ・デシデンダイ（ratio decidendi）」と「傍論（obiter dictum）」とに分け，先例的拘束力をもつのは，個別具体的事件の裁定に必要かつ十分な範囲内で法的問題についての判断を示す一般的規準であるレイシオ・デシデンダイの部分であり，事件の裁定に直接関係のない裁判官の一般的な説示である傍論には，このような拘束力はないと説明されている。しかし，わが国の場合，判例を英米法系諸国と比べて抽象的理論のレベルでとらえる傾向が強く，批判もあるが，大体，判例集の各判決の冒頭に書き出されている「判決要旨」が，判例集編纂者の個人的見解にすぎないけれども，レイシオ・デシデンダイにあたる場合が多いとみてよいであろう。現実には，一般的な法律論が展開されている場合には，その判決で具体的に適用されていなくとも，判例として扱われることがあり，明確な傍論すら先例として機能していることもある。[7]

6）　社会的には婚姻でありながら，婚姻の届出をしていないため，法律上の婚姻と認められない男女の関係のこと。次の注7）参照。

3　条　理

　条理とは，社会生活において相当多数の人々が承認している道理・すじみちのことであり，西欧で「事物の本性」とか「法の一般原則」と言われているものとほぼ同じである。適用すべき法律がない場合，罪刑法定主義に従って無罪を言い渡せばよい刑事裁判とは違って，民事裁判では，裁判を拒絶することが禁止されているから，裁判官は，制定法，慣習法，判例法のなかに適切な裁判規準が見出せない事件においては，条理に従って裁判すべきであるとされている。

　わが国では，1875 年の太政官布告 103 号裁判事務心得 3 条「民事ノ裁判ニ成文ノ法律ナキモノハ習慣ニ依リ習慣ナキモノハ条理ヲ推考シテ裁判スヘシ」という規定が，条理の法源性を認めたものとされている。

　ただ，条理自体は，はじめから一般的規準として存在するものではなく，裁判官が具体的事件に即して適切な裁判規範を形成するための手がかりとでも言うべきものである。制定法のように，予め一般的規準として存在している他の法源とはやや性質を異にしていることから，条理の法源性を否定する見解も少なくない。

　実際上も，条理だけに準拠した裁判例はあまりなく，「権利濫用」「公序良俗」「信義誠実」「正当事由」などの一般条項，「社会通念」「社会的相当性」などの規範的概念の具体的内容を確定する規準として重要な役割を果たしている場合が多いのが実情である。

4　法領域の主な区分

　法源の説明はこれぐらいにして，法領域の主な区分の説明に移ろう。

　六法全書にはさまざまな種類の法令が収められているが，それらは一定の基

---

　7)　傍論が先例として機能したケースとしては，直接には内縁の不当破棄が不法行為にならないとして損害賠償の請求を棄却した大正 4 年 1 月 26 日大審院連合部判決（大審院民事判決録 21 輯 49 頁）が，内縁の不当破棄は婚姻予約不履行として損害賠償の可能性が認められることを傍論で述べ，その傍論が大正 8 年 4 月 23 日大審院判決（大審院民事判決録 25 輯 693 頁）で先例として引用され，以後，現在まで，この傍論が先例として拘束力をもっているケースが有名である。

準に従って分類整理されており，法というものの仕組みの特質やその多様な機能を理解するためには，そのうちの主な区別を知っておく必要がある。ここでは，公法と私法，民事法と刑事法，実体法と手続法，国内法と国際法という，四つの区別について説明しておこう。

1　公法と私法

　公法と私法という区分は，実定法の最も基本的な区分の一つである。ごく大まかに言えば，国家や公共団体の内部関係および国家や公共団体と私人との関係を規律するのが公法であるのに対して，私人相互の関係を規律するのが私法である。憲法，行政法，民事訴訟法，刑法，刑事訴訟法などが公法に属するのに対して，民法，商法などが私法に属する。

　このような公法と私法の区別は，古代ローマ法以来のものだと言われている。だが，この区別が重要な意義をもつようになったのは，近代以降，とくにドイツやフランスなどの大陸法系諸国において，国家と市民社会の分化が進み，市民社会における私的自治の原則に基づく私法関係の独立性が強調される一方，他方では，公権力の行使にかかわる公法関係の紛争は，通常の司法裁判所とは別系列の行政裁判所で裁判される仕組みになったことと密接に関連している。今日では，国家が社会経済問題に積極的に配慮し介入するようになり，労働法，社会保障法，経済法，消費者法など，公法と私法の融合領域が増えてきていることや，わが国では第二次世界大戦後に行政裁判所が廃止されたことなどを理由として，公法と私法の区別自体を否定する見解や，区別の意義に懐疑的・批判的な見解もある。

　公法と私法の区別の基準については，公益か私益かいずれの保護を目的とするかで区別する利益説・目的説，法律関係の主体が国家または公共団体かそれとも私人かによって区別する主体説，法律関係において一方が優越的な立場に立つか，双方が対等の立場に立つかによって区別する法律関係説・権力説など，種々の学説が対立し，議論はかなり錯綜している。

　現代社会における国家・公共団体の権能の拡大や社会経済構造の変容に伴って，法的規制の対象が拡がりその規制手法も複雑多様化し，新たな公法・私法融合領域が増えているだけでなく，ほとんどあらゆる領域で公法的規制と民事

法的規制の交錯がみられるようになっている。そして，それぞれの領域におけ
る公法と私法の適切な協働のあり方をさぐる動きが活発化し，公法・私法区分
論についても，従来の理論と実務に関する考え方の再検討を迫る問題が次々と
生じている。そのなかで，公法と私法それぞれの規制手法や運用原理に関する
従来の考え方，さらに公法・私法区分論の意義や区別の基準についても見直し
が進んでおり，公法と私法の関係に関する学説も流動状況にある[8]。

　以上のような公法と私法の区分をめぐる専門的な議論の内容や意義を理解で
きるようになるには相当勉強しなければならない。だが，法全体の仕組みを理
解するうえで重要な区分であり，いろいろな機会にこの区分がからむ問題に出
合うはずなので，この基本的な区分を折に触れて思い起こしながら法学を学ぶ
よう心がけていただきたい。

2　民事法と刑事法

　民事法と刑事法という区分も，公法と私法の区別と並ぶ実定法の基本的区別
である。民事法は私人間の関係を規律する法，刑事法は国家の刑罰権の行使に
関する法であり，民事法には，民法，商法，民事訴訟法などが属し，刑事法に
は，刑法，刑事訴訟法などが属する。民事訴訟法と刑事訴訟法は，公法と私法
の区分ではともに公法に属するが，この区別では，それぞれ民事法と刑事法と
に，別々に分類されることに注意する必要がある。

　この区別は，裁判が民事裁判と刑事裁判に区別されていることに対応する重
要な区別であり，同一の行為についても民事法と刑事法では取扱いが異なり，
別々の手続で処理される。例えば，自動車を運転していて信号を無視し，横断
歩道を渡っている人に重傷を負わせたケースについて，警察は，運転者を刑法
の特別法である自動車運転処罰法 5 条の過失運転致死傷罪の被疑者として検察
官に送致し，検察官が起訴すれば，刑事裁判によって有罪となった場合には一
定の刑罰が科せられることになる。他方，被害者が加害者に対して治療費など
の損害の賠償を請求する手続は，このような刑事手続とは別個に進められる仕

---

8)　公法・私法二分論をめぐる議論状況については，少し専門的だが，山本隆司
「私法と公法の〈協働〉の諸相」法社会学66 号（2007 年）の簡にして要を得た概観
参照。

組みになっている。警察に賠償請求の相談をしても，民事の法律関係に警察権が関与してはならないという民事不介入の原則により，警察は加害者に請求してくれない。被害者やその代理人が，加害者や保険会社などに請求し，自主的に支払ってもらえない場合には民事訴訟によるしかなく，刑事手続と違って，すべて自分のイニシアティヴで対処しなければならない。これは，交通事故に限らず，殺人でも，窃盗でも，同じであり，犯罪に対して刑罰を科す手続と被害の救済を求める手続とは別々になっている。同じ行為について，刑事責任は認められなかったが，民事責任は認められたケースとか，その逆のケースも少なくない。

　だが，公害被害や消費者被害の救済など，被害者が多数であったり被害が少額であったりする場合には，このような方式では被害発生の防止や被害者救済が実効的に行われにくい。このような現代的な特殊な被害に限らず，従来からある通常の犯罪についても，刑事手続と民事手続の峻別は，被害者の権利利益の実効的な保護救済という観点からは不十分であり，何らかの仕方で刑事責任の追及と民事被害の救済の制度的連携をはかる必要があることは，以前から認識されていた。今世紀に入って，犯罪被害者保護の強化拡充政策の一環として，一定の犯罪に限られているが，刑事訴訟手続に付随して，被告事件を担当した裁判官が，民事の審理も行い，被告人に損害賠償を命令できる手続が導入された[9]。しかし，現代的な特殊な被害については，加害者が企業や公共団体などの組織であることもあって，民事責任・刑事責任のいずれの追及自体にも制度的・理論的ネックがあり，民事裁判と刑事裁判の連携は今後の課題として残されたままである。

3　実体法と手続法

　実体法が，民法，商法，刑法など，法律関係ないし権利義務関係の実質的な

---

9)　「犯罪被害者等の権利利益の保護を図るための刑事手続に付随する措置に関する法律」が 2007 年に一部改正され，「第 7 章 刑事訴訟手続に伴う犯罪被害者等の損害賠償請求に係る裁判手続の特例」が設けられ，一定犯罪について，被害者等の申立により，それを原因とする不法行為に基づく損害賠償を被告人に命令する手続が導入された。旧刑事訴訟法で認められていた付帯私訴制度の復活である。

内容を規定する法であるのに対して，手続法は，そのような法律関係ないし権利義務関係を実現するための方法・手続を規定する法である。手続法は，狭義では，民事訴訟法，刑事訴訟法，行政事件訴訟法など，訴訟手続を規定する法をさし，この場合には，実体法と訴訟法として対置されることもある。広義では，非訟事件手続法・人事訴訟法・家事事件手続法・戸籍法・不動産登記法などの民事上の手続法や，行政不服審査法や国税徴収法のなかの手続規定などの行政的な手続規定も含まれる。

　実体法がどのようなものかは，法学を学びはじめたばかりの者でも見当がつきやすく，日常的に何らかの仕方で関わり合っているものも多い。それに比べて，手続法は，技術的・形式的であり，なかなか親しみがもてないのが普通であろう。しかし，実体法も，手続法が整備されていてはじめて，その機能を発揮できるのであり，法の運用を専門家まかせにせず，法の実現の手続過程を監視するだけでなく，必要に応じてその過程に異議を申し立てたり参加したりして，法の運用の公正性や透明性の確保に主体的に関与することが重要である。法学を学ぶにあたって，手続法にも十分関心を払っていただきたい。

4　国内法と国際法

　六法全書をみると，たいていは，公法，民事法，刑事法，社会法・経済法などの順序で諸々の法令が分類配列され，最後に，国際法編とか条約という分類があって，国際連合憲章，世界人権宣言，日米安全保障条約などの条約が収められている。

　以上の諸区分は，国内法を念頭においたものであるが，国際化・グローバル化の進展に伴って，いろいろな法的問題の処理において，このような国際法の重要性が一段と高まっている。国際法と言えば，かつては，条約などの国家間の合意や国際慣習に基づいて，もっぱら国家間の関係を規律する法だとされていたが，今日では，その他に，国際連合などの国際組織や個人に対する規律も含むようになっており，これらを主体とする国際社会の法と考えられるようになっている。[10]また，国際的協力関係が強まり国際社会の組織化が進展する傾向をふまえて，主権国家を超えた世界国家が構想され，国家主権を超えた人類普遍の原理に立つ「世界法」の存在を説く見解もある。

　このような国際法と国内法の関係をどうみるかについては，国際法と国内法を統一的にとらえて，国際法優位の一元論や，国内法優位の一元論を説く見解もあった。けれども，現在では，国際法と国内法をそれぞれ妥当根拠を異にする別個の法体系とみて，国際法を国内の法律問題の解決にどのように適用し，国内法体系における効力順位をどのように考えるかは，基本的に各国の憲法を頂点とする国内法秩序にゆだねられているとする二元論が通説的な見解である。わが国の場合，条約や国際法規の遵守を規定する憲法 98 条 2 項に基づいて，法律との関係では条約が優先するとみるのが通説であるが，憲法との関係では，学説は，憲法優位説と条約優位説とに分かれている。

　国際法と国内法が同一の事項を規律している場合，人権に関する諸条約や通商条約などをめぐって，国内法の国際法違反が問題とされるケースが増えてきており，国際法と国内法の調整が今後ますます重要になってゆくことは間違いない。

　法学を学ぶにあたっても，国内法だけに眼を向けるのではなく，このような国際法との関連をつねに視野に入れ，次々と生じる新たな法的問題への対応のあり方をグローバルな視野からも考えるように心がけることが肝要である。

---

10)　このような国際法を国際公法と呼び，「国際私法」と対比されることもあるが，適切な対比ではない。国際私法は，国際結婚や国際取引など，渉外的私法関係について，どの国の法律を適用すべきか，準拠法を決定する法のことであり，国際法とは性質を異にする独自の法分野である。国際私法の主な法源は，「法の適用に関する通則法」である。

第3章　法　の　機　能

1　法の規範的機能

1　法規範の特質

　法システムが現代社会において直接・間接に
果たしている機能は多種多様である。それらは，
大別すれば，人々が一定の行為を行ったり差し
控えたりする理由を指図することによって，
人々の行動の指針・評価規準を提示するという
規範的機能と，このような規範的機能をもつ各
種の法規範が一定の制度的仕組みのもとで作動
することによってさまざまな社会的効果がもた

```
法の機能
● 規範的機能
   行動の指針・評価規準
   となる理由の指図
● 社会的機能
   社会統制
   活動促進
   紛争解決
   資源配分
```

らされるという社会的機能とに分けることができる。

　本章では，法の規範的機能の特質と法規範の主な種別を説明したうえで，法
システムの主な社会的機能を取り上げ，それぞれの機能やそれら全体の相互関
係をどのように理解すべきかについて説明する。

　法規範の規範的指図は，典型的には，Ａという要件事実があればＢという法
律効果が生じるべしという要件＝効果図式で規定される。例えば，刑法235条
は，「他人の財物を窃取した者は，窃盗の罪とし，十年以下の懲役又は五十万
円以下の罰金に処する。」と規定しているが，「他人の財物を窃取する」という
行為が要件事実であり，「十年以下の懲役又は五十万円以下の罰金」が法律効
果である。

　法規範が刑罰などの強制的なサンクション（制裁）を規定しているというこ

とが，一般的には，法を道徳・宗教などの他の社会規範から区別する最も重要な基準だとみられている。たしかに，法システムが全体として国家の強制権力の行使と深く結びついており，強制的サンクションを規定する法規範が重要な役割を果たしていることは間違いない。けれども，すべての法規範が刑罰などの強制的サンクションを法律効果として規定しているわけではなく，これから説明するように，一定の権利・権限・利益などを付与する法律効果を規定している法規範が多いことにも注意する必要がある。

　このこととも関連するが，法規範の指図の仕方・内容は，強制的で権力的という一般的な法イメージとは違って，かなり多様であり，いろいろな種類の法規範が存在する。法規範の種別については，幾つかの区分がなされているが，その主なものをみてみよう。

2　命令・禁止・許容・授権

　まず，法規範の指図内容を機能的にみた区別として，「命令」「禁止」「許容」「授権」の四つの機能に分けるのが一般的である。

　従来，法規範の規範的機能が問題とされる場合，例えば，刑法199条「人を殺した者は，死刑又は無期若しくは5年以上の懲役に処する」という規定や，民法709条「故意又は過失によって他人の権利又は法律上保護される利益を侵害した者は，これによって生じた損害を賠償する責任を負う」という規定などに典型的にみられるように，規範違反行為に対して刑罰・損害賠償などの強制的サンクションを規定することによって一定の行動を命令したり禁止したりする規範を中心に論じられてきた。そして，このような「義務賦課規範」だけが法規範の基本型とされ，法規範のすべてを義務賦課規範に還元したり関連づけたりして一元的に説明しようとする傾向が支配的であった。

　しかし，法規範のなかには，その他にも，このような義務賦課規範中心の一元的理解によっては，その本来の機能を適切にとらえることのできないものが存在する。例えば，刑法36条1項「急迫不正の侵害に対して，自己又は他人の権利を防衛するため，やむを得ずにした行為は，罰しない」という正当防衛に関する規定のように，一般的に禁止されている行為を特別の条件のもとで例外的に許容する規範，あるいは，契約・遺言・会社設立に関する民法や会社法

などの規定，立法・行政・司法の組織や権能に関する憲法などの規定のように，有効な法的行為を行う私的・公的権能を一定の人ないし機関に付与する規範などが，そのような法規範の代表的なものである。

　許容規範については，例に挙げた正当防衛に関する規定などは，刑法の殺人・傷害などの禁止規範の存在を前提に，原則規定に対する例外規定として機能するから，義務賦課規範に従属的なものとみても，さほど不都合はない。しかし，憲法・行政法や民事法の領域では，義務賦課規範とは直接的な関連なしに，特定の法的行為をするかしないか，具体的にどのような行為をするかについて一定範囲内で裁量的判断の余地を許容する規定が多数存在しており，これらの許容規範は，むしろ，権能付与規範に近い機能を果たしており，これらの規範を，義務賦課規範に従属的なものとみることには無理がある。また，一定の法的行為を有効に行う公私の権能を付与する規範については，義務賦課規範とは直接的には無関係に，法システム全体の存立と作動において独自の重要な機能を果たしており，公法の領域だけでなく私法の領域においても，権能付与規範が，義務賦課規範の定立・適用・執行などの法的基礎となっている場合が多い。このような権能付与規範を義務賦課規範に従属的なものとか還元可能なものとみることは，権能付与規範の規範的・社会的機能を正しく理解せず，法システムの全体像をゆがめることになるであろう。

　義務賦課規範と権能付与規範との規範論理的関係をどのように理解するかについては，現在でも，さまざまな見解が説かれ，一元的な理解を試みる見解もあるけれども，[1]イギリスの法哲学者 H. L. A. ハートが『法の概念』（1961 年）で提唱しているように，[2]権能付与規範を，義務賦課規範と並ぶ，もう一つの法規範の基本型と位置づけたうえで，両規範群の複雑な相互関係を多面的に解明するというアプローチをとることが必要であろう。このようなアプローチは，法というものを人々の私的及び公的な資格での主体的活動に支えられた動態的

1）　義務賦課規範と権能付与規範の相互関係をどのように理解するかは，とくに19世紀中頃以降のドイツの一般法学や英米の分析法理学において法的関係の概念的分析の重要争点とされ，現代でも議論が続いている。その概要については，分析方法と結論には見解を異にするところがあるが，佐藤遼『法律関係論における権能』（成文堂，2018 年）における明快な整理参照。

2）　H. L. A. ハート／長谷部恭男訳『法の概念』（筑摩書房，2014 年）第 3 章参照。

なシステムととらえるのに不可欠な理論的基礎である。

3　行為規範・裁決規範・組織規範

　法システムをこのような動態的なシステムととらえ，その全体的な構造を理解するためのもう一つの重要な区分として，「行為規範」「裁決（裁判）規範」[3]「組織（権限・構成）規範」という，基準を異にする3種類の規範群の区分がある。

　典型的な法規範である刑法や民法の条文をみると，その多くは，先ほどみた刑法199条や民法709条などのように，一定の規範違反行為に対する法律効果として刑罰・損害賠償などの強制的サンクションを規定しており，主として裁判官などの裁判関係者に対して裁判の規準を指図する裁決規範の形式をとっている。裁決規範は，以前は，このような強制的サンクションを規定するいわゆる強制規範を中心に理解されていた。だが，現代では，上述の権能付与規範のように，一定の資格や行為遂行などに対する法律効果として，何らかの利益・権利・権限などを与えたり補助金給付などの肯定的サンクションを規定したりする規範をも含めて，拡大して理解されるようになっており，裁決規範と強制規範を同一視するのは適切ではない。

　このような裁決規範は，違法行為や法的紛争が生じた場合に，個別具体的に要件事実の存否を認定し法律効果を事後的に帰属させるための規準である。裁決規範は，一般の人々に対して直接一定の行為を指図する行為規範が遵守されない場合にはじめて用いられるものであり，規範論理的には，それに対応する内容の行為規範を前提としている。例えば，殺人罪に関する刑法199条は「人を殺してはならない」という行為規範，損害賠償に関する民法709条は「他人

---

3)　さまざまな法令の条文には，裁判所の判決だけでなく，行政機関の各種の裁決の法的規準ともなるものが多いことから，司法・行政に共通の裁決規準という意味で，原則として裁決規範という用語を用いている。もちろん，その典型は裁判規範であることから，適宜裁判規範という限定的な用語も用いる。行政法規の裁決規範には，本文で説明するように，肯定的サンクションを規定する条文などは，民法や刑法の規定のように，行為規範と裁決規範という重層構造によって規定されていない場合があることに注意する必要がある。行政法の分野では，組織規範・根拠規範・規制規範という規範群の三区分が用いられることが多い。

の権利や法的利益を侵害してはならない」という行為規範を，それぞれ前提としているとみることができる。そして，法規範の第一次的機能は，このような行為規範にみられるのであり，一般の人々には，いちいち裁判所その他の公的機関の判断を仰がなくとも，自主的にこのような規準に準拠して，本人の責任で自己の行為の法的当否を判断して適切な行動をとったり，法的権利義務関係の存否・内容を了解し，必要に応じて新たな法的関係を創設したり既存の関係を変更・廃止したりすることが期待されているのである。裁決規範は，行為規範のこのような第一次的な指図機能を前提として，紛争や違法行為が生じた場合に備えるものであり，法の規範的機能の最終的実現を制度的に保障するために必須のものではあるが，規範論理的には，あくまでも補助的で第二次的なものである。

　もっとも，行為規範は，法律の条文においては，裁決規範の背後にあって表面にはあらわれず，明示的に規定されない場合がほとんどであり，また，共通の指図内容をもつ道徳・宗教などの社会規範と明確に区別することも困難である。このことから，行為規範を「法」規範とみるかどうかについては意見が分かれるが，典型的な法規範の多くが規範論理的に行為規範と裁決規範の複合体として機能していることは一般的に認められている。

　さらに，さまざまな法規範のなかには，以上の2種類の規範の他に，各種の法関連機関の組織・権限やその活動の規準・手続などを規定する組織規範が，構造的に独自の位置を占める規範群として存在する。組織規範は，裁決規範を定立・適用・執行する権能の規定をはじめ，諸々の規範を統合して実定法システムとしての統一的な存立と作動の基礎を構成している。

　最も基本的な組織規範は言うまでもなく憲法であるが，憲法のもとでさらに詳細に国家機関や公共団体の組織・権限などを規定する諸々の法律（国会法・内閣法・裁判所法・国家公務員法・地方自治法など）の条文の多くは，組織規範に属している。私法でも，各種の法人に関する法律や会社法などには組織規範に属する規定が多い。組織規範は，その性質上，もともと法システムのなかで根幹的な位置を占めているが，とくに現代法のもとでは，法システムの機能の拡大・多様化，社会経済構造や統治機構の複雑化・肥大化などに対応して，法の技術的・組織的傾向が強まるにつれて，組織規範のウエイトが一段と高まって

いる。

　もっとも，個々の法規定を以上の三つの規範群のいずれに属させるかについ
ては，三つの規範群の間には複雑な交錯・相互依存関係がみられることもあっ
て，しばしば意見の相違がみられる。また，同一の法規定が，観点の違いに応
じて別個の規範群に重複して属させられることも少なくない[4]。にもかかわらず，
法システムについて，全体としてこれら3種類の規範群が相互に支え合った立
体的な重層構造をなしていると理解することは，法規範・法システムの構造
的・機能的特質の理論的解明に役立つだけでなく，推定規則や挙証責任規定な
どをめぐる実務的問題（第11章③3）への対処にも有意義であることは，一般
的に認められているところである。

2　法の社会的機能

　法システムは，以上で概観したような幾つかの種類の法規範が一定の制度的
仕組みのもとで作動することによって，さまざまな社会的機能を果たしている。
法の多様な社会的機能のうち，いずれを重視し，相互にどのように関連づける
かについては，専門の法学者の間でもかなり意見が分かれている。ここでは，
相互に重なり合う部分もあるが，社会統制，活動促進，紛争解決，資源配分と
いう，比較的多くの論者が共通して注目している四つの機能を取り上げ，それ
ぞれの機能の特質と仕組み，全体的な関連などについて説明することにしよう。

1　社会統制機能

　まず，社会統制機能とは，犯罪などの社会的に有害な逸脱行動を，刑罰など
の強制的サンクションによって抑止・処罰することをはじめ，人々が一定の行
動様式をとることを何らかのサンクションによって確保し，相互行為を安定化
させ，社会の規範的統合を維持する機能である。この機能は，平和秩序として

---

　4)　例えば，労働契約に関して労働条件の明示や賠償予定の禁止を規定している労
　　働基準法15条1項・16条などは，直接私人の行為の規準を指図する行為規範であ
　　ると同時に，監督機関の執務規準を指図する組織規範でもあれば，さらに，違反の
　　場合の罰則（同法119条・120条）との関連では，裁決規範でもあるとみられる。

の法の古くからの基本的機能とされてきている。

　法の社会統制技術としての特質は，公私の物理的な力の行使の規制と深く関わっていることである。法は，一般私人が違法行為に対してそれぞれ勝手に実力を用いて私的制裁を加えたり自力救済を行ったりすることを原則として禁止する。そして，強制的サンクションを加えることができる権限を特定の人ないし機関に限定し，その条件・内容・手続などを法的に規制し，強制的サンクションを社会的に組織化する。

　例えば，刑法は，殺人・傷害，強盗・窃盗あるいは詐欺・脅迫などを犯罪として規定し，死刑・懲役・罰金などの刑罰を定めているが，[5] 犯罪の防止や処罰のために強制的な実力を用いることができるのは，警察・検察などの特定の国家機関に限定されている。しかも，これらの機関が一方的な判断によって恣意的に強制権力を発動することがないように，警察官や検察官による捜査・逮捕・取調べ，裁判官による審理や判決の言渡し，刑務官による刑罰の執行など，そのすべての手続過程が，憲法・刑法・刑事訴訟法などによって厳格に規制されているのである。

　法による社会統制の「法的」特質は，法による人々の行動様式の義務づけが国家権力に支えられた強制的サンクションによって裏づけられているという側面よりも，むしろ，このような国家の強制権力の行使が，法的規準・手続によって規制されているという側面にみられる。国家の強制権力による人々の行動に対する第一次的な社会統制活動自体が，さらに，人々の自由と安全のために法によって厳格な第二次的統制を受けているという仕組みは，「法の支配」の最も基本的な要請を制度化したものである。

　道徳・宗教などと比べた法的社会統制の特質は，強制的サンクションによる裏づけの有無を中心に論じられてきている。このことは基本的に間違いではないが，次の二点に注意する必要がある。

　その一つは，強制的サンクションによる社会統制が必要かつ適切であり可能な領域はもともと限られているだけでなく，法の機能拡大に伴って，社会統制についても補助金給付などの肯定的サンクションが用いられたり間接的な行動

　5）　2022年の刑法の一部改正により，懲役と禁錮が「拘禁刑」に一本化され，2025年から施行される予定である。第5章 ② 2 参照。

誘導・操縦しかできなかったりする領域が増え，法的社会統制の仕組みも変容しつつあるということである。

　もう一つは，もともと刑罰などの法的サンクションによる動機づけは，諸々のインフォーマルな集団・関係による社会統制手段が実効的でない人々や状況に対して，第二次的に作用する補充的なものにすぎず，人々の日常的行動に対する誘導・操縦効果は，道徳・宗教や教育などに比べて弱いのが通常であるということである。

2　活動促進機能

　法が強制的サンクションを規定して人々に一定の行動を義務づける場合でも，決して人々の自由な活動を制限することだけをめざしているのではない。刑法や不法行為法などの義務賦課規範は，契約・遺言・会社の設立などを有効に行うための方式を定める各種の私的権能付与規範と組み合わさって，人々が各人各様の目標を実現するために自主的に準拠すべき指針と枠組を提供し，私人相互の自主的活動を予測可能で安全確実にするという機能を果たしているのである。法というものは，一定の行動様式を義務づけ，人々の活動を適切な方向に誘導しようとする限りで，各人の選択の自由を制約するが，同時に，私人相互の自主的な取決めの形成やその保護のための諸々の便宜を提供することによって，各人の選択した目標の実効的な実現を促進し支援しているのである。人々は，法的規制・保護のたんなる客体ではなく，何よりもまず法を用い動かす主体なのである。

　法システムが円滑に作動している日常的な状況では，権力や強制と結びついた規制的な社会統制機能よりも，権利義務・契約などの法的観念を用いた私人相互間の自主的な行動規律・利害調整を促進する機能のほうが重要な役割を果たしている。そして，法がこのような活動促進機能を果たす場合，私人相互の自主的な交渉や理性的な議論による合意の形成というソフトな面が前景にあらわれ，法の主な関心も，強制の排除された公正な状況で合意が形成され，その合意内容が社会の正義・衡平感覚に反しないように，さまざまな側面から指針を提供し規制を加えることに向けられている。例えば，民法90条が公序良俗に反する法律行為を無効としていることや，民法96条が詐欺や強迫による法

律行為は取り消すことができるとしていることなどがその例である。このような場合，国家権力による強制的サンクションの規定は背後に退き，合意の形成と実現を間接的に促進し外面的に保障するという，不可欠ではあるが補助的な役割を果たしているにすぎない。

　法の活動促進機能は，強制的で権力的な法という従来の支配的な法イメージのもとでは正しく位置づけられていないきらいがあった。けれども，法というものを人々の相互主体的活動に支えられた動態的システムとみる視座を確立するためには，このような国家権力の行使と直接結びつかない社会レベルにおける私人相互の活動を促進する機能が，法の多様な社会的機能の中心に位置づけられ，法システム全体の作動の基軸にすえられるべきであろう。

　法を強制的で権力的なものというハードなイメージでとらえているかぎり，このような私人相互の活動促進という，身近なソフトな機能は視野の外におかれがちである。だが，これは，ラグビーやサッカーのゲームを例に挙げて言うならば，本来のゲームの進行自体をみないで，反則を犯して注意を受けたり退場を命じられたりする選手ばかりをみているようなものであり，本末転倒である。

3　紛争解決機能

　どの社会にも，その成員間にさまざまな意見・利害の対立や紛争が存在するのが普通であるから，そのような対立や紛争を抑圧することなく，平和的に調整し解決する仕組みを確立することが，社会の存立と発展にとって不可欠である。法は，一般的な法的規準によって予め権利義務関係をできるだけ明確に規定して，紛争の予防に努めるだけでなく，具体的な紛争が発生した場合に備えて，法的紛争解決の規準・手続を整備し，当事者間で自主的に解決できない紛争について最終的に公権的裁定を下す裁判所を設営する。

　このような法の紛争解決機能は，活動促進機能の一環として，その延長線上にあるとみることもでき，また，その最終段階である裁判過程が，法的社会統制機能としての強制的サンクションの発動過程と交錯しており，以上の二つの機能の実効性の確保にとっても不可欠な機能である。

　もちろん，社会の複雑多様なナマの紛争がそっくり法によって解決できるわ

けではなく，法的解決の対象となる紛争は，権利義務関係をめぐる一定の要求や決定が法的に正しいかどうかに関して相互に対立した主張に限られている。しかも，このような主張やそれをめぐる議論は，一定の法的手続にのっとって実定法的規準に準拠して独特の専門技術的な技法で行われる仕組みになっている。このような法的紛争解決過程において，法の社会的機能は規範的機能とも結びついており，[6] これらの機能が法システムの現実の作動においてどれだけのウエイトを占めているかによって，法システムを強制的な命令・裁定システムから議論・交渉フォーラムへと転換できるかどうかが左右される。

　法がこのような紛争解決機能を果たす場合，裁判所がその中枢的位置を占めている。そして，裁判所における典型的な法的紛争解決の主な特質は，過去に生じた具体的紛争を既存の実定法規範の適用によって事後的個別的に解決すること，複雑なナマの紛争を二元的に対立する比較的少数の当事者間の法的争点に抽象化・単純化したうえで，事実認定についても法的権利義務の確定についても，「全か無か（all-or-nothing）」という二分法的思考がとられることなどにみられる。法的紛争解決は，このように第一次的には個別的・過去志向的なものであることから，紛争当事者間の将来にわたる利害関係の調整や，一定の解決が当事者以外の不特定多数の人々の利害に及ぼす一般的影響などには，原則として第二次的な関心しか向けられない。

　裁判による典型的な法的紛争解決は，このような規準・対象面の制約を受け，所定の手続によって行われなければならないから，あくまでも法的観点からの部分的・一面的な解決にすぎず，ナマの具体的紛争全体を解決するものではない。そのため，法的紛争の増加や複雑多様化に伴い，このような法的紛争解決の限界・制約を超えて弾力的な解決をはかるために，最近では，和解・調停・仲裁などの裁判外の代替的紛争解決手続（alternative dispute resolution, ADR）が見直される傾向にある。これらの点については，第10章③において裁判の機能との関連であらためて取り上げる。

---

6)　紛争解決機能のこのような特質に着眼して，法システム全体の機能や特質をこの紛争解決機能を基軸に統合的に理解しようとするアプローチも有力である。川島武宜『川島武宜著作集第三巻』（岩波書店，1982年）Ⅲ，六本佳平『法社会学』（有斐閣，1986年）第2章など参照。

4 資源配分機能

　現代国家は，その役割を国防・治安・司法に限定していた近代の「夜警国家」とは違って，行政国家・積極国家などと呼ばれ，人々の社会経済生活に広範かつ積極的に配慮し介入するようになっている。そして，法は，経済活動の規制，生活環境の整備，教育・公衆衛生などに関する公的サーヴィスの提供，社会保障，各種の保険や租税による財の再分配等々の重要な手段として広く用いられている。このような資源配分機能をもつ法令は，行政法や税法などの公法の他，労働法，社会保障法，経済法，さらに環境法や消費者法など，公法と私法の融合領域に多くみられる。そして，私法の分野でも，各種の新たな特別法だけでなく，不法行為法などの伝統的な領域における制度・規定の制定や解釈にあたって，資源配分機能を重視する動向も拡まってきている[7]。

　資源配分機能は，多くの場合，いわゆる基本法ないし計画法（環境基本法や都市計画法など）によって，たいていはそれらの第1条で一定の政策目標が概括的に掲げられ，そのもとに各政策の実施にあたる機関の組織・権限やその活動の規準・手続を具体的に規定する政令・省令・規則などが制定されるという仕組みで実現される。そして，このような機能の具体的な実現は各種の行政機関にゆだねられているところが多く，その実現過程においては，訓令・通達[8]が重要な役割を果たす。

> **環境基本法1条**　この法律は，環境の保全について，基本理念を定め，並びに国，地方公共団体，事業者及び国民の責務を明らかにするとともに，環境の保全に関する施策の基本となる事項を定めることにより，環境の保全に関する施策を総合的かつ計画的に推進し，もって現在及び将来の国民の健康で文化的な生活の確保に寄与するとともに人類の福祉に貢献することを目的とする。
>
> **都市計画法1条**　この法律は，都市計画の内容及びその決定手続，都市計画制限，都市計画事業その他都市計画に関し必要な事項を定めることにより，都市の健全な発展と秩序ある整備を図り，もって国土の均衡ある発展と公共の福祉の増進に寄与することを目的とする。

---

7)　法政策学，法と経済学など，法のこのような資源配分機能を重視する現代法学の新たな動向については，第13章④2参照。

8)　国家行政組織法14条2項に基づき上級官庁が下級官庁の権限行使を指揮するために発する命令。訓令が文書によって達示された場合，通達というのが一般的理解である。本来行政機関内部の事務処理の規準であり，一般私人や裁判所を直接拘束する法規ではないが，法令の解釈や運用について行政実務上重要な位置を占めている。

　資源配分的法令では，私人によって直接遵守されたり裁判所で一般的に適用されたりすることを必ずしも予定していない組織規範が中心的な位置を占めている。以上でみた三つの社会的機能が，私人に対して一定の権利義務を予め明確に規定し，権利侵害や義務違反には裁判による事後的な救済や強制的サンクションの発動を予定することによって，行為規範と裁決規範の重層構造で作動するのと比べると，資源配分的法令の機能様式には重要な違いがみられる。

　このような資源配分的法令の増大は，近代法から現代法への展開の最も重要な特徴であり，近代法システムのもとで形成された法の基本的な特質や構造の変容をもたらし，近代的な法原理・法制度の見直しを促している主因である。とりわけ資源配分的法令の実効性の確保の仕組みは，法的強制の現代的形態を理解するうえできわめて重要である。

　資源配分的法令にも，もちろん，違反行為に対して懲役や罰金などの否定的サンクションを規定する罰則が含まれているものもある。けれども，社会保障や生活環境の整備などのサーヴィス行政に関する法令が典型的にそうであるように，この種の法令の実効性は，罰則の有無・軽重よりも，国や地方自治体などの予算による裏づけがあるか否かによって大きく左右される。さらに，資源配分的法令においては，その遵守を確保し促進するために，例えば，公害防止のために高額な設備投資をした企業に対して，租税上の優遇措置をしたり補助金を給付したりして，肯定的サンクションが用いられることが少なくない。

　このような資源配分的法令の社会的機能も，活動促進機能と同様，強制的で権力的な法という従来の法イメージでは的確にとらえることはできないものである。しかし，このことから，法の資源配分機能について国家の権力や強制を軽視あるいは無視してもよいと考えるのは誤りである。たしかに，直接的に物理的な力の行使による強制が行われることは少ない。けれども，国家による社会経済生活への配慮・介入は，強制がハードな直接的な力の行使から間接的で眼にみえないソフトなものに形を変えたにすぎず，見方によっては，一段と強制が強化されているとも言えるということが見落とされてはならない。

　最後に，以上のような四つの社会的機能全体の相互関連をどのように理解すべきかについて，このような資源配分機能のウエイトが高まってきている結果として，法に対する受動的で受益者的な態度が強まってきているきらいがある

ことに注意を喚起しておきたい。資源配分的法令の役割は，あくまでも人々の
自主的な法的活動ができるだけ公正な条件のもとで行われるための社会的経済
的条件を整備し，人々の法を用い動かす自律的能力を強化することにある。資
源配分的機能は，活動促進機能を法システム全体の作動の基軸にすえ，社会統
制機能や紛争解決機能を第二次的な補助的なものとみるという，以上のような
説明を前提に，法に対する相互主体的な姿勢を強化し促進する支援的な機能と
して位置づけられるべきである。資源配分的法令を運用する側でも利用する側
でも，そのような相互主体的姿勢を弱めたり阻害したりすることにならないよ
う，この種の法令の役割を正しく理解して用いることが肝要である。

第4章 日本の法制度と法文化

1 世界の主な法系

1 法系と法の継受

本章では，わが国の法制度の歴史と法文化の特徴を理解するために，まず，世界の主な法系について，大陸法と英米法の対比を中心に説明し，次いで，日本法がどのような国の法を継受しながら発展してきたかを素描する。そして，最後に，わが国では，明治期以降，西欧法を継受して法制度の近代化をはかってきたにもかかわらず，人々の間にはそれ以前の伝統的法文化が根強く残っており，法制度の運用や利用の仕方に西欧とはかなり異なった特徴がみられると言われてきていることについて，それをどのように理解し評価すべきかを考えてみたい。

世界のさまざまな法制度や法文化の歴史をたどったり比較したりする場合，世界各国の法制度の歴史的由来，支配的な法的思考様式，法源や法律家の特質など，一定の基準によって同族的な法制度を分類し，幾つかの「法系」あるいは「法圏」に分けることが行われている。そして，他国の法を移入して自国の法とすることを「法の継受」と呼び，継受された法は，固有法に対して継受法と言われ，母法と子法の関係が生まれ，法系・法圏が成立し発展してゆく。

法系の分類の仕方には，細かなところで見解のずれもあるが，まず，西欧法と非西欧法を区別し，さらに，西欧法を大陸法系と英米法系に分け，非西欧法として，北欧（スカンジナヴィア）法系，社会主義（旧社会主義ないしロシア）法系，極東法系，イスラム法系，ヒンズー法系などを挙げるのが一般的である[1]。

わが国の法制度は，もともと，中国の律令法制の継受によって整備されはじ

めたため，極東法系に属していた。明治期以降，フランスやドイツなどの大陸
法系の法制度を継受して近代化されはじめ，第二次世界大戦後，憲法や裁判制
度を中心に，英米法系に属するアメリカ法の強い影響のもとに再編成されたが，
現行法制度全体の骨格が大陸法的であるため，一般に大陸法系に属するとみら
れている。このように，次々と異なる法制度を移入して接ぎ木的な改革を重ね
てきたため，わが国の法制度は，制度・規範レベルでは西欧法とあまり異なら
ないが，法制度の現実の機能や人々の法文化には，西欧法とはかなり異なった
特徴がみられ，西欧諸国との文化摩擦や通商摩擦の一因にもなっている。

　世界のさまざまな法系のうち，現在，国際的に大きな影響力をもっているの
は，大陸法と英米法の二大法系である。ここでは，両法系の特徴と異同を中心
に説明し，中国法の特徴やその日本法への影響については，後ほど，関連箇所
で説明することにしよう。

2　大陸法と英米法

　ドイツやフランスなどの大陸法系は，ローマ法系とも呼ばれ，古代ローマ法
を共通の起源としている。19 世紀ドイツの法学者 R. v. イェーリングの「ロー
マは三たび世界を征服した。最初は武力によって，次いで宗教によって，最後
に法によって[2]」という有名な言葉でよく知られているように，ローマ法，とく
にその私法は，西欧法に強い影響を及ぼした。

　西欧諸国では，中世末期から近世初頭にかけてローマ法を継受し，中世のゲ
ルマン法や教会法の影響，さらに啓蒙期の理性的自然法論による基礎づけも加
わりながら，ナポレオン法典（1804 年）などの法典編纂が行われ，各国の法制
度が整備されていった。そして，フランス法が，主としてこのナポレオン法典

---

1)　K. ツヴァイゲル＝H. ケッツ／大木雅夫訳『比較法概論・原論（上）（下）』（東
　京大学出版会，1974 年）など参照。

2)　この言葉はよく引用されるが，原文通りではなく，Rudolf von Jhering, Geist
　des römischen Rechts auf den verschiedenen Stufen seiner Entwicklung, Bd. 1
　(1852) の書き出し部分の以下のような文章をわかりやすく言い換えたものである。
　「ローマは三たび世界に掟を与え，三たび諸民族を結びつけて一体とした。一度は
　……国家の統一へ，二度目は……教会の統一へ，三度目は……法の統一へ；最初は
　武力による外的強制によって，後の二回は精神の力によって。」

によって，次いで，ドイツ法も，19世紀にローマ法の近代的体系化を行った
「パンデクテン法学³⁾」やその成果を法典化したドイツ民法典（1900年）によっ
て，世界各国の法制度・法律学に大きな影響を及ぼすことになった。

　他方，英米法系は，イギリスで11世紀中頃にノルマン王朝が樹立されて以
来，国王の裁判所の判例法として発展し，アメリカなどに継受された法系であ
り，ローマ法の影響をあまり受けず，むしろゲルマン法の流れを汲んでいる。
英米では，この判例法をコモン・ロー（common law）と呼び，大陸法をシビ
ル・ロー（civil law）と呼んでいる。イギリスでは，固定化した厳格なコモン・
ローの欠陥を補うために，国王が大法官にコモン・ローの救済に不満な者の請
願を裁判させたことから，16世紀になると，エクイティ（equity）裁判所が成
立し，弾力的な救済方法を発達させ，コモン・ロー裁判所と激しい抗争が生じ
たが，19世紀に両裁判所は統合され，コモン・ローもエクイティも同じ裁判
所で運用されるようになった⁴⁾。

　アメリカやカナダなど，かつてのイギリス植民地はほとんど英米法系である
が，アメリカのルイジアナ州やカナダのケベック州はフランス法系である。

　同じ西欧法のなかでも，大陸法系と英米法系の間には，伝統的にかなり重要
な相違がある。その主な対比的特徴を，第1章②で説明した法システムの四側
面についてみておこう。

　規範面については，第2章でも説明したように，大陸法系では，成文法主義
がとられ，議会や政府が作る高度に体系化された制定法が第一次的法源として，
すべての法領域をカヴァーしている。それに対して，英米法系では，判例法主
義がとられ，裁判所でケース・バイ・ケースに作り上げられた判例に先例的拘
束力が認められ，判例が第一次的法源とされている。

　制度面については，行政優位の法運用体制がとられた大陸法系のフランスや

　3）　パンデクテンとは，「ローマ法大全」の中心部分である「学説彙纂（いさん）」のことであ
り，19世紀ドイツ私法学は，このパンデクテンを重視して，「パンデクテン教科書」
など，ローマ法を精緻な法律学的構成の手法によって当時の社会に適合するものと
し，近代的私法体系の基礎を作り上げた。後に，自由法運動によって，その行過ぎ
による弊害が「概念法学」として批判された。
　4）　英米法の歴史については，田中英夫『英米法総論・上』（東京大学出版会，1980
年）参照。

ドイツでは，司法裁判所とは系統を異にする別個の行政裁判所が設置され，行政事件を扱い，行政内部での監督統制が重視されてきた。それに対して，伝統的なコモン・ローによる「法の支配」の確立がめざされた英米法系では，行政に関する事件も通常の司法裁判所の裁判権に服し，司法権の優越（judicial supremacy）が制度的に保障されている。このような違いについては，第 9 章・第 10 章・第 15 章でも説明する。

　技術面については，大陸法系では，一般的法規範に具体的事実をあてはめて処理する包摂方式，英米法系では，典型例（範型）によってケースからケースへ推論する類推方式が，それぞれ中心的な裁判技法とされ，演繹対帰納，体系思考対問題思考と対比されることもある。このような法的思考スタイルの違いの具体的なあらわれ方については，第 11 章から第 13 章にかけて説明する。

　主体面については，大陸法系のフランスやドイツでは，最初から裁判官として採用し，裁判所内部で訓練・養成する職業裁判官制（キャリア・システム）がとられている。それに対して，英米法系では，弁護士その他の法律家として相当期間経験を積んだ者から裁判官を選任する法曹一元制がとられている。また，主体面だけでなく，制度面にも関連するが，英米法系が陪審制をとっているのに対して，大陸法系のフランスやドイツでは，紆余曲折はあったが，現代では，参審制をとっていることも，重要な相違である。これらの対比については，第 14 章③であらためて取り上げる。

　もちろん，以上のような相違のなかには，法理論・法実務の国際的な交流が盛んになるにつれて，融合傾向が進み，現代では，程度の相違にすぎなくなっているものもあるが，いろいろな問題への法的対応の仕方について両法系の違いが反映されている場合が少なくない。とくにわが国のよう

大陸法と英米法の対比

	大　陸　法	英　米　法
規範面	成文法主義	判例法主義
制度面	行政裁判所	司法権の優越
技術面	包摂，体系思考	類推，問題思考
主体面	職業裁判官制	法曹一元制
（国民の司法参加）	参　審　制	陪　審　制

に，大陸法系の骨格を維持したまま，英米法系の影響も受けた法制度のもとでは，それぞれ関連箇所で触れるように，法制度の運用の仕方やその理解・評価にも，両法系の原理的な相違をどのように考え調整するかが影響を及ぼしていることが多い。

２ 日本法と法の継受

1　中国法の継受

　以上のような法系と法の継受の関連に留意しながら，日本の法制度の歴史を振り返ってみると，わが国の法制度の大きな特徴は，古くは中国法，明治期に大陸法，第二次世界大戦後にアメリカ法という，三つの法系を異にする外国法を次々と継受して発展してきたところにみられる。その流れを，ごく簡単に素描しておこう。[5]

　わが国の法体制は，7世紀後半から8世紀前半にかけて，大宝律令（701年）や養老律令（718年）など，唐の律令法制を継受して整備されはじめた。律は刑罰法規，令は教化のための行政法規であり，どちらも儒教思想を背景としている。このような律令法制を受け容れる基盤は，わが国最初の成文法と言われる聖徳太子の憲法十七条（604年）によって形成されていたとみられている。憲法十七条については，第1条「和を以て尊しとなし，忤らうこと無きを宗となす」という規定をはじめ，仏教的な特徴が強調されるが，第6条「悪を懲らし善を勧むるは，古の良典なり」という規定など，儒教的な律令につながる規定も含まれている。このように，わが国の法制度が，儒教や仏教を背景に形成されたことは，西欧法がキリスト教を背景としていることと決定的に異なっており，法が全般的に宗教から分離独立した現代でも，法制度の機能や運用の仕方にさまざまの影響を及ぼしている。

---

5)　日本法の歴史の概観には，石井良助『日本法制史概説〔改版〕』（創文社，1971年），牧英正＝藤原明久編『日本法制史』（青林書院，1993年）など参照。また，西欧の法文化との比較をも視野に入れたものとして，大木雅夫『日本人の法観念』（東京大学出版会，1983年），村上淳一『〈法〉の歴史』（東京大学出版会，1997年）参照。

　儒教思想においては，為政者は，法によってではなく，自ら道徳的な手本を人々に示すことによって，社会を統治すべきだとされ，律令法制は，基本的にこのような徳治主義の補助手段と位置づけられていた。法などは本来無しで済ますのが望ましいが，人々に正しい行為の規準を示したりそれに違反する者に制裁を加えたりするためにやむを得ず用いる必要悪だとみられた。法は，西欧のように，権力をコントロールしたり人々の権利を保障したりするものではなく，もっぱら秩序を維持し人々を教化する道具にすぎなかった。裁判も，一般行政と明確には区別されず，刑事裁判が中心とされ，私人間の紛争は，基本的に共同体内部でインフォーマルな調停などによって処理すべきものとされ，このような仕方で処理しきれない紛争を扱う民事裁判は，主として秩序維持の観点から刑事裁判とあまり異ならない手続で行われていた。法とか裁判は，基本的に“お上の掟”“お上の裁き”として敬して遠ざけられ，それを運用する法律家も蔑視され不信の眼でみられていた。

　わが国の法制度・法文化も，このような儒教的な律令法制の強い影響のもとに形成された。一時，中世の鎌倉時代の武家法においては，先例主義と当事者主義に基づく民事裁判制度が整備され，権利義務観念が芽生えはじめたけれども，一般的に拡がることはなかった。そして，近世の江戸幕藩体制のもとでは，基本的に律令的な法制度・裁判制度が受け継がれ補強されることになった。⁶⁾

　江戸幕藩体制の主な法源である法度や御触書は，もっぱら刑罰法規・行政法規であり，私人間の紛争処理はほとんど慣習法にゆだねられ，幕藩領主権力は，私人間の紛争を裁判する義務を負わなかった。共同体内部で処理できなかった紛争の民事裁判にあたっても，秩序維持ということが重視され，“大岡裁き”のように，法規にとらわれずに個々の事件を円満に収めることが理想とされ，紛争を和解によって解決する「内済」を強く勧める政策がとられた。そして，インフォーマルな紛争解決・利害調整を規制する観念として，義理規範やそれと微妙な関係に立つ人情など，わが国独特の観念が生まれ，広く受け容れられるようになる。

---

　6)　江戸幕藩体制下の法制度の概要については，石井紫郎「近世の法と国制」同『日本人の国家生活』（東京大学出版会，1986年）参照。

2　大陸法の継受

　明治期に入ると，幕末に西欧諸国と結んだ不平等な通商条約を改正する必要
もあり，西欧法を継受してわが国の法制度を近代化することが急ピッチで進め
られるようになる。初期には，主としてフランス法の強い影響のもとに，司法
卿も務めた江藤新平の強力なリーダーシップによって司法制度の整備が急がれ
た。フランスからお雇い外国人教師ボアソナードらを招へいして，刑法典や民
法典などの主要な法典編纂が進められたが，ドイツ人の法律顧問も並行して
次々と招かれた。そして，イギリスやフランスの思想の影響を受けた自由民権
運動が挫折した頃から，全般的にドイツ法の影響力が強まり，1889 年にドイ
ツ・プロイセンの憲法をモデルとした大日本帝国憲法が公布されたのをはじめ，
民法，民事訴訟法，商法，刑法，刑事訴訟法など，いわゆる「六法」について
は，すべてドイツ型の法典が制定され，ドイツ法の影響が決定的となる。とく
に法律学は，ドイツの法律学の圧倒的な影響を受け，「学説継受」という傾向
が強まり，「平家に非ずんば人に非ず」をもじって，「ドイツ法に非ずんば法に
非ず」とさえ言われるような状況になった。

　明治憲法下の法制度は，ドイツ型の行政優位の法運用体制の強い影響のもと
にあり，1891 年の大津事件[7]にもみられたように，司法権の独立は一応確立さ
れていたけれども，司法行政上は裁判官も司法大臣の監督下におかれ，行政裁
判所が設置されていたりして，十分なものではなかった。また，法典編纂も裁
判制度の整備も，基本的には不平等条約の改正や中央集権的統治体制の強化の
手段として推進され，必ずしも社会経済生活内部の必要から生じたものではな
かった。そのため，近代的法典が前提とする権利義務観念は，社会的経済的に
浸透せず，裁判も一般の人々にとって身近なものとはならなかった。法律家に
ついても，政府の関心は，主として裁判官・検察官など司法官僚の養成に向け
られ，弁護士の養成には冷淡であったため，法曹内部に在朝・在野の対立意識

　7）　ロシア皇太子が大津市で巡査に刺されて負傷した事件。政府は，ロシアとの外
　　交関係の悪化を恐れ，日本の皇族に対する罪である大逆罪の規定を適用して巡査を
　　死刑に処するよう裁判所に働きかけたが，大審院長児島惟謙は，この干渉を斥け，
　　大審院は普通人に対する謀殺未遂罪として無期徒役を言い渡した。児島の行動につ
　　いては，司法権の独立は守ったが，裁判官の裁判に干渉したため，裁判官の独立を
　　侵害したとみる評価もある。

が生まれることになった。

　その後，大正デモクラシー期に，刑事事件について陪審制を導入する陪審法（1923年）が制定されるなど，注目すべき展開もみられたが，制度的不備などのために，あまり利用されず，第二次世界大戦中の1943年に停止されてしまった。また，明治初期に江戸時代の「内済」を受け継いで制度化された「勧解（かんかい）」は，1890年の民事訴訟法の制定とともに，いったん廃止されたけれども，大正末期から昭和10年代にかけての戦間期に，伝統的な共同体関係が動揺して権利意識が高まり，社会的な紛争・争議が頻発するようになると，借地借家調停，小作調停，労働調停，人事調停など，各種の臨時的調停制度が，裁判所の公式の紛争解決手続として導入され，社会的対立の緩和や政治的経済的な混乱の回避がはかられるようになる。これらの調停手続については，法の規定と社会・経済の変化のギャップを埋め，自主的な話合いによって弾力的な紛争解決を促進するものとして評価された一方，他方では，伝統的な義理・人情や和の精神に訴えて妥協的な紛争解決をはかり，権利意識の成熟を抑圧するものだという批判も強かった。

3　アメリカ法の継受

　第二次世界大戦後，わが国の法体制は，憲法や裁判制度を中心に，アメリカ法の強い影響を受けて，抜本的に再編成された。

　最も重要な改革は，言うまでもなく憲法における基本的人権の保障の拡充である。明治憲法のもとでも，一定の自由権的人権は保障されていたが，必要があれば法律によって制限できるという「法律の留保」付きのものであった。新憲法では，人権は国家がみだりに制限できない自然権由来のものとされ，自由権のカタログも増えるとともに，新たに「健康で文化的な最低限度の生活を営む」権利である生存権（25条）をはじめ，一連の社会権的人権が保障され，人権の保障が飛躍的に拡充された。

　そして，このような憲法における人権保障の拡充を制度的に保障する主な法改正として，次のような改革が行われた。

　①憲法24条で個人の尊厳と両性の平等に基づく家族生活を制度的に保障する法律の制定が要請されていることを受けて，民法の親族編・相続編，いわゆ

る家族法が全面的に改正され，従来の戸主を長とする「家」制度が廃止された。

②憲法 31 条以下の詳細な刑事手続法上の人権保障の規定を具体化するために，大陸法系の職権主義的な刑事手続は抜本的に改正され，アメリカ法をモデルに，被疑者・被告人の人権保障を基調とする当事者主義的な刑事訴訟法が制定された。

③憲法 27 条・28 条の規定する労働基本権を具体的に保障するために，同じくアメリカの労働法の強い影響のもとに，労働基準法，労働組合法，労働関係調整法などの労働関係立法が行われた。

以上のような人権保障の強化と並ぶ重要な改革は，アメリカの裁判制度をモデルとする裁判所の権限の強化である。まず，最高裁判所を頂点とする司法裁判所が，行政部から完全に切り離され，最高裁判所に規則制定権や司法行政権が与えられ，司法権の独立が強化された。また，通常の司法裁判所に，行政事件をも含めて一切の法律上の争訟を裁判する権限が与えられ（憲法 76 条），従来の大陸法型の行政裁判所は廃止された。さらに，裁判所に，法令などが憲法に違反していないかどうかを審査する違憲審査権が認められたことも（憲法 81 条），立法・行政に対する司法の地位を飛躍的に高め，英米法型の「法の支配」を実現する制度的基盤が確立されることになった。

その他，最高裁裁判官の国民審査制度の導入（憲法 79 条 2 項）や最高裁判所における少数意見制度（裁判所法 11 条）などもアメリカの制度をモデルとするものである。

しかし，以上のように，基本的にドイツ型司法からアメリカ型司法への転換がめざされたにもかかわらず，陪審制や法曹一元制など，英米の司法制度を支える根幹的な制度は導入されず，陪審制は停止されたままであった。また，大陸法型の職業裁判官制も改められず，法曹一元制については，統一的な司法修習制度の創設によって，いわば出発点における法曹一元制が実現されただけである。

法制度全体についてと同様，裁判制度についても，ドイツ型大陸法系の基本的枠組にアメリカ型制度を部分的に接ぎ木したような改革であった。そのため，制度面でも運用面でも，ドイツ型思考とアメリカ型思考の緊張やずれがあちこちにみられるうえに，一般の人々の間だけでなく法律家の間においてすら，伝

統的な法文化の影響が根強く残っており，わが国の裁判制度は，第 9 章・第 10 章で説明するように，現在でも，必ずしも憲法の理想通りには機能しておらず，かなり複雑な様相を呈している。

③ 日本の法文化

1　伝統的法文化の特徴

わが国の法制度の運用や裁判制度の機能にみられるこのような理想と現実のずれという問題をどのように理解し，どのように対処すべきかを考える場合，日本の法文化の特徴をめぐる内外の論議の動向を視野に入れる必要がある。

わが国の現在の法制度・裁判制度自体は，先進西欧諸国の法制とほとんど変わらないにもかかわらず，その現実の機能や運用の仕方はかなり特殊であるということが，内外で指摘されてきている。そして，この特殊性を説明する重要な要因として，日本の法文化の“伝統的”特殊性が問題とされているのである。

「法文化 (legal culture)」という言葉は，比較的新しい用語であり，わが国では，「法意識」という言葉のほうがまだ一般的かもしれない。法文化とは，法全体あるいは個々の法律・裁判・権利・契約・法律家などを人々がどのように考え，どのようにみて，どのように用いているかなど，要するに，法についての人々の意識と行動様式の総体のことである。

法制度が改革されても，それに応じて法文化もすぐに変わるというものではなく，法制度改革と法文化の変化の間に多少の時間的なずれが生じることは避けがたい。しかし，わが国の法制度の近代化過程を振り返ってみると，明治期の大陸法の継受も，第二次世界大戦後のアメリカ法の強い影響を受けた法改正も，いずれも，社会経済生活内部の必要から内発的に行われたものではなく，基本的には西欧諸国からの圧力によって外発的に行われたものであった。そのため，伝統的な法文化が一般の人々や法運用者の間で根強い影響力を持ち続けただけでなく，為政者の側にも，そのような伝統的法文化の維持や補強をめざす政策的な意図がみられることもあった。これらの事情が，わが国で法文化論・法意識論が広く注目を集めている理由である。

とくに第二次世界大戦後の法制度改革においては，憲法をはじめとする法制

度は，基本的に人々の権利と自由を守るためのものであり，裁判は，法がその
ような役割を果たすための中心的な制度であると位置づけられた。にもかかわ
らず，一般の人々の間では，法を強制的で権力的な秩序維持の道具とみて，敬
して遠ざけつつも，行政のパターナリズム的で裁量的な法運用には期待すると
いう権威主義的な姿勢が依然として根強く残っている。また，何か紛争に巻き
込まれても，法規範や権利義務を云々したり，裁判所に持ち出して黒白をつけ
たりすることを極力回避し，できるだけ話合いで譲り合って丸く収めようとす
るインフォーマリズム的姿勢が続いている。そして，このような権威主義的で
インフォーマリズム的な姿勢が，日本人の法意識の特徴だとみられ，戦後の法
改革の精神が社会的に浸透することを妨げてきたとして批判された。このよう
な日本人の法意識には，大陸法系のドイツ型法制度の影響もないわけではない
が，明治期以前の律令法制の影響のほうが決定的だと考えられ，一般に"伝統
的"法文化として論じられてきている。

　このような権威主義的でインフォーマリズム的な法文化のうち，戦後とくに
問題とされたのは，権利意識が弱く，裁判を回避して非公式の話合いによる解
決を好むというインフォーマリズム的な姿勢のほうである。このような法文化
は，前近代的・封建的・非合理的なものとして概して否定的に評価され，西欧
の法文化に比べて遅れているあるいは歪んでいるから，それを民主化・近代化
することが重要だと説かれた。このような見方は，いわゆる近代主義者を中心
に展開され，1960 年代末ぐらいまで支配的であった。法社会学者川島武宜が
その代表的な論者であり[8]，彼の見解が，内外における日本の法文化論のその後
の論議に大きな影響を与えた。

　川島によれば，日本国憲法が前提ないし目標とする近代的権利意識は，戦後
も残存する伝統的な社会構造や義理・人情文化によって成長を妨げられており，
民事紛争解決における裁判回避傾向やインフォーマルな調停利用行動は，近代
的な権利意識が未成熟なことによる特殊日本的なものであるとみられていた。
そして，わが国にも，徐々に近代的な権利意識が成長しつつあり，今後，人々
がより強く権利を意識し主張するようになれば，より頻繁に訴訟が利用される

---

8)　川島武宜『日本人の法意識』（岩波書店，1967 年）などが，現在でも広く読まれ
　　ている。

ようになるだろうと予測されていた。

2　日本の法文化の評価の変遷

　川島の以上の見解のように，裁判を回避してインフォーマルな紛争解決を好む傾向を，日本の伝統的な社会構造や文化的特徴から説明する近代主義的な見解（文化説）に対しては，内外の論者によってさまざまな批判がなされている。代表的な批判は，いわゆる制度説と呼ばれているものである。[9]

　制度説によれば，日本人のこのような傾向は，明治期以前も，それ以後も，その時々の為政者が，裁判制度自体を社会のニーズに合わせて整備しなかっただけでなく，弁護士の養成や増員に消極的な姿勢をとったため，訴訟を起こしにくく，訴訟になっても，時間や費用がかかることになり，行政依存やインフォーマルな解決のほうが現実的であったからだとされる。要するに，伝統的文化よりも，人々が裁判を実効的な紛争解決方式として利用することを促進する制度的整備を怠ってきた政策的意図や裁判の機能不全のほうが主因とみるべきだとするのである。

　このような制度説と文化説は，相互依存的な面もあり，どちらがより決定的な理由かはなかなか判定しにくい。法や裁判に関する人々の意識と行動を規定する基層の説明としては，文化説を無視することはできないけれども，少なくとも明治期以降の裁判制度の近代化過程，とくに先般の司法制度改革直前の前世紀末の"小さな司法"，"二割司法"などと言われていた状況の説明としては，制度説のほうが説得的であろう。

　さらに川島説については，その後，人々の権利主張が全般的に積極化するにつれて，たしかに，訴訟が以前よりも積極的に利用されるようになったけれども，調停などのインフォーマルな手続も以前と同様に利用され続けているだけでなく，公害や消費者被害などの新しいタイプの紛争の増加や法的紛争の多様化・複雑化に対応するために，裁判所内外で公私さまざまな代替的紛争解決手

9）　J. O. ヘイリー／加藤新太郎訳「裁判嫌いの神話（上）（下）」判例時報902号，907号（1978-79年），大木雅夫『日本人の法観念』（前掲注5），カレル・ヴァン・ウォルフレン／篠原勝訳『日本／権力構造の謎（上）（下）』（早川書房，1990年），六本佳平『日本の法と社会』（有斐閣，2004年）19-39頁など参照。

続が拡充される傾向にあることを，適切に説明できないのではないかという疑問がある。

　このような裁判外の代替的紛争解決手続（ADR）は，1970年代末から西欧先進諸国でも，「法化」の過剰に対する対応として「非＝法化」傾向が強まっていることの一環として，積極的に評価されはじめ，ADRが世界的な潮流となっている観すらある。このような世界的な動向とも重ね合わせてみると，わが国の調停などのインフォーマルな紛争解決手続を，日本独自の伝統的な方式という側面からだけ評価し続けることには，一面的なところがあり，現に，裁判所での調停の実情も，戦後70年の間に相当変わってきており，川島などの近代主義的な見方では，的確にその役割評価や位置づけを行うことがむずかしくなってきている。

　調停などのインフォーマルな紛争解決手続の利用や拡充の理由としては，現在でも，裁判によって黒白をつけるよりも話合いによって円満に解決するほうが日本人の国民性に合致しているという，戦前からの伝統的な見解が説かれることもある。しかし，次第に，裁判は時間と費用がかかりアクセスもむずかしいといった，裁判制度の不備や実務の現実的欠陥を補うために，やむをえず代替的手続が利用され必要だとみる「現実的消極的容認論」，さらに，裁判制度がいくら理想的に機能するようになっても，原理上一定の制度的制約があり，各種の代替的手続はそれぞれ訴訟＝判決手続にはないメリットをもっており，裁判を補完したり代替したりする独自の役割を果たしているとみる「理論的積極的肯定論」が，有力な見解となってきている。このような裁判外の代替的紛争解決手続をどう理解し評価するかという問題については，第10章③で裁判の機能について説明する際にあらためて取り上げる[10]。

　このようなインフォーマルな代替的紛争解決方式の評価の変遷は，1970年代以降，「日本人論」「日本文化論」「日本社会論」などが盛んになり，その論調が変わってきていることとも密接に関連している。現在では，西欧先進諸国をモデルとした近代主義が，特殊日本的なものとして否定的に評価していた特徴を，逆に，肯定的に評価して，西欧社会のポスト・モダン的な行詰まり状況

10）「法化」「非＝法化」論議と裁判外紛争解決手続の評価の変遷との関連については，田中成明『現代社会と裁判』（弘文堂，1996年）第1章・第3章参照。

を打開する有力な手がかりだとみたり，あるいは，日本に特殊なものではなく，西欧にも多かれ少なかれ共通にみられる普遍的な特徴だとみたりするアプローチも台頭している。[11]そして，このような議論において，インフォーマルな紛争解決方式がその中心的争点の一つとなっていることの影響も受けて，日本の法文化の特徴の評価も大きく変わってきているのである。

　インフォーマルな紛争解決方式が，一概に否定されるべきものではなく，一定のメリットをもっていることは正当に評価されるべきではある。けれども，国際的な文化摩擦や通商摩擦との関連で，わが国のこの種の慣行が不公正・不透明だと非難されていることなど，デメリットを伴っていることもまた事実である。今後，グローバル化がますます進み，さまざまな問題解決において，従来のように，"ウチの論理・ソトの論理"の使い分けがむずかしくなってゆくなかで，わが国の伝統的法文化の特徴とされてきたものがはたして国際的通用性をもちうるのかどうか，対外的にも納得の得られるようなものに洗練するには，どのように変えていったらよいか，広い視野からの見直しを迫られている検討課題である。

---

11)　青木保『「日本文化論」の変容』（中央公論社，1990 年）など参照。

第5章 法 と 強 制

1 法が強制的であるということ

1 法的強制の意味

　法というものは，これまでしばしば触れたように，強制的で権力的なものだとみられており，現に，強制，サンクション（制裁），実力，権力などの観念は，法の構造や機能の理解において重要な位置を占めている[1]。正義の女神像は両手に秤と剣をもっているが，これは，公平と力を象徴しており，法によって正義を実現するにあたっては，力による強制が不可欠だということを意味している。しかし，法が強制的であるとよく言われるわりには，具体的にどのようなことを意味するのかは必ずしも明確ではなく，理解も分かれている。

　法が強制的であると言われる場合，法規範の違反に対して，刑罰や損害賠償など，最終的には物理的実力の行使によって，それが向けられる者の意に反してでも実現されるサンクションを規定しているという，法の一般的特徴がほぼ共通に念頭におかれているとみてよいであろう。刑罰という典型的な法的サンクションに焦点を合わせて，このような特徴が強制的であると言われる意味を少し分析してみると，おおよそ次のような三つの意味を含んでいる。

　①法規範の違反を思いとどまらせ，その遵守を確保する意図でもって行われる，サンクションの一般的規定による抑止作用。

　②物理的実力の行使によるサンクションの具体的な実行行為。

　③サンクションの実現が，最終的には物理的実力の行使によって，それが向

---

　1)　法における強制の特質と位置については，田中成明『法的空間：強制と合意の狭間で』（東京大学出版会，1993 年）とくに第 2 章・第 4 章参照。

けられる者の意に反してでも行われることが制度的に保障されていること。

　法的強制の全体的な仕組みの理解にとっては，これら三つの意味の相互関係をどのようにとらえるかが重要である。

　まず，①の抑止作用と②の実行行為の関係については，法的サンクションの本来のねらいは，①の意味での一般的な強制が功を奏して，法規範が，この意味では強制されているにもかかわらず，自発的に遵守される状況を確保することである。②の意味での具体的な強制は，①の抑止作用が実効的に働かなかった場合に行われる例外的で第二次的なものであるから，このような物理的実力の現実の行使が少なければ少ないほど，法システムは実効的に作動しており，法にとっては望ましいのである。

　しかし，①の意味での一般的な強制は，法的サンクションの役割として第一次的なものではあるが，法を道徳・宗教などの他の社会規範と区別し，法独特の強制的性質を浮彫りにするには，漠然としすぎていて不十分である。逆に，物理的実力行使そのものである②

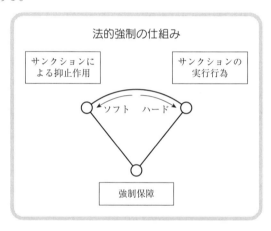

の意味での具体的な強制は，法的サンクションや法全体の強制的性質を最も鮮明にあらわすものではあるが，このような実力行使との直接的関連を基軸にすえて法全体の強制的性質をとらえることは，法的強制の第二次的な極限的形態を強調しすぎて，その全体的特質を歪めてしまいかねない。それ故，法を道徳・宗教などの他の社会規範から区別する識別基準としては，③の意味での強制の制度的保障という緩やかな形態を基軸に考えるのが適切であろう。

　以上を少し比喩的にまとめると，法的強制の全体的な仕組みについては，③の意味での制度的な強制保障をいわば扇の要として，サンクションの一般的規定による抑止作用という①の意味でのソフトな強制の段階から，現実の実力行使という②の意味でのハードな具体的強制の段階に至るまで，扇状的に拡がる

ものとしてとらえるのが適切だということになる。

2 法と実力の関係

　法的強制の全体的な特質の理解にとって重要なもう一つの争点は，法と実力の関係について，実力の行使の法的規制と，実力による法の強制保障のいずれの側面にウエイトをおいて法的強制の特質を理解するかという問題である。

　この両側面は，どちらも，法の構造や機能の理解において無視できない側面であり，相互依存的でもある。しかし，法システムを全体としてみた場合，その実効性が最終的に実力による強制保障によって支えられているという側面は，基底的ではあるが，法システムが円滑に支障なく作動している限り，背後に退いている。また，法規範のなかには，このような強制保障と直接関連なしに存立し作動しているものも少なくない。しかも，このような法の強制保障に関わる実力はどのようなものでもよいというわけではなく，「法的に」重要なことは，この強制保障に関わる実力がどこに存在しどのように行使されるか，強制権限の所在とその行使の条件・手続・規準などが，法そのものによって規制されていることである。このような意味において，法的強制の「法的」特質は基本的に実力の行使の法的規制という側面にみられると理解すべきであり，「法の支配」の制度的要請内容にもこの側面における権力のコントロールに関わるものが多い。

　以上のような法と実力の関係の説明は，少し抽象的一般的でわかりづらいかもしれないが，法の社会的機能，とくに社会統制機能・活動促進機能・紛争解決機能のそれぞれの特質や相互関係をどのように理解するかと深く関連している。以上の説明を読まれた後で，第3章②1・2・3の説明を読み返していただきたい。

② 犯罪と刑罰

1 犯罪の概念をめぐって

　法的強制の以上のような全体的特質が，具体的にどのように制度化され，どのような問題をはらんでいるかを，犯罪と刑罰という，法の強制的特質が典型

的にみられる制度を中心にみてみよう。[2)]

　一定の行為を犯罪と規定し，犯罪者に対して刑罰を科すという仕組みは，法的強制の典型的な方式である。法は，このような仕組みによって，社会統制という，古くからのその基本的機能を果たし，応報的正義という，最も原初的な正義原理の実現に関わってきている。犯罪に対して刑罰を科すという仕組みは，法が，反社会的で有害な逸脱行動とともに，非合理的な復讐やリンチをも規制することによって，私人の勝手な実力行使を抑止し社会秩序を維持するにあたって，中枢的装置として用いられてきている。

　犯罪とは何かについては，自由主義諸国のほとんどの法制度は，「法律なければ犯罪なく，法律なければ刑罰なし（nulla poena sine lege, nullum crimen sine lege)」という罪刑法定主義に基づき，どのような行為が犯罪であり，どのような刑罰が科せられるかは，その行為が行われる前に成文の法律によって定められていなければならないという原則をとっている。このような法制度のもとでは，犯罪という概念は，一般に，刑法などの規定する構成要件に該当する違法・有責な行為という，形式的ないし法的な概念と，社会の人々がどのような行為を犯罪と認知し評価しているかという，実質的ないし社会学的な概念とに分けて論じられている。

　犯罪は，もともと，法・道徳・宗教などにまたがる概念であり，宗教的タブーを侵犯したり，社会倫理に違反したり，他人に危害を及ぼしたりする行為などが実質的犯罪の内容をなしていた。だが，法が宗教・道徳から分化独立し，共同生活の規模が拡大し，人々の価値観が多様化するに伴って，実質的犯罪の内容について，そもそもどのような行為を犯罪として処罰すべきか意見が分かれるようになる。また，実質的犯罪概念と形式的犯罪概念との間にもずれが生じ，刑法などの規定によって何を犯罪として刑罰を科すのが適切かについて見解の対立がみられるようになる。

　犯罪の実質的概念と形式的概念のずれは，どのような行為を法律上の犯罪と

---

2)　犯罪と刑罰に関して以下で取り上げるような問題は，刑事学，犯罪学，刑事政策などと呼ばれている領域で論じられてきているテーマである。吉岡一男『刑事学〔新版〕』（青林書院，1996 年），藤本哲也『刑事政策概論〔全訂第 6 版〕』（青林書院，2008 年），大谷實『新版 刑事政策講義』（弘文堂，2009 年）など参照。

して刑罰の対象とするか（「犯罪化」），逆に，それまで法律上の犯罪として処罰
されていた行為を犯罪でなくするか（「非犯罪化」）という問題として論じられ
ている。実質的犯罪概念についての見解の相違は，殺人や強盗などの典型的な
犯罪の場合には，ほとんど問題にならないが，わいせつ文書販売・売春などの
性犯罪，堕胎，賭博などのいわゆる「被害者なき犯罪」の場合とか，かつての
治安維持法など，反政府活動や政治的異議申立てに関する犯罪については，根
本的に意見が対立することが多い。また，少年非行，交通犯罪，経済犯罪，法
人犯罪などにどのように対応するかにも，少なからぬ影響を及ぼしている。

　全般的に，少なくとも理論上は，犯罪に対して刑罰を科すという方式による
社会統制をできるだけ最小限にとどめようとする「非犯罪化」傾向が有力であ
り，刑法の補充性・断片性・寛容性など，「謙抑主義」が説かれている。そし
て，このように，非犯罪化傾向が強くなり，刑法の謙抑主義が説かれるのは，
刑罰制度にみられる以下のようなジレンマとも深く関連している。

２　刑罰制度

　わが国で長く行われてきた刑罰は，生命刑たる死刑，自由刑たる懲役・禁
錮・拘留，財産刑たる罰金・科料・没収の３種であり（刑法９条），いずれも剥
奪刑である。これらの刑罰のうち，懲役と禁錮は2022年の刑法の一部改正に
より拘禁刑に一本化されることになった。

　これらの刑罰のうち，まず，死刑は，ごく例外的なものとされ，世界的に廃
止の方向に進んでいる。人道主義的見地，犯罪抑止効果への疑問，誤審の場合
の救済が不可能などを論拠に死刑廃止論[3]が主張されており，死刑が宣告された
り執行されたりするたびに，その当否について議論がなされている。

　1989年に国連総会で死刑廃止条約が賛成多数で採択されたが，わが国は，
時期尚早として反対した。また，死刑が憲法36条の禁止する「残虐な刑罰」
にあたるかどうかについては，裁判でも争われたが，最高裁判所（昭和23年3
月12日最高裁大法廷判決・最高裁判所刑事判例集2巻3号191頁）は残虐な刑罰に
はあたらないと判断している。1980年代以降，確定死刑判決数も死刑執行数

---

　3)　代表的なものとして，団藤重光『死刑廃止論〔第6版〕』（有斐閣，2000年）参照。

も，ほとんど一桁台（執行数0の年もある）で推移していた。今世紀に入ってから，確定死刑判決数は，一時20名余りにまで増えたが，最近は，再び一桁台に戻っている。死刑執行数は，十数名まで増えた年が二度あるが，それ以外は一桁台で推移している。

　次に，自由刑は，刑務所などの刑事施設に拘置して所定の作業を行わせる懲役と，刑事施設に拘置するだけの禁錮に分けて行われてきたが，最近では，受刑者の大半が懲役受刑者であり，主として過失犯を犯した禁錮受刑者はごく少数であり，禁錮受刑者の90％近くが希望して作業を行うようになっており，区別する意義がほとんどなくなっていた。このような実態をふまえて，2022年の刑法の一部改正により，懲役と禁錮が「拘禁刑」に一本化され，刑事施設に拘置して，受刑者の改善更生のために必要な作業を行わせたり指導を行ったりすることができる刑罰となり，2025年から施行される予定である。

　このような改正が行われたけれども，もともと，拘禁刑そのものに対しても，犯罪者を閉鎖的な施設に拘置して改善・矯正し社会復帰をはかろうとする制度自体に原理的な矛盾があるのではないかということが指摘されてきた。社会から隔離され，設備もあまりよくない行刑施設への拘禁によって，自尊心が低下し，家族や職業生活も破壊され，他の犯罪者と接触することによって犯罪傾向が強化されたりするため，受刑者の社会復帰がかえって困難になる面もあることは否定しがたい。これらの弊害をふまえて，全般的に，受刑者の人権保障と社会復帰のための処遇の拡充をはかるとともに，とくに短期自由刑については，執行猶予制度・保護観察制度や罰金制度の活用によって，その弊害をできるだけ避けようとする方向がめざされてきた。今回の刑法改正でも，幾つかの対応措置が講じられている。

　罰金刑については，自由刑の以上のような弊害を避けることができることに加えて，執行のために費用がかからず経済的であること，会社などの法人にも適用できることなどのメリットもある。しかし，罰金刑も，その実質的な苦痛が受刑者の経済状態によって左右され，不平等が生じること，罰金も，税金と同じように，営業活動のコスト・ベネフィット計算に組み込まれ，罪悪感が弱まり犯罪抑止効果も減少することなどの欠陥がみられる。にもかかわらず，全般的に罰金刑が多用される傾向にあるのは，刑罰に伴う弊害が相対的に最も少

ないと考えられているからである。

　以上のように，いずれの刑罰方法にも原理的な矛盾やさまざまな弊害がみられ，むずかしいジレンマをはらんでいる。このようなジレンマが古くから認識され対応策が論議されてきているにもかかわらず，それでもなお，刑罰制度自体は，法システムの公正かつ実効的な作動の確保の最後の手段として不可欠である，と一般にみられている。

③ 刑罰の性質とその正当化

1　応報刑論と目的刑論

　刑罰というものは，以上のようなジレンマをもっているだけでなく，本人の同意がなくとも強制的に生命・自由・財産を奪い苦痛・害悪を加えるものであるから，刑罰制度がいかなる理由で道徳的に正当化されるのかについては，古くから激しい見解の対立がみられ，現代でもなお続いている[4]。

　刑罰の性質と正当化については，伝統的に，犯罪を犯したことに対する当然の報いとする「応報刑論」と，犯罪を抑止する効果をもつからだとする「目的刑論」が対立している。

　刑罰という観念は，もともと，一定の悪行に対して罪のある者は社会によって相応の非難を受けて然るべきだという道徳的感情と密接に結びついている。そして，刑罰に値するが故に処罰するという，応報的正義として，法の実現すべき正義の要とみられていた。

　法をきちんと遵守している者が，法を侵犯する者の犠牲にならないように保障し，法システムの公正に対する社会的信頼を確保するためには，刑罰のこのような応報的性質を全面的には無視できないであろう。しかし，刑罰を科すことが適切な応報的効果をもつためには，犯罪者自身をも公正に扱い，本人に責任のある犯罪に対してのみ，その犯罪と均衡のとれた刑罰が科せられるべきであり，誰も彼が値する以上に厳しく処罰されないことが制度的に保障されていなければならない。

---

4)　M. P. ゴールディング／上原行雄＝小谷野勝巳訳『法の哲学』（培風館，1985年）第4章・第5章，田中成明『現代法理学』（有斐閣，2011年）第8章など参照。

応報刑論が，以上のように，過去志向的であるのに対して，目的刑論は，刑罰は自己目的的なものではなく，犯罪の抑止という目的・効果をもつが故に正当化されるとみる将来志向的なものである。目的刑論は，さらに，刑罰の規定自体や犯罪者へのその宣告・執行によって，一般の人々が犯罪を行わないようにするという効果に着眼する「一般予防論」と，刑罰の執行自体や教育・改善によって，犯罪者自身を社会復帰させ再犯を防止するという効果を重視する「特別予防論」に分かれている。

一般予防論は，かつては，刑罰という苦痛・害悪を予め一般的に規定しておくことによる威嚇効果を中心に考えられていた。しかし，刑罰による威嚇の一般的抑止効果は，死刑についてすら，経験的に十分確証されておらず，刑罰の威嚇力の過大評価に対する批判が高まっていることもあって，現代では，犯罪者に対して刑罰を現実に宣告し執行することによって一般の人々の遵法意識などの規範意識を確認し強化することに重点をおく傾向が強まっている。

特別予防論については，原理的に，苦痛・害悪を加えるという刑罰の基本的性質と両立するのかどうか，疑問があるだけでなく，再犯者率がかなり高いことなどから，刑罰執行による犯罪者の再犯防止の効果を疑問視する見解もある。とくに短期自由刑は，刑罰の執行によってかえって犯罪者というレッテルを貼ったり犯罪者の犯罪傾向を強めたりして，逆効果だとみる論者も少なくない。にもかかわらず，刑罰の正当化理由としてはともかく，犯罪者の矯正・社会復帰のための教育・改善が必要で重要な目的であること自体は，多くの論者が承認するところである。

目的刑論には，このように種々の難点があるけれども，刑罰制度の主要目的は，やはり全体として犯罪の抑止とみるのが適切であろう。しかし，犯罪の抑止という一般的目的だけで，個々の犯罪者に具体的に刑罰を科すことまで正当化することはできず，個々の処罰の正当化の問題は別個に考えられなければならない。基本的に犯罪の抑止を刑罰制度全体の主要目的とみる立場をとる場合でも，具体的に誰にどのような量の刑罰を科すかという問題については，効用計算の結果，犯罪の一般的抑止という社会的利益を生み出すのに必要ならば，無実の者を処罰したり，犯罪の重さに比べて不当に苛酷な刑罰を科したりすることを理論的に正当化するという，功利主義的目的刑論に対する最も一般的な

批判などに適切に対処できるように，一定の修正・限定が不可欠である。

2　刑罰制度の位置づけと責任主義

　応報刑論と目的刑論には，以上で素描したように，それぞれ長短があり，いずれか一つの理論でもって刑罰の性質や正当化理由のすべてを説明し尽くすことはむずかしい。現代の刑罰理論は，ほとんど，これらの理論を一定の仕方で組み合わせる「統合」理論をめざしており，このような方向で考えるのが適切であろう。

　基本的には，刑罰が，犯罪に対する否定的サンクションとして犯罪者を非難し苦痛・害悪を加えるという意味で，応報であることは否定できない。そして，このような刑罰制度は，人間社会の現実的諸条件のもとで犯罪の抑止に必要で役立つと多くの人々が考えている限りにおいて，法システムの公正かつ円滑な作動を確保する外的保障装置として不可欠な制度とみることができる。しかし，刑罰の抑止効果も不確実で，弊害や濫用の危険もあることを考慮に入れるならば，法システムの実効性の確保における刑罰の機能を過大評価すべきではなく，基本的に，必要最小限でやむをえず用いざるをえない"必要悪"だという，消極的な位置づけしか与えることができないであろう。

　刑罰制度のこのような位置づけの故に，その公正かつ実効的な運用を確保するためには，刑罰に不可避的に伴う弊害や濫用の危険を防ぐことに万全の措置を講じるべきである。一方では，個々の犯罪者に刑罰を科す場合，具体的に「誰に」「どのような量の」刑罰を科すかという問題について，「責任なければ刑罰なし」「刑罰は責任に比例すべし」という責任主義を処罰の必要前提条件として堅持することが重要である。このような責任主義は，応報や一般予防という刑罰の一般的目的の追求を，正義・公正・個人の自由という，より普遍的な価値によって制約するものであり，第8章③で説明する法内在的目的としての「合法性」の要請の一環ととらえるべきであろう。

　他方，刑罰が，以上のように，基本的に苦痛・害悪を科す必要悪であることに加えて，その現実の執行に弊害もありコストもかかるという，さまざまな限界に対処する方策も考案されるべきである。とくに，理論的には，犯罪として処罰する行為自体をできるだけ減らそうとする「非犯罪化」傾向が世界的に強

まっていること，実務的には，警察段階での微罪処分，検察段階の起訴猶予，判決段階での執行猶予など，犯罪に対して通常の刑事司法手続に従って刑罰的処理をせずに，この過程から「離脱」させて刑罰以外の措置をとる「ディヴァージョン（diversion）」という制度がどこの国でも広く行われていることに注目する必要がある。[5]

4 法的強制の多様化と変貌

1 多様な法的サンクション方式

法システムの用いる社会統制方式が多様化している今日，法的強制のあり方を考えるにあたっては，犯罪に対して刑罰を科すという社会統制方式の意義や問題点について，以上のような犯罪と刑罰という制度自体に含まれている理論的・実務的問題だけでなく，他の諸々の社会統制方式とも比較検討することの重要性が一段と高まっている。

現代法システムが社会的に望ましくない行為を抑止し望ましい行為を促進するために用いるサンクション方式として，刑罰の他にも，民事損害賠償制度，租税制度，許認可などの行政的規制等々，否定的サンクションだけでなく，租税の優遇措置や補助金給付などの肯定的サンクションも用いられており，さらに，次々と新しい手法も考案されている。その主な方式の意義と問題点をみてみよう。

(1) 民事損害賠償　民事上の損害賠償については，わが国では，従来，刑事責任と民事責任を峻別する傾向が強く，民事賠償制度に刑罰と同じような抑止・非難機能をもたせることを否定する見解が支配的であった。しかし，かなり以前から，アメリカで用いられて

法的サンクションの諸方式

● 否定的サンクション
　刑　罰
　民事損害賠償
　租　税
　行政的規制（許認可の取消し，給付金・
　補助金の給付停止など）
● 肯定的サンクション
　租税の優遇措置
　補助金の給付　など

---

5)　ディヴァージョンについての詳細は，井上正仁「犯罪の非刑罰的処理」『岩波講座・基本法学8・紛争』（岩波書店，1983年）参照。

いる懲罰的損害賠償や二倍・三倍賠償などの制度を，わが国でも公害規制・消費者保護などの法政策的目的を実効的に実現するために導入すべきだという提言もなされており，民事賠償制度に抑止・非難というサンクション機能をもたせるべきだという見解も有力になっている。

　たしかに，民事賠償制度は，被害者の救済や損害の填補という事後回復的機能を主眼としているけれども，民事賠償について，法的義務違反を抑止し非難するというサンクション機能を全面的に否定しなければならない理論的必然性はないであろう。刑罰と損害賠償とでは，それぞれの第一次的関心に相違があることや，歴史的に両者が分化してきた背景などを不当に軽視しない限り，両者をともに法的な否定的サンクションの二大典型としてとらえてゆくのが適切であり，本書の法的強制などに関する説明もこのような考え方をしている。

　罰金その他の財産刑が企業などの法人に対してもつ抑止・非難効果は，マスコミ報道などによって受ける社会的非難を別とすれば，それ自体としてあまり大きくない場合が多い。このことなどを考えると，企業犯罪に実効的に対応するためには，損害賠償にも一定の場合には抑止・非難機能をもたせて弾力的に運用し，このような法人に対する刑罰の限界・欠陥を補ってゆく方向に進む必要があるだろう。

　(2)　租税　租税制度については，各種の租税が人々の一定の選択・行動を抑止ないし促進する効果をもつことは古くから一般的に認められており，ぜいたく品に対する物品税や関税，特定産業の保護育成のための法人税の軽減などが広く行われてきている。けれども，租税の抑止効果に着眼した利用については，歳入の確保という財政的目的が同時に追求されているのが通常であることに加えて，法的義務違反の存在という要件を欠いていることも多いため，刑罰などの法的サンクションとは伝統的に区別されてきた。

　しかし，例えば所得税法・法人税法などにおける加算税のように，虚偽の申告や滞納などの税法上の義務違反に対するサンクションという性質の強い税もみられる。これらの抑止・非難機能を含んだ租税は，不当な取引制限などによって得た利益の一部を課徴金として国庫に納付させる独禁法（私的独占の禁止及

---

6)　先駆的な提言として，田中英夫＝竹内昭夫『法の実現における私人の役割』（東京大学出版会，1987年）133-172頁参照。

び公正取引の確保に関する法律）7条の2の規定とほぼ同じような性質をもっている。このように，租税や課徴金に抑止・非難機能が含められている場合，罰金などの財産刑と原理的に区別することはむずかしく，この種の租税をも否定的サンクションの一種と位置づけて検討する必要があろう。

（3）　行政的サンクション　以上のような古くからみられる二つの方式の他，現代的サンクションとして注目されるのは，行政機関が，厳密には法的義務違反と言えない場合とか，罰金だけでは抑止効果が期待できない場合に，行政上の規制・指導・勧告などに従わない者に対して，各種の新しいサンクションを用いて行政目的の実効的な実現をはかっていることである。これらのうち最も一般的なものは，風俗営業法や建設業法にみられる許認可の取消しや生活保護法・補助金等適正化法の規定する給付金・補助金の給付停止などの措置である。

これらの一般的な措置の他にも，"法的"サンクションかどうかは問題であるが，行政上の勧告・指示がその内容を強制的に実現する法的拘束力をもたないという限界を補うために，それに従わない者の氏名や違反内容を公表する制度や，いわゆる談合に対するサンクションとしての公共事業への競争入札の指名停止などの経済的不利益措置がよく用いられている[7]。

法的強制の現代的形態として，もう一つ注目すべきことは，第3章④で触れたように，資源配分的法令が増えるにつれて，肯定的サンクションのウエイトが高まっていることである。資源配分的法令にも，必要に応じて否定的な強制的サンクションを規定する罰則が含まれているが，法遵守の確保・促進のために，租税の優遇措置や補助金給付などの肯定的サンクションが用いられることが多い。例えば，高齢者や身体障害者の雇用を促進するために，その給与の一定割合を国や地方公共団体が補助したり，あるいは，公害防止のための設備投資を積極的に行った企業の税金を何らかの方法で軽減したりするといった方式がとられている。このような方式のほうが，身体障害者を一定割合雇用しない企業や公害防止を怠る企業などから罰金をとるという手法よりもスマートで，抵抗も少ないであろう。もっとも，財源の問題も考慮しなければならないから，現実には，両者をうまく組み合わせて用いる工夫が必要である。

---

7)　租税制度の利用や行政的サンクションについては，畠山武道「サンクションの現代的形態」『岩波講座・基本法学8・紛争』（前掲注5）参照。

2　法的強制の考え方

　問題は，現代法システムのもとで多様化したこれらの法的サンクションの諸方式をどのような仕方で用いるべきかということである。

　諸々のサンクション方式を比較した場合，一般的に言って，刑罰は犯罪者というレッテルを貼り自由の剥奪などの苦痛を加え，人間の尊厳や自律性を最も大きく侵害するものである。それ故，他の手段が実効的でなかったり弊害が大きかったりする場合に，最後の手段として用いられるべきであろう。また，犯罪防止によって得られる社会的利益と犯罪捜査・刑罰執行などに伴う諸々の費用とのコスト・ベネフィット分析も，適切な現実的手段の選択にあたって無視できない考慮要因である。道徳犯罪などについてよく言われるように，法執行に伴うコスト，犯罪防止の優先順位など，限られた人的・物的資源の効率的配分の問題をも考慮に入れた場合，法的には何もせず，社会的な非難や人々の道徳的自覚にゆだねることが最も適切であるということもありうる。

　そもそも，法的強制・サンクションは，具体的にどのような形をとるにせよ，国家などの公権力機関の各種の強制権力を直接・間接に用いて人々の選択・活動の自由を制約するという原理的性質には何らの変わりもない。それ故，刑罰だけでなく，他の各種の法的強制・サンクション方式についても，人々に何らかの苦痛や不利益を課してその自主的な選択・活動の自由を制約するものである限り，それを上回る価値理念や社会的必要などによる十分な道徳的正当化が必要である。その際，刑罰の場合には，罪刑法定主義に基づく厳しい法的規制があり，人権や適正手続の保障のために慎重な配慮がなされているのに対して，他の諸方式，とくに行政過程で用いられるサンクションの場合には，その発動の要件・手続過程や救済手段などが十分に整備されておらず，行政機関の恣意的裁量によるサンクション発動の危険が少なくないことに注意する必要がある。

　また，資源配分的法令の規定する肯定的サンクションについては，直接的には実力行使による強制と結びつかないとしても，公権力機関による私人の社会経済生活への配慮・介入がさまざまな法的形式をとって行われる機会が増え，強制が，もっと間接的で眼にみえないソフトな形をとるようになっていることが見落とされてはならない。このような肯定的サンクションを用いた公権力機関の配慮・介入もまた，直接的な実力行使を伴わなくとも，否定的サンクショ

ンに実質的には優るとも劣らない強制的性質をもち，個人の自律的決定や自主
的な相互交渉活動に対して抑圧的に働く危険性をつねに内含している。それ故，
直接的な実力行使を伴わない法的規制も，できる限り明確かつ公正な法的規
準・手続による制約のもとにおかれるべきである。そうでないと，「法の支配」
は，法システムが市民生活と最も密接に関わり合っているところで空洞化され
てしまいかねない。

　以上のように，現代法システムにおける法的強制のあり方を考える場合には，
犯罪に対して刑罰を科すというハードな強制方式だけでなく，他の諸々のソフ
トな強制・サンクション方式をも視野に入れ，それらのメリット・デメリット
を比較検討し，基本的には，目的を達成するのに必要最小限で，濫用の危険や
弊害の発生が最も少ないように，それぞれの問題解決に適合した方式を選択す
ることがめざされるべきである。

第6章　権利と人権

1　法的権利義務関係

1　法的権利の存在構造

　前章では，第1章①1でみた代表的な法イメージのうち，強制的で権力的な法，社会秩序を維持する道具というイメージに関わる法システムの基本的な仕組みについて，犯罪と刑罰という基幹的な法概念を中心に説明した。本章では，自由や権利を守る法という，もう一つの代表的な法イメージに関わる法システムの基本的な仕組に眼を転じて，犯罪と刑罰と並ぶ重要な基幹的概念である，権利と人権について，法的権利義務関係や憲法による人権保障の基本的な考え方や仕組みを中心に説明する。法というものを，犯罪と刑罰を中心に考えるか，権利と人権を中心に考えるかによって，法システム全体のイメージが大きく異なるということを，よく理解したうえで，法学を学んでいただきたい。

　法システムの規範内容上の基本的特質は，社会関係を法的人格者相互の権利義務関係として規律するところにみられ，権利と義務という概念は，法が社会における諸々の価値・利益の調整・配分とその保護・救済という機能を果たすうえで不可欠な根幹的概念である。そして，法的関係とは，具体的には権利義務関係に他ならず，一般的抽象的な法規範が個別的事例において特定の人びとに対して具体化される場合には，権利義務関係の発生・変更・移転ないし消滅という形であらわれる，と説明されることが多い。とくに，ヨーロッパ大陸では法と権利が同じ言葉——ドイツ語なら Recht，フランス語なら droit ——で表現されるなど，法と権利が，密接不可分の関係にあり，結局同一の現象に帰着することをうかがわせるものである。

　このように，権利義務関係，とくに権利概念を，法の基本的属性とみること
に対しては，近代西欧社会に特有な権利の一歴史的存在形態を普遍的とみるイ
デオロギー的な法の見方であるという批判がある。このような批判は，マルク
ス主義の典型的な法イデオロギー批判の他，義務や責任を過度に強調する全体
主義的・保守主義的な立場からなされることが多い。興味深いのは，H. ケル
ゼンのような代表的な自由主義的法理論家が，「対応する義務のない法的権利
は考えられないが，対応する法的権利のない法的義務は十分にありうる」から，
義務が法の基本的概念だとみて，「義務の不履行を訴訟によって実現する法的
な力を法規範が個人に対して付与すること」を本質とする権利は，資本主義法
に特殊な技術にすぎず，法がぜひとも用いなければならないものではないとし
て，権利本位の法理論を，近代的個人主義・私的自治イデオロギーだと批判し
ていることである[1]。

　このような権利概念批判には，たしかに，無視しがたいところもある。近代
国家成立以降の国内法システムにおいては，権利は，通常，それが侵害された
場合に，裁判所にその保護・救済を求め，国家の法的強制装置の発動を請求し
うる権能——このような権利は一般に「回復的権利」と呼ばれる——として観
念され，しかも，このような回復的権利によって裏打ちされていない権利の法
的性質は否定されることが多い。それ故，法的権利を回復的権利のレベルだけ
でとらえる限り，このような批判に反論することはむずかしい。

　問題は，法的権利をこのように回復的権利という国家的強制と結びついたレ
ベルだけでとらえること自体にある。このような見解によれば，国家的強制に
裏打ちされていない法的権利の存在は否定されることになるが，第3章①3で
説明したように，このような見解は，法規範と強制的サンクションとの直接的
な結びつきに固執して，法の全体構造の理解において，裁決（強制）規範を第
一次的なものとみて，行為規範の法的性質を軽視ないし無視することになる。
そして，法の社会的機能についても，第3章②2で説明したように，一般私人
が，通常，いちいち裁判所などの公権力機関の助けを借りずに，行為規範レベ

---

　1)　H. ケルゼン／長尾龍一訳『純粋法学〔第2版〕』（岩波書店，2014年）124-142
　　頁，H. ケルゼン／尾吹善人訳『法と国家の一般理論』（木鐸社，1991年）143-161
　　頁参照。

ルでの法的規準に準拠しつつ，相互の法的権利義務関係を了解し合い，必要に応じて既存の関係を変更したり新たな関係を形成したりすることによって，社会レベルで自主的な法的相互交渉活動を営んでいることに，正当な法理論的位置づけを与えることができない。

法的権利概念を回復的権利に限定して理解する理論枠組では，法的権利の生成・発展過程，法的権利の確保・実現方式の多元性，法的権利概念が裁判の内外でもつ多様な機能，法・権利の創造的な生成・展開過程における一般私人・法律家の主体的参加の役割などを，法動態全体のなかに的確に位置づけることができないのである。法的権利の動態や多様な機能を全体的に理解し評価するためには，国家的強制とひとまず切り離された社会レベルで形成され作用する権利義務関係をも "法的" 関係としてとらえ，「第一次的権利」としての位置を与え，このような行為規範としての「第一次的権利」が侵害された場合に，その救済のために法的強制装置を作動させる権能として「回復的権利」がはじめて問題になるというように，法的権利の存在構造を重層的にとらえる理論枠組が必要なのである。このような第一次的権利と回復的権利という区別は，伝統的な実体法と手続法の区別ともある程度対応しているし，権利侵害が生じる以前から存在し人びとの日常的行動を規制している実体的な権利義務関係と，権利侵害があってはじめて作動する手続的な性質をもつ第二次的な回復的権利を区分することは，常識や法実務にも適合している[2]。むしろ，回復的権利によって裏打ちされていない第一次的権利の法的性質を否定する見解こそ，法の「国家化」を普遍的形態とみる近代法イデオロギーであり，視野が狭すぎると言わざるをえない。

2 権利義務関係の特質

一口に権利義務関係と言っても，現代法のもとでは，後ほど説明するように，人権概念まで含めると，権利概念が多様化し，権利義務関係も複雑化しており，それらに共通の特質について何らかの統一的な理論を提示することは，むずかしくなってきている。ここでは，まず，法律学において伝統的に典型的な権利

---

2) D. ロイド／川島武宜＝六本佳平訳『現代法学入門：法の観念』（日本評論社，1968 年）336-338 頁参照。

とみられてきており，権利と義務の相関関係が比較的明確な私法上の権利について，回復的権利だけでなく，第一次的権利義務関係をも視野に入れて，法システムがその目的や機能を果たすために価値・利益の調整・配分や保護・救済において権利義務概念を用いることに内在している思想と論理を一般的に説明する。そして，そのような思想や論理が，公法上の権利や各種の人権の保護・救済にどのように受け容れられ，どのような修正を受けているかについては，後ほどそれぞれ関連箇所で順次説明することにしたい。

　法的権利義務関係は，第一次的には，権利保持者が，一般的規準に準拠して，一定の事柄に対する請求を義務者に直接行なうことの法的正当性（妥当性）について，社会が一般的に承認しているという規範的関係がみられる場合に，すでに社会的相互関係の特質として存在する。その結果として，義務者の義務違反に対して社会の定型化された組織的サンクション（制裁）が加えられ，さらに，義務者が自主的に義務を履行しない場合に備えて，裁判に訴えて強制的サンクションの発動を請求できる権限によって裏打ちされていることが多い。けれども，これらのサンクションは，権利義務関係の成立の条件ではなく，その帰結とみるべきである。

　このような法的権利義務関係の社会的・政治的・道徳的特質としては，さまざまな興味深い示唆に富む見解が提示されているが，法的な規律や問題解決においてなぜ権利義務観念が用いられるかを理解するためには，次のようなものが一般的に重要である。これらの特質がどのような意義をもっているかは，それぞれ関連箇所で説明するが，とりわけ本章④における新しい権利・人権の生成過程の動態の説明を読む際にこれらの特質を思い起していただきたい。

　(1)　一定の価値・利益が法的権利として承認・保護されることによって，法的に正当な要求とみなされるものの内容・範囲の明確性・特定性，さらに安定性・確実性が高まる。その結果，当事者だけでなく，第三者も，法的権利の内容・範囲について，相当程度の予測可能性をもち，間主観的な判定を行ないうる可能性が高まることになる。

　(2)　権利概念には，普遍化可能な一般的規準による類型的取り扱いを要求し，しかも，その無制限な絶対的保護・承認を，論理的に可能な限界まで要求するという内在的性質がある。また，裁判所その他の公権力機関による権利の確

保・実現における裁量行使を原理的に拘束する優先的地位の承認を求め，他の諸々の政策目標の実現とのアド・ホックな比較衡量を排除することを要求する。それ故，紛争解決・政策形成の規準として権利概念を導入することは，価値・利益の調整・配分をめぐる議論やその解決方法を，安定化・確実化する反面，画一化・硬直化させることになりやすい。

(3) 法的権利義務関係の最も基本的な規範的特質は，当事者が，原理上自由平等な法的人格たる地位において，各人の価値・利益の確保・実現における自律的な選択活動の範囲を相互に承認・尊重し合うところにみられる。従って，法的権利義務関係に関する規範的要求の正当性は，両者をともに拘束する共通の公的規準によって正当化されなければならないこと，また，権利義務の内容・範囲やその確保・実現の可能性が，当事者間の事実上の力関係の強弱・優劣によって左右されてはならないことが要請されている。

(4) 一定の要求を権利概念を用いて正当化することは，同様の要求が同じような状況で何人によってなされようとも，自己もまたそれを承認する義務を負うという，普遍主義的互恵的規範関係にコミットすることを，その妥当性要求の前提条件として含意していなければならない。従って，権利主張を行なう者は，私的な個別的利害へのエゴイズムとか，たんに現実的利害に敏感なだけの保守的な受益者意識から脱却して，一定の公的規準・手続に準拠してこのような規範的関係を自ら作り上げ支える主体へと成熟してゆくという，意識と行動の変革を強いられる。また，一定の要求が権利として承認されることは，その要求をたんなる私的な個別的利害主張からこのような規範的関係に裏付けられた公的普遍的なものへと転換させることになる。

② 法的権利概念の多様化と基本的特質

1 法的権利義務関係の諸相

法的権利という概念は，現代法システムのもとでは，以上のような相関的な権利義務関係だけでなく，幾つかの異なった種類の法的関係を言い表わすために用いられている。近代の法律学的権利論は，相関的な権利義務関係にみられる思想と論理を，私権だけでなく，公権についても，できる限り妥当させる方

向で展開されてきたが，現代法システムの規範論理的構造においては，すべての権利と義務について，明確な論理的相関関係がみられるわけでなく，また，権利や義務という用語で語られている法的関係のなかには，相関的な権利義務関係とかなり異なっているものも少なくない。いわゆる義務者が，特定個人から不特定多数者，さらに私的な個人・団体から国家などの公権力機関へと拡散し，また，社会権的人権のように，国家の義務の内容・範囲が不確定なものとなると，相関的権利義務関係の思想と論理だけでは，それらの多様な法的関係を的確にとらえきれないことも事実であり，従来の法律学的権利論の限界にも眼を向ける必要がある。

　現代法システムについて，一般に権利概念を用いて説明されている法的関係には，以上のような義務と相関関係にある狭義の権利，つまり請求権（claim）の他に，自由（liberty）ないし特権（priviledge），権能（power），免除（immunity）があるとされ，このような概念区分は，英米法系でも大陸法系でも共通に用いられている。そして，

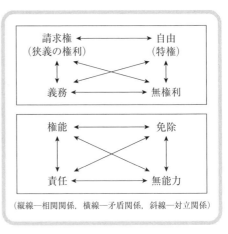

（縦線―相関関係，横線―矛盾関係，斜線―対立関係）

このように多様化し複雑化した法的権利義務関係の規範論理的分析については，私法上の権利義務関係だけでなく，公法上の権利義務関係，さらには各種の人権保障をめぐる国家と国民の法的関係をどのように理解するかをめぐって，権利義務関係の現代的諸相の再構成をめざす理論展開が試みられている。このような広義の法的権利義務関係をめぐる議論では，上記の四つの広義の権利概念およびそれぞれと相関・矛盾・対立相関関係にある概念と組み合わせた上のような図式[3]を用いて議論されることが多いが，ここでは，この図式も参考にしながら，これら四つの広義の権利概念の特質を説明しておこう。

---

3)　アメリカの分析法理学者 W. N. Hohfeld が基本的な法的諸概念の法律関係に関して提示した図式を G. L. Williams が整理し直した図式である。R. W. M. Dias, Jurisprudence, 4th ed.（1976），p. 35.

(1) まず，狭義の権利，「請求権」は，XがYに対して一定の行為を請求する権利をもち，YがXに対してそれを履行する義務を負っている場合に成立する。このような権利は，それに対応する義務と相関関係にあり，XのYに対する請求権は，YのXに対する義務を論理必然的に含んでおり，義務がなければ，権利も存在せず，義務違反は，同時に権利侵害となる。私法上の契約によって成立する法的関係の多くは，このような狭義の権利義務関係の典型である。

(2) 「自由」ないし「特権」は，狭義の権利が，それに対応する他人の義務と相関的であるのに対して，このような義務の不存在によって特徴づけられる。人は垣根越しに隣人を眺める自由をもっており，隣人を眺めてはならない義務も，眺めるべき義務も負っていない。この場合，隣人は，目隠しを建てる自由も，建てない自由ももっているが，隣の庭に同意なしに入り込んで眺めた人を殴ったりする自由はもっていない。このような自由は，決して裸の自由ではなく，物理的な暴行や侵害を含む一定の形態の干渉を禁止する刑法上・民法上の一般的義務によって外から保護されている一種の権利である。このような消極的な自由は，一見重要でないようにみえるが，経済的競争などに関する法的規律の性質の理解には不可欠であり，基本的自由権など，とくに重要なものについては，厳格に相関的な義務によって保護されている。

(3) 「権能」は，財産の譲渡，遺言，契約などの意思に基づく行為によって，自己および他人の権利・義務などの法的地位を変更できる法的能力のことである。所定の方式に準拠して行なわれたこのような行為は，法によって許容されているだけでなく，一定の法的効果をもつことが法によって承認されているところに特徴がみられる。ある人の意思に基づくコントロールによって他人の法的地位を変更できる場合，その人は法的権能をもち，他人はそれを免れ得ない法的責任を負うという，対応関係がある。

(4) 「免除」とは，他人から一定の義務を課せられないことに対する法的保障であり，他人の法的権能の不存在と対応関係にある。他人に対する積極的な請求権である狭義の権利が，そのような他人の権利・請求権から免れているという自由と対称関係にあるのと同じように，免除は，意思に基づいて他人の法的関係を積極的にコントロールする権能に対して，このようなコントロールか

ら免れているという形で一般的な対称関係に立っている。他人による法的変更からの個人の免除が，権利と考えられるのは，他人が他の種類の権利や法的に保護された利益を奪い，その変更が不利に作用する場合だけである。このような免除権のなかで最も重要なものは，個人にとって不可欠の基本的な自由や必要を，立法による変更に対して憲法的に保障する基本的人権である。

2　法的権利の一般理論

　法的権利の本質については，伝統的に，法によって与えられた意思の力ないし支配とみる「意思説」（I. カント，F.C. v. サヴィニー，B. ヴィントシャイトら）と，法によって保護された利益とみる「利益説」（J. ベンサム，R. v. イェーリングら）が対立していた。このような伝統的対立は，主として狭義の権利に焦点を合わせたものであったが，現代では，先ほど説明した四つの権利概念の区分をふまえて，人権概念をも視野に入れた広義の法的権利全体に共通の特質をいかに統一的に説明するかが中心争点となっている。基本的に利益説に与する立場が有力であるが，H. L. A. ハートが法的に尊重される個人の選択を共通の特質とみる「選択説」[4]を提唱して以来，議論の対立構図は利益説対選択説に移ってきている。だが，選択説は，基本的に意思説の一種とみることができ，権利基底的な義務論的リベラリズムと功利主義の対立争点（第 8 章4参照）ともからんだ議論状況などをみると，伝統的対立とそれほど大きく変わっていないとも言える。

　利益説は，基本的に狭義の権利と相関的な義務に焦点を合わせ，法が一定の義務を他の人びとに課すことによって保護される特定個人の利益が権利だと説明する。この理論では，権利は義務と独立には存在せず，第一次的な義務概念に従属する第二次的な概念にすぎないものとなり，権利の概念が不要になりかねない。また，法的義務によって利益を受けるすべての人が権利保持者ではないから，法によって意図された義務履行の直接の受益者など，一定の限定をする必要があるが，その場合，第三者のための契約などの説明が，不可能ではないけれども，むずかしくなる。さらに，刑法について，すべての人びとが殺さ

---

4)　H. L. A. ハート／小林公＝森村進訳『権利・功利・自由』（木鐸社，1987 年）「第 4 章 法的権利」，「第 5 章 法的権能」参照。

れない権利をもっていると説明する必要があるのか，また，動物虐待を禁止する法律の場合，これによって動物の権利が認められるのかという，これもまた理論的に不可能ではないが，実務的に不要ないし実施困難な問題が生じる。

　利益説の致命的な難点は，権利の対象的・受益的側面のみに関心を向け，権利の主体的・能動的側面を無視していることであろう。この理論では，たんなる利益の受益者にとどまらない法的権利主体の独自の規範的地位を適切に説明できない。

　ハートの提唱する選択説は，狭義の権利だけでなく自由権・権能にも共通する特質を，権能を基軸にすえて統一的に説明しようとする。選択説によれば，権利は他者に対する一種の支配権であり，義務を負う人びとは一定の行為の範囲内で権利者のコントロールの対象となる。このコントロールには，義務を消滅させることも存続させることもでき，義務違反ないしそのおそれのある場合に損害賠償や差止命令などを請求することもしないこともでき，損害賠償義務を消滅させることもできるという三つの要素が含まれている。各権利によって，その程度は異なるけれども，権能だけでなく狭義の権利や自由権も，このような選択可能性の法的保護という観点から統一的に説明できるとされる。

　このような選択説について一般に指摘されている難点は，動物や植物を保護する法律における動物や植物の権利主体性はともかく，未成年者など選択能力をもたない者の権利主体性の説明である。パターナリズムの問題ともからむ微妙な問題であるが，潜在的自律能力・統合的人格などの観念によって対応できないわけではない。ハート自身の認めている欠陥は，憲法上の自由権など，免除を適切に説明できないことである。彼は，個人の生命・安全・発達・尊厳の保持のために不可欠なある種の自由や利益が憲法上の基本権として保障されるのは，個人の基本的必要（needs）に基づくものであり，これは伝統的利益説とは異なったものではあるが，法的に確保されたある種の利益ととらえられるものであり，このような意味で利益説による補充が必要であるとする。

　ハートが基本的自由権との関連で指摘している選択説の限界は，かなり異なった仕方ではあるが，社会権的人権についてもみられるところであり，さらに，一般的に不可譲性をもつ基本権を選択説によって適切に説明することはむずかしい。もともと私法上の権利を中心に論じられてきた法的権利理論でもって，

人権をも含めて現代権利論の多様な展開を統一的に説明しようとすること自体に理論的な無理があるのかもしれない。しかし，利益説と選択説が重視する側面を統合的に説明し基礎づけることができる何らかの原理的価値によって両者を整合的に組み合わせて，人権，とくに社会的人権をも含めた法的権利の統一理論を構築することは，必ずしも不可能ではないであろう。個人の選択の自由を中核的価値として，その確保・実現に必要な各種の利益が法によって保護されている規範的状態を，法的権利全体の特質とみて，各権利ごとにこのような全体的特質との構造的・機能的位置を解明するというアプローチによって，法的権利についての整合的な一般理論を展開できる可能性はあると考えられる。

　さらに，以上のような法的権利の理解をめぐる見解の対立は，正義論・道徳理論における権利基底的な義務論的リベラリズムと功利主義の対立ともいろいろな形で交錯しており（第8章④参照），とりわけ人権概念について，法・政治・道徳などの領域にまたがって重要性が高まってくるにつれて，このような傾向が一段と強まっている。とくに利益説と功利主義の間には強い親近性がみられるが，必ずしも論理必然的に結びつくものではなく，功利主義的権利論は利益説とならざるを得ないが，利益説を功利主義的立場以外によって基礎づけることは十分可能である。他方，権利基底的リベラリズムには，人権をはじめ法的権利の排他的優先性を主張し，効用最大化的行動に対する義務論的制約と位置づける傾向が支配的であり，権利と功利とを原理的に対立するものとみる傾向が強い。けれども，このような理解には異論もあり，権利を功利主義的にとらえることは十分可能であるだけでなく，とくに効用の考慮をいっさい排除した権利の基礎づけや調整が可能かどうかはきわめて疑わしい。

③ 人権保障の実定法化と現代的展開

1　人権保障の実定法化と内容拡充の歴史

　人権は，以上のような法律学的権利論の概念区分では，自由（特権）や免除の一種として位置づけられてきた。だが，現代では，人権のカタログのなかに，伝統的な自由権的基本権だけでなく，国家による積極的な配慮を請求する社会権的基本権も含まれるようになり，さらに，私人間における人権の効力という

ことも問題とされており，立法による不利な変更からの免除という側面からだけでは，憲法で保障されている諸々の基本的人権の特質をとらえ尽くすことができなくなっている。人権は，法律学的な専門技術的概念であるとともに，道徳的・政治的概念でもあるため，法律学的権利論とは異なったより広い視野からの考察も必要であり，憲法学では，憲法の保障する各種の人権をどのように類型化して体系的に整序するか，国民の国家に対する法的地位をどのように理論構成するかなどをめぐって，独自の議論も展開されてきている。このような広い視野からの議論の背景と現況を理解するために，まず，人権保障の実定法化とその内容拡充の史的展開過程をごく簡単に振り返っておこう。

　成文憲法による人権宣言は，1776 年のアメリカのヴァージニア権利章典や独立宣言，1789 年のフランスの「人および市民の権利宣言」などにおける自然権的な天賦人権の規定にはじまる。これらの 18 世紀的人権宣言は，国家権力による恣意的な干渉や差別的取り扱いを禁止する消極的な権利の保障をめざし，自由権的基本権を中心として，平等な参政権による裏付けを求めるものであった。人権宣言は，19 世紀に入ると，ドイツの諸邦などでも基本権規定として憲法のなかに取り入れられるようになるが，基本権を国家法によって与えられた公権と理解するドイツの法実証主義的国法学の影響もあって，人権の自然権的性質は次第に希薄になっていった。

　20 世紀になると，法・政治レベルでの形式的自由・平等を消極的に保障するにとどまる自由主義的な夜警国家から，社会経済レベルでの実質的自由・平等を実現するために社会経済生活に積極的に介入し配慮する社会国家・福祉国家への転換が進む。人権保障においても，財産権や契約の自由などの経済的自由権に制約が加えられるとともに，新たに生存権・労働権・労働者の団結権などの社会権的基本権が保障されるようになる。このような人権保障の現代的展開は，1919 年のワイマール憲法にはじまり，その後に制定された多くの現代憲法における人権保障の体系の範型となっている。

　憲法学では，このような人権保障の内容的拡充は，自由権・参政権・社会権という三類型に分けて論じるのが一般的であるが，政治的・社会経済的論点をも含めた歴史的考察では，市民的権利・政治的権利・社会的権利という概念区分が用いられることが多く，ほぼ対応関係にある。だが，自由権のうち，一定

の政治的な自由・権利が政治的権利に分類されるというずれもみられる。このような広い視野からの人権保障の史的展開の図式的説明は，大体以下のようなものである。

　まず，初期の自由主義的な消極国家では，人身の自由，思想・良心の自由，財産所有や契約の自由など，「国家からの自由」を保証する市民的権利が憲法化される。次いで，市民社会の民主化要求の高まりに応えて，国家の意思決定や権力行使に能動的に参加する，選挙権や政治的な表現・結社の自由など，「国家への自由」を保証する政治的権利が徐々に憲法化される。そして，民主化要求とほぼ並行するか，少し遅れて，法的政治的自由の保障のもとで生じる社会的経済的不平等を緩和・是正するために，生存権や労働基本権など，「国家による自由」を保障する社会的人権の主張が次第に強まり，20世紀に入って，社会国家・福祉国家のもとで憲法上の権利として規定されるようになる。このような展開を経て，国民の国家に対する法的地位は，防御権的消極的地位，参加権的能動的地位，給付請求権的積極的地位へと重心移動し，全体として憲法における人権保障が拡充されるとともに，経済的自由などの初期の自由権には一定の制約が加えられるようになった。

　現代人権論の考察においては，以上のような各国の憲法における人権保障の拡充の歴史に加えて，第二次世界大戦後の国際社会における人権保障の拡充への関心の拡がりとその国際法的確認の進展状況も重要である。1948年に国連総会で採決された「世界人権宣言」では，人権は「人類社会のすべての構成員の固有の尊厳と平等で譲ることのできない権利」と位置づけられ，18世紀以来の伝統的な消極的自由権と並んで，人間の基本的な必要を充たすために各種の便益を国家に対して積極的に請求しうる新たな社会的・経済的権利をも人権として規定された。そして，1966年には，「経済的・社会的及び文化的権利に関する国際規約」（A規約），「市民的及び政治的権利に関する国際規約」（B規約），「市民的及び政治的権利に関する国際規約の選択議定書」からなる国際人権規約が採択され，1976年に発効し，そのような方向にそった人権の国際的保障の努力がなされてきており，"人権の国際化"が不可逆的な潮流となっている。

　現代では，わが国をも含めて，多くの諸国の憲法では，その法的制度化の形

態は様々であるが，自由権・参政権・社会権という三類型の基本権を基軸に，人権の体系的保障の仕組みが構築されている。だが，人権保障が拡充されてきた反面，歴史的背景や国家権力との原理的関係を異にするこれら三類型の人権をどのように統一的に理解し調整するかについては，理論的にも実務的にもさまざまの困難な問題が新たに生まれている。

2　日本国憲法における人権保障体系の解釈論の動向

　日本国憲法は，第三章「国民の権利及び義務」を中心に，各種の人権を規定しており，人権に関するいずれの条項も改正されることなく現在に至っているが，その間，人権関連条項をめぐって，理論的にも実務的にもむずかしい問題がたびたび生じ，その都度学説や判例などの解釈論的対応が行われ，各条項の解釈論には大きな変化がみられる例もある。このような憲法の個々の条項の解釈論の状況については，それぞれ自分で代表的な教科書などを読んで学んでいただくことにして，ここでは，そのような解釈論を学ぶ前提として必要な基礎知識として，憲法の各条項が規定する多様な人権をどのように類型的に区分し，それら各種の人権をどのように体系的に整序するかという，原理的な問題についての基本的な考え方を説明しておきたい。

　日本国憲法の従来の解釈論では，各種人権の内容的・構造的区分については，自由権・参政権・社会権という，欧米でも共通に用いられている区分と，国民の対国家関係における（消極的・積極的・能動的）地位というドイツの公法学者G. イェリネックの公権論の区分とを各論者の解釈によって組み合わせ，消極的な古典的自由権，能動的な参政権，積極的な受益権としての社会権，国務請求権という四類型に分ける見解が一般的であった。だが，現在では，従来自由権に分類されていた古典的な諸人権のうち，一，二の基幹的人権を包括的基本権として区別し，この包括的人権を，自由権だけでなく参政権・社会権も含め，他の諸々の個別的人権の基礎と位置づける見解が増えているが[5]，各種人権の規定内容の体系的連関や新しい人権の正当化論拠の解明のための理論枠組として

---

　5)　例えば，佐藤幸治『日本国憲法論〔第2版〕』（成文堂，2020年）「第2章 包括的基本的人権」，高橋和之『立憲主義と日本国憲法〔第5版〕』（有斐閣，2020年）「第6章 包括的人権と法の下の平等」など参照。

も，適切な方向である。ただ，どの人権条項を包括的人権と位置づけるか，個々の人権条項を個別的人権の類型区分のいずれに分類するかなどについては，見解が異なるところもある。

　13条の個人の尊重・幸福追求権と14条の法の下の平等を包括的人権として位置づけることについてはほぼ見解は一致しているが，私は，これらの自由と平等に関する実体的規準の包括的人権と並べて，通説とは異なるけれども，31条をアメリカ合衆国憲法のデュー・プロセス条項に近い内容の適正手続処遇権と拡張解釈して，裁判手続だけでなく，行政手続も含め法的手続全般に関する規定と解し，権利の実効的保護・救済に関する手続的規準の包括的人権と位置づけ，包括的人権の実体・手続の二元的理論構成をすることが適切ではないかと考えている[6]。

　このように人権体系を包括的人権と個別的人権との二層に分ける解釈論においては，個別的人権は，以下のように，四類型に分けられることが多い。

　(1)　自由権―思想・良心の自由（19条），信教の自由（20条），学問の自由（23条），表現の自由（21条），集会・結社の自由と通信の秘密（21条），住居などの不可侵（35条）などの精神的自由に関する人権，居住・移転の自由と外国移住・国籍離雑の自由（22条），職業選択の自由（22条1項），財産権の保障（29条）などの経済的自由に関する人権，奴隷的拘束・苦役からの自由（18条），不法な逮捕・抑留・拘禁からの自由（33条・34条），拷問および残虐刑の禁止（36条）などの人身の自由に関する人権，刑事手続上の諸人権（37条・38条・39条）

　(2)　参政権（15条）

　(3)　社会権―生存権（25条），教育を受ける権利（26条），勤労の権利（27条），労働基本権（28条）

　(4)　国務請求権―請願権（16条），国家賠償請求権（17条），刑事補償請求権（40条），裁判を受ける権利（32条）

---

6)　このような包括的人権の二元的構成の解釈論的可能性については，田中成明「法の支配と裁判を受ける権利（2・完）」（民商法雑誌156巻1号，2020年）204-209頁参照。31条のこのような解釈については，手島孝「公正手続条項（日本国憲法第31条）再論」（法政研究51巻3・4号，1985年）参照。

　このような個別的人権の類型区分に関しては，いずれの類型の人権について
も，国家による保障・保護・救済の内容・形態が多角化しており，また，ある
類型の人権の具体的な要請内容が他の類型の人権の要請内容と重なり合うこと
が少なくないことから，自由権＝消極的地位，参政権＝能動的地位，社会権＝
積極的・受益的地位というように，イェリネック的な公権的区分論にとらわれ
て，分節的な関連づけをすることはもはや適切ではなくなっていることに注意
する必要がある。各人権が国民に保障する法的地位はもともと統合的なもので
あり，人権主体としての国民は，基本的に国家に対して消極的・能動的・積極
的・受益的のいずれの地位も併せもっており，各人権によってそのいずれの地
位が中心的になるだけの違いとみるべきであろう。

　また，このような二層構成をとる各人権の存在構造について，本章①1で説
明した第一次的権利と回復的権利の関係に類似した見解として，背景的権利・
法的権利・具体的権利という三つのレベルを区別する佐藤幸治の見解が，[7]包括
的人権と関連づけた個別的人権の保障内容の継続形成的解釈や新しい人権の生
成・定着過程の解明などとの関連で注目される。佐藤によれば，背景的権利と
は，「それぞれの時代の人間存在にかかわる要請に応じて種々主張され」，法的
権利を生み出す母体として機能する権利であり，法的権利としての人権とは，
「主として憲法規定上根拠をもつ権利」のことであり，具体的権利としての人
権は，「裁判所に対してその保護・救済を求め，法的強制措置の発動を請求し
うる権利」である。そして，背景的権利は，「明確で特定化しうる内実をもつ
までに成熟し，かつ，とりわけ憲法の基本権体系と調和する形で特定の条項に
定礎せしめることができる」という状況ないし条件が整えば，「解釈を通じて
も憲法上の『法的権利』たる地位を取得することがありうる」とされる。佐藤
自身は，「自己についての情報をコントロールする権利」としてのプライバ
シーの権利，「政府情報開示請求権」としての知る権利などについて，このよ
うな新しい権利の司法的承認の可能性を認めている。

　このような佐藤の見解を，本章①1で説明した回復的権利と第一次的権利と

---

　7)　樋口陽一＝佐藤幸治＝中村睦男＝浦部法穂『註釈日本国憲法上巻』（青林書院新
　　社，1984年）235-242頁［佐藤幸治執筆］，佐藤幸治『日本国憲法論〔第2版〕』
　　（前掲注5）142頁など参照。

いう法的権利一般の重層構造と関連づけるならば，抽象的権利は，回復的権利の裏付けを欠き第一次的権利にとどまっている法的権利，具体的権利は，回復的権利によって裏付けられた法的権利ということになろう。環境権をはじめ，次々と提唱される新しい人権が，抽象的権利レベルでの人権であっても，国や地方自治体による立法・行政上の政策形成や各種の市民運動・住民運動などにおける権利闘争の指導理念として無視しがたい独自の規範的効力をもっている現況をみるならば，司法的保護・救済と直接結びつく以前の段階において，第一次的権利義務関係を，すでに"法的"関係としてとらえて，法的考察の視野のなかに取り込む必要性があることは，憲法解釈論においても同様であろう。

4 新しい権利・人権

1　権利・人権の重層的存在構造とその生成過程の動態

　日照権，環境権，嫌煙権，知る権利，アクセス権，平和的生存権等々，次々と新しい権利・人権が裁判の内外で提唱されており，権利・人権の氾濫，過剰，インフレ現象などと言われることもある。多種多様な新しい権利・人権の主張のうち，これまでに判例として確立され，裁判によって直接に回復的・具体的権利としての法的裏付けを与えられたものは，プライバシーの権利，日照権，知る権利など，ごくわずかである。だが，一般的に，以上で説明したような人権の存在構造・生成過程からみて，新しい権利・人権についても，憲法の人権規定と関連づけて説得力のある法的理論構成がなされ，その法的正当性が相当広範囲にわたる社会的コンセンサスによって承認され，かつ，その権利主張が明確かつ具体的な内容・範囲をもったものである場合，少なくとも第一次的権利としての法的性質が理論的に承認される可能性があることは，厳然たる事実として認められるべきであろう。そして，この社会的コンセンサスや権利の明確性・特定性が熟してくるにつれて，回復的・具体的権利に転化させるための立法上・行政上の措置をとる必要性が高まり，そのような措置が時宜に適った仕方でとられないときには，裁判による法形成によって回復的・具体的権利に直接転化させることが制度的に正統とされる場合もありうる（詳しくは，第10章②参照）。

　例えば，日照権などは，まず第一次的権利レベルでその保護・救済の内容・範囲が関係者間の自主的交渉の積み重ねによって徐々に明確化・具体化され，それに伴って，法的権利としての正当性に関する社会的コンセンサスの輪も拡がり，このような基盤が熟してはじめて，判例による承認や立法的・行政的措置による裏付けを与えられ，回復的・具体的権利に転化した先駆的な事例である。このように，第一次的権利は，社会の正義・衡平感覚を反映したコンセンサスに支えられて，関係者の間で自律的に形成・承認され，裁判外の公私の紛争解決・政策形成過程における自主的な価値・利益の相互調整やその確保・実現において，国家的強制によって必ずしも支えられることなく，独特の規範的拘束力をもった規準・指針として用いられることもある。従って，新しい権利・人権の生成過程の動態の的確な解明のためには，社会レベルにおける行為規範としての第一次的権利の独自の規範的拘束力に対して，それにふさわしい法理論的位置づけを与えることがぜひとも必要である。

　とはいえ，日照権についてみられたような方式によって，新しい権利の要求がどの程度自主的に実現されてゆくかは，社会一般の通念的な正義・衡平感覚の動向や当事者間の実力関係如何によって大きく左右されざるをえない。新しい権利の主張者が，裁判外の紛争解決・政策形成過程において，その権利要求の法的正当性をいくら主張しても，それだけで相手方によってその要求が自主的に受け容れられることは，きわめてむずかしいのが通例である。権利要求が自主的に受け容れられる場合でも，裁判外の第一次的権利レベルだけでは，その権利要求の法的に正当な内容・範囲を明確化・特定化することに限界があり，その後の類似の権利要求において先例として援用される普遍性・公知性を獲得することもむずかしい。第一次的権利は，その規範的関係をより安定した確実なものとし，価値・利益の自主的な相互調整やその確保・実現を公正かつ実効的に行なうために，回復的・具体的権利による裏付けを要請する内在的契機をもっている（詳しくは，本章１参照）。

　従って，新しい権利が第一次的権利としての規範的関係を確立・強化し，回復的・具体的権利へと転化してゆくためには，当事者間の実力関係の不均衡の回復だけでなく，権利要求の法的正当性についての人権条項などと関連づけた説得力ある理論構成，権利の内容・範囲の明確化・特定化，普遍主義的互恵的

な規範的関係による裏付けの確立，社会一般の正義・衡平感覚を反映したコンセンサスによる承認・支持の形成・拡大，先例としての普遍性・公知性の獲得などが必要である。だが，裁判外での関係者間の自主的交渉だけでは，これらの条件を充たし法的権利義務関係の規範的基盤を熟させてゆくことはなかなかむずかしい。このような法的権利の生成過程において，裁判は，第2章③2，第10章②，第12章①2などで説明するように，判例による法形成を通じて第一次的権利を回復的・具体的権利へと直接転化させるだけでなく，広く裁判外での第一次的権利としての法的性質の確立・強化や回復的・具体的権利への転化の条件・基盤の整備にも，様々の形で重要な役割を果たしているのである。

2　新しい権利・人権の提唱の背景と意義

　新しい権利・人権の提唱のねらいは，かなり多面的である。裁判による直接的な司法的保護・救済の獲得が重要な目標である場合が多いとはいえ，必ずしもこのことがつねに唯一のあるいは中心的な目標であるとは限らない。とくに，新しい権利の提唱は，具体的被害の事後的個別的救済よりも，むしろ被害の発生自体の一般的な事前防止にウエイトをおく傾向があり，このような傾向が一層強くなってきている観がある。だが，この種の権利の要求内容を，裁判による法形成などの直接的な司法的保護・救済によって全面的に実現することは，適切な法的規準の欠如や裁判の制度的枠組による制約などのために，著しく困難ないし不可能な場合が多い。その権利主張の目標を十全に達成するためには，積極的な立法的ないし行政措置が不可欠であり，権利主張の究極的なねらいも，このような措置の獲得や促進に向けられることになる。権利主張の内容も，一定の具体的な価値・利益の直接的な確保・実現を請求する実体的権利だけでなく，立法・行政レベルでの政策形成過程の適正化やそれらの決定過程への参加を確保するための手続的権利にまで拡がってきている。

　新しい権利・人権の提唱の意義の理解にあたって留意すべき重要なことは，これらの権利・人権が一定の明確な具体的内容をもった法的権利として構成され主張されるようになったのは，たしかに比較的新しい現象であるけれども，このことは，決してこれらの権利・人権が法的に全く新しい権利・人権であることを意味するものではないということである。むしろ，人間の生命・自由・

安全にとって不可欠で基底的であるが故に，平穏な日常生活においては自明の
もの・自然なものとしてこれまで無意識的に享受されてきた一定の価値・利益
が，マスメディアの発達，生活環境の悪化，公権力機構の肥大などの外的な生
活条件の変化に伴って，現実の侵害や侵害の脅威に直面して，その権利として
の防御・確保の必要性が意識されはじめたにすぎないという場合が圧倒的に多
いと言ってよい。このような意味において，諸々の新しい権利・人権の提唱に
よって，実は，もともと人びとが人間として当然受けるべきものとしてもって
いた既存の権利・人権，忘れられていた権利・人権の回復とその法的具体化が
求められていると理解されるべき側面が多分にあることが見落とされてはなら
ない。

　さらに，新しい権利・人権については，社会における個々人の価値・利益の
確保・実現が何らかの形で公権力機関に依存せざるをえない機会が増えてきて
いるという現代的状況のもとで，それらの権利の主張が，自由権と社会権を原
理的に区別せず，ほとんど同一次元でとらえ，独特の生存権感覚を基底にした
一般の人びとの拡散した権利意識を背景として行なわれているということにも，
考えさせられるところが多い。たしかに，環境権をはじめ，新しい権利・人権
の法的正当化根拠として，憲法13条の一般的包括的な幸福追求権と25条の生
存権とが同時に挙げられている事例が多いことに象徴されるように，自由権の
社会権的性質，社会権の自由権的性質という相互依存関係が様々の人権につい
てみられるようになり，自由権と社会権という伝統的な二分法的類型の再検討
が迫られている。このことを考えるならば，新しい権利・人権の主張やそれを
支えている一般の人びとの権利意識こそ，現代人権論の展開と符合するものと
みるべきかもしれない。だが，対公権力関係における原理的対立緊張関係を軽
視して，自由権と社会権の相互依存関係だけを強調することは，ごね得・物取
り主義などと批判されているエゴイズム的な受益者的権利意識を亢進させるお
それがあることにも注意を払う必要がある。人権，とりわけ社会権的人権の保
護・救済の在り方についても，公権力機関による個人の価値・利益への配慮と
いう垂直関係だけではなく，社会成員相互間の互酬的な価値・利益の自主的調
整という水平関係にまで立ちかえって，できる限り普遍主義的互恵的権利義務
関係と連続的に，その延長線上に位置づけて考えてゆくことが，権利・人権の

法的な保護・救済システムにおける私人と公的諸機関との適正な協働・機能分担関係の確立・維持にとって不可欠であろう。

　以上のような新しい権利・人権の性質やその提唱のねらいをみるならば，新しい権利・人権について，裁判による直接的な司法的保護・救済の可否やその内容・範囲如何という，従来の法律学的議論のレベルだけで問題としていたのでは，新しい権利・人権の生成・定着過程やその多面的な目標・機能を十全にとらえることができないことは明白であろう。新しい権利・人権の提唱の重要な意義は，法的権利について，それが侵害された場合に裁判所に保護・救済を求め，国家の法的強制装置の発動を請求しうるか否かというレベルだけで論じて事足れりとする，従来の法律学的思考の視野の狭さを反省し，一定の権利や人権を法的に保障して司法的保護・救済のチャネルを拡充することが道徳的・政治的にどのような意味をもっているのかということをつねに広い視野から問い直す必要を訴えているところにもみられるのである。新しい権利・人権に関する少し具体的な説明を読み終えたところで，もう一度本章⓵における法的権利義務関係の社会的・政治的・道徳的特質の一般的な説明を読み直してみていただきたい。

第7章 法と道徳

1 法と道徳の関係

1 法と道徳の交錯

　法と道徳（倫理[1]）の区別と関連という問題は，第5章で取り上げた法と強制の関係をめぐる問題と並んで，法の特質やその機能・目的などを考察する場合の中心テーマであり，幾つかの争点をめぐって古くからさまざまな対立する見解が説かれ，議論が続いている。

　法と道徳は，人々の行動を規律する代表的な社会規範であるが，両者の関係は複雑多様である。例えば「右の頬を打たれれば左の頬も差し出せ」という道徳規範とか，右側通行か左側通行かに関する交通法規のように，相互に無関係なものもあるが，両者の指図内容が交錯している場合も多い。この場合には，両規範の指図内容が基本的に合致していることが望ましいが，法と道徳は，各々，規制対象や関心方向を異にしているため，指図内容に多かれ少なかれずれがみられることもある。

　殺人や窃盗の禁止のように，指図内容が相互に重なり合っている場合はあまり問題はないが，矛盾対立する場合には，いろいろと問題が生じる。例えば，

---

1) 道徳（morality）と倫理（ethics）については，G. W. F. ヘーゲルらのように，両者を概念的に区別する見解もあるが，一般的には，とくに区別することなく，互換的に用いられており，本書もそれにならっている。道徳という概念を緩やかに「善悪正邪の規準として人々の行為や社会制度を規律する規範・価値」と理解したうえで，道徳と倫理を概念的に区別する見解の趣旨については，個人道徳と社会道徳の区分，善（good）と正（right）の区分など，道徳概念内部の区別として説明することにしたい。

民法 166 条以下の消滅時効に関する規定や民法 754 条の夫婦間の契約取消権に
関する規定などは，法的には，訴訟になった場合の証拠の問題の考慮など，相
応の理由に基づいているが，「約束は守るべし」という道徳規範に反する面が
ある。

　責任・権利・義務等々，法と道徳が用いる規範的用語が同一であることは，
両者の緊密な対応関係を示している。しかし，道徳的責任と法的責任の間には
かなりのずれがみられ，権利や義務についても同様である。道徳的な責任や権
利義務が，法的な判断にも影響を及ぼす場合が多いが，そのまま法的にも認め
られるわけではない。「法的責任がなければ道徳的責任も問われるはずがない」
「法的責任がある以上，当然道徳的責任も負うべきだ」「道徳的責任のある行為
はすべて，法によって規制し法的責任を追及すべきだ」など，さまざまな見解
が対立しているのも，このような法的責任と道徳的責任の複雑な相互関係の反
映に他ならない。

　法と道徳の関連と区別をどのように考えるかは，法と道徳の交錯領域で生じ
る法理論・法実務上の諸問題の解明や解決に重要な影響を及ぼしている。本章
では，まず，自然法論と法実証主義，法の外面性と道徳の内面性，法は倫理の
最小限など，法と道徳の関係をめぐる伝統的な諸見解について，実定道徳と批
判道徳，個人道徳と社会道徳などの区分と関連づけて，それらの意義と問題点
を説明する。次いで，法による道徳の強制，法的パターナリズムという，二つ
の現代的な問題を取り上げて，法と道徳の関係についての原理的な考え方を具
体的事例を挙げながら説明する。

2　自然法論と法実証主義

　まず，法と道徳の区別と関連という問題をめぐっては，両者を概念的に関連
づける自然法論と，両者を峻別する法実証主義との伝統的な対立が古くから存
在する。自然法論も，法実証主義も，それぞれ長い歴史をもっており，その主
張内容は，各時代・各論者によってかなり異なるところもあるが，それらの基
本的な主張内容を対比すれば，おおよそ以下のように整理できるであろう。[2]

　自然法論とは，現に行われている人間の作った実定法の他に，実定法の効
力・拘束力を基礎づけその正・不正を識別する自然法が「高次の法（higher

law）」として存在し，このような自然法は，神の意志，人間の理性や本性など
に基づいており，人間の意志によって左右できないものとみる見解である。自
然法論においては，実定法の効力はその内容の道徳的な正・不正に依存してお
り，自然法に反する実定法は，原則として，法的効力をもたず，人々はそれに
従う義務もないとされ，「悪法は法にあらず」と主張される。

　それに対して，法実証主義は，正統な権限をもつ機関が所定の手続にのっと
って制定した法律は，その道徳的な内容如何を問わず，法的効力をもち，人々
を拘束するとみる見解である。法実証主義においては，自然法の法的資格は否
定され，人間の作った実定法だけが法であるとされ，「悪法もまた法なり」と
主張される。

　両者の理論的対立は，現代でも続いているが，原理的にいずれの立場に立つ
にしろ，それぞれ相手の主張をある程度受け容れて，伝統的な見解を修正ない
し限定しているのが通例である。このような状況をもふまえて，「自然法か法
実証主義か」という二者択一的な対立を超えて，何らかの仕方で両者の統合を
めざす融合傾向が一般的となっている。[3] さまざまな見解が提示されているが，
私は，実定法一元論に立つけれども，実定法であっても，道徳から概念的に分
離することは不可能であるだけでなく不適切でもあると考えており，客観的に
正しい法を各時代の諸々の条件・前提のもとで今ここで実現しようとする自然
法論的な志向を実定法の存立条件として内在化させようとする，自然法か法実
証主義かという二者択一的構図を超えた「第三の道」をめざす現代自然法論の
立場に基本的に賛同するものである。このような「自然法の実定法への内在
化」と特徴づけられる立場の基本的な考え方は，一定の道徳的内容は，実定法
システムがそもそも「法」として存立し作動するための前提条件であるから，
そのような実定法に内在的あるいは基底的な一定の道徳を全面的に否定する法

　2）　自然法論と法実証主義についての概観は，加藤新平『法哲学概論』（有斐閣，
　　1976 年）第 3 章，自然法論の具体例としては，ホセ・ヨンパルト『法哲学案内』
　　（成文堂，1993 年），法実証主義の具体例としては，H. ケルゼン／長尾龍一訳『純
　　粋法学〔第 2 版〕』（岩波書店，2014 年），H. L. A. ハート／長谷部恭男訳『法の概
　　念』（筑摩書房，2014 年）など参照。
　3）　このような動向については，深田三徳『現代法理論論争』（ミネルヴァ書房，
　　2004 年）など参照。

律には，たとえ正統な権限をもつ機関が所定の手続にのっとって制定したものであっても，法的効力を認めることはできないと，極端な悪法の法的効力を否認することである（第8章③1参照）[4]。

3　実定道徳と批判道徳，共通道徳

　自然法論の現代的意義の考察に重要な示唆を与えそうな道徳理論の新たな動向についても，少し触れておこう。

　実定法と自然法という，法の伝統的区分にほぼ対応する区分として，法と道徳の関係をめぐる議論において，道徳についても，一定の人々の間で現実に受け容れられ一般的に遵守されている「実定道徳（positive morality）」と，それらの実定道徳の内容をはじめ，人々の行為・社会制度などを評価・批判する理想的な規準となる「批判道徳（critical morality）」という区別がされている。そして，実定道徳の具体的内容が，集団・社会・国家あるいは時代ごとに多かれ少なかれ異なるのが一般的であることを認める一方，他方では，現代のような価値多元的状況のもとでも，すべての実定道徳に共通する最小限の背景的道徳として，道徳的観点をとり理性的に判断・行動するすべての人々が共有するあるいは共有すべき普遍的な核心的内容があるのではないかということが，「共通道徳」「共通価値」「ミニマル道徳」などの概念のもとに議論されている[5]。

　高等学校の倫理などのテキスト・授業でも，古代ギリシアから現代に至る代表的な道徳理論を学ぶことになっているので，いずれかの理論が気に入って親しんでいる者もいるかもしれない。それらの道徳理論の多くは，その時々の支配的な実定道徳には概して批判的で，何らかの理想的な批判道徳，とくに共通道徳を提示し，それを体系的に展開したり正当化したりする規範的理論であることが多い。第8章で紹介する実質的正義論や現代正義論の代表的な理論などは，このような規範的道徳理論の典型とみてよいであろう。しかし，各道徳理

---

4)　このような見解の主なものについては，田中成明『現代法理学』（有斐閣，2011年）141-146頁参照。

5)　B. Gert, Common Morality（2004年），S. ボク/小野原雅夫監訳『共通価値』（法政大学出版会，2008年），M. ウォルツァー/芦川晋＝大川雅彦訳『道徳の厚みと広がり』（風行社，2004年）など参照。

論における記述的な説明と規範的な議論の関連づけの仕方はさまざまで，実定道徳と批判道徳の関係も各理論によってかなり異なっている。普遍的に受け容れられるべき共通道徳の内容は，概して抽象的な原理・価値にとどまらざるをえないが，その時々の実定道徳や人々の行動・社会制度に対して，一定の規範的な方向づけを指図し，少なくとも，道徳的に許容できない規範的内容や行動・制度を消極的に識別できる規制的規準として機能するものでなければならないであろう。

自然法論の伝統的遺産を現代的諸条件のもとでどのように継承発展させてゆくかを考察するにあたっても，自然法をこのような共通道徳の法的ヴァージョンを構想する試みと位置づけて，その内容や機能などを論じるというアプローチをとることができる。例えば，人間の生存や社会の存立に不可欠な最小限の法の在り方を提示する「自然法の最小限の内容」という H. L. A. ハートの見解（10 頁参照）や，人間の自主的な行動を規律するという目的を実現するために法システムが具えなければならない一定の形式的・手続的条件を「法の内面的道徳」「合法性」として提示する L. L. フラーの見解（第 8 章③1 参照）などは，このような試みとみることができるであろう。

4　法の外面性と道徳の内面性

法と道徳の区別については，「法の外面性と道徳の内面性」という，ドイツの啓蒙期自然法論者 Ch. トマジウスや観念論哲学者 I. カントらによって提示された定式がよく知られている。この定式によれば，法が人間の外面的行為を規律するのに対して，道徳は個人の内面的良心を規律するものであるから，法については外から義務づけ強制することが可能であるが，道徳は各人の自律性にゆだねられるべきであり，道徳的義務自体の法的強制は不可能ないし不適切だとされる。

このような法の外面性と道徳の内面性という定式は，近代のはじめに，国家の権力が個人の内心に干渉することを拒否する古典的自由主義の重要な要請として提示されたものである。その後，近代社会の動揺・変容に伴って，法と道徳の峻別が批判され，「法の倫理化」ということが言われるようになるけれども，現代でも，法と道徳の区別については，この定式に若干の修正を施した形

で議論される場合が少なくない。⁶⁾

　法の外面性と道徳の内面性という定式は，そのもとに説かれている内容を仔細に検討すれば，あいまいで問題をはらんでいるものもあるけれども，法と道徳の主たる関心方向や機能様式の相違をふまえて法的規制の限界を簡潔に表現したものとして，一定の意義をもっている。しかし，道徳の内面性ということは，決して的はずれではないが，道徳のとらえ方が狭く限定されすぎており，多種多様な道徳に共通する基本的属性とは言えず，次にみる個人道徳と社会道徳についても，前者には妥当するが，後者に妥当するかどうかは疑わしい。道徳は，多くの場合，行為の内面・外面ともに関心をもっており，むしろ，道徳の全面性というほうが適切であろう。

5　個人道徳と社会道徳，法は倫理の最小限

　以上のように，法と道徳の区別が強調される場合には，主として個人道徳が念頭におかれているのに対して，法と道徳の統一や関連づけ，「法の倫理化」が強調される場合に念頭におかれているのは，社会道徳ないし社会倫理である。

　法と道徳の区別や関連をめぐる議論が紛糾しているのは，一口に道徳と言っても，多種多様な道徳があることに加えて，各論者によって道徳の概念や内容の理解が異なっていることによる場合が多く，法でないものがすべて道徳という名のもとに論じられているきらいすらある。問題領域ごとに道徳の多様な存在形態を区別して論じなければならないが，多くの問題領域において最もよく用いられているのは，個人道徳と社会道徳の区分であろう。

　ごく大雑把に言えば，個人道徳は，個人の道徳的な生き方に関する価値観であり，個人の良心や自律的選択など，内面的・主観的心情にウエイトをおき，各人のいだく道徳的理想の独自性と多様性を尊重する。それに対して，社会道徳は，社会成員によって相互の外面的行動を規律するものとして一般的に受容され共有されている客観的な道徳規範・原理であり，一定の社会的サンクションによって裏打ちされ，社会の存立にとって不可欠ないし重要とみなされてい

---

6)　代表的なものとして，G. ラートブルフ／田中耕太郎訳『法哲学』（東京大学出版会，1961年）第5章，H. L. A. ハート／長谷部訳『法の概念』（前掲注2）第8章・第9章など参照。

るものであることが多い。社会道徳は，機能的・内容的には，実定道徳とほぼ同じとみてよいであろう。

　自由な社会においては，個々の社会成員には，自己の良心や自律的選択に従って，それぞれが理想的と考える生活を営む自由の領域が確保されていなければならない。しかし，社会道徳は，人々が各人各様の道徳的理想に従って相互に関係を取り結びつつ社会生活を共同して営むことができるように，共存・共生のための諸条件を人々に指図するにあたって，個人道徳にゆだねられる各人の自由の領域を多かれ少なかれ制約することになる。それ故，社会道徳は，個人道徳に対して，それを可能とすると同時に制約するという，微妙な緊張関係にある。

　法は，通常，個人道徳には立ち入らず，社会道徳と基本的なところで合致していることが望ましいとされている。法と社会道徳の関係については，刑法が基本的な社会倫理を維持するためのものだと一般的にみられており，また，「法は倫理の最小限」というドイツの法学者 G. イエリネックの見解がよく引用される。イエリネックは，個人倫理を偏重する近代倫理を批判し，社会倫理の基底的意義を強調したうえで，法は，客観的に，社会の存立のために必要な社会倫理の最小限しか要求せず，主観的にも，倫理的心情の最小限で満足するという，二重の意味で「倫理的最小限」だと主張した[7]。

　このようなイエリネックの見解は，たしかに，法と道徳の共通領域を念頭において，道徳への法的干渉の自制を説くものとして，貴重な洞察を含んでいる。けれども，法と個人道徳の緊張・対立関係を十分に考慮に入れていないことなど，法と道徳の関係の一般的な説明としては限界がある。

　「法の外面性・道徳の内面性」「法は倫理の最小限」といった定式は，それぞれ法と道徳の関連について考える場合の重要な手がかりとなり，現代でも一定の意義をもっていることは間違いない。けれども，これらの単純な定式だけでは，法の機能が多様化し人々の道徳観も多元化している現代社会においては，法と道徳の複雑微妙な関連をとらえ尽くすことはむずかしくなっているのである。

---

7)　G. Jellinek, Die sozialethische Bedeutung von Recht, Unrecht und Strafe (1887) 参照。

2 法による道徳の強制

1 J. S. ミルの他者危害原理

　現代社会における法と道徳の関連をめぐってしばしば激しい議論の応酬がみられるケースとして，まず，社会的に不道徳だとみなされている行為を，それが不道徳だというだけで犯罪として法的処罰の対象とできるのかという，法による道徳の強制の正当化と限界という問題を取り上げる。

　この問題をめぐる議論において現代でもよく引合いに出されるのは，カントと並ぶ古典的自由主義者であるイギリスの J. S. ミルが19世紀半ばに著した『自由論』(1859年) で提示したいわゆる「他人に対する危害原理」，すなわち「文明社会の成員に対し，権力を彼の意思に反して正当に行使しうる唯一の目的は，他人に対する危害の防止である」という原理である[8]。そして，このような他者危害原理と表裏一体の関係にあるのが，子供など若干の例外を除いて，成熟した能力をもつ成人に対して本人自身の利益のために強制するパターナリズムを拒否する見解であるが，パターナリズムの問題は後ほどあらためて本章③で取り上げる。

　ミルのこのような自由主義的な見解は，各人が自己の利益の最良の判定者だとみる J. ベンサムの功利主義的立場を承継するとともに，ミル自身の言葉によれば，「各人が自分で善いと思う生き方を相互に許し合うことによって，彼以外の人々が善いと思う生き方を彼に強いることによってよりも，ずっと大きな利益を人類は獲得する[9]」という確信に基づいていた。

2 法的モラリズムをめぐって

　このようなミルの自由主義的な見解に対立するのが，法的モラリズム (legal moralism) と呼ばれる立場である。法的モラリズムは，刑法の社会倫理を維持する機能を重視して，社会の存立の確保に必要な場合には，不道徳な行為は不

---

8) ミル／早坂忠訳『自由論』『世界の名著38・ベンサム，J. S. ミル』（中央公論社，1967年）224-225頁。
9) 前掲書，228頁。

道徳であるというだけで犯罪として法的処罰の対象とすることが正当化される
とする，概して保守的な見解である。一般の人々の素朴な道徳・復讐感情にも
支えられて，古くから根強い影響力をもっている。現代でも，その影響力は衰
えておらず，政治犯罪や道徳犯罪の厳しい取締りと処罰を求める"法と秩序
（law and order）"運動は，このような法的モラリズムによって強力に支えられ
ている。

　このような法的モラリズムに対して，基本的にミルの他者危害原理を継承す
るリベラリズムの立場に立つ人々は，「社会的権力」が法律や世論によって個
人の自由を圧迫し，道徳問題における「多数者専制」を招くことを批判する。
そして，法は，個人の生命・身体・財産などに対する危害がある場合のみ，そ
の限りで，一定の不道徳な行為を犯罪として法的処罰の対象とすべきであり，
不道徳だということ自体は法的処罰を正当化するものではない，と主張する。[10]

　たしかに，刑法を中心に，法が伝統的に社会倫理維持機能を果たしてきてお
り，現代でも，基本的にこの機能が法の一つの重要な社会的存在理由であるこ
と自体は否定できない。問題は，法によって強制的に維持すべき社会倫理の具
体的な内容は何かということである。法的モラリズムの立場をとる論者は，概
して伝統的な倫理の崩壊・動揺を法的規制によって防ごうとする保守的な傾向
が強い。そのため，社会の道徳観自体が分裂し流動化しているときに，個々人
の私的な問題に関して法によって特定の道徳観を強制することが道徳的に正し
いかどうかという原理的な問題に加えて，そもそもこの種の問題について実効
的な法的規制が可能かどうかという実務的な問題もあり，批判を受けることが
多い。

　ただ，法的モラリズムが必ずしもすべて保守的なものとは限らず，社会倫理
の共通の最小限の内容を，人間の尊厳などの価値を基軸に構想する批判道徳的
見解もある。また，先ほど触れた「共通道徳」「ミニマル倫理」など，法的強

10）　1950年代末から60年代にかけてのイギリスにおけるこのような論争については，
H. L. A. Hart, Law, Liberty and Morality (1963), P. Devlin, The Enforcement of
Morals (1965)，井上茂「法による道徳の強制」同『法哲学研究3』（有斐閣，1972
年），M. P. ゴールディング／上原行雄＝小谷野勝巳訳『法の哲学』（培風館，1985
年）第3章など参照。

制によってもその遵守が確保されるべき社会的共存に不可欠な一定の核心的な社会道徳が存在するという見解と重なり合っているところもある。これらの見解をどのように区別するかは実際にはなかなかむずかしく，それぞれの原理的主張内容をよく吟味して注意深く比較検討する必要がある。

　法的モラリズムと特徴づけられる諸見解の多様な主張内容をみると，社会倫理の具体的内容を問わずに，法の社会倫理維持機能を全面的に否定することは必ずしも適切ではない。けれども，法が強制的に維持すべきだとされる社会倫理は，ほとんどの場合何らかの形で他者危害原理ともつながっているから，基本的には，その要請内容が具体的で明確である他者危害原理を基調に，法による道徳の強制の当否・限界を考えるのが穏当であろう。

　法的モラリズムとリベラルな他者危害原理の対立は，殺人や強盗などの典型的な犯罪の場合にはほとんど問題にならない。だが，わいせつ文書等販売，売春，堕胎などの性犯罪，麻薬などの薬物使用，賭博など，社会的に不道徳だと一般にみられているが，それ自体他人に害悪をもたらさないとされる「道徳犯罪」や「被害者なき犯罪」の場合には，この対立がかなり明確にあらわれる。

　このような見解の対立は，わいせつ出版物やポルノ映画・ビデオなどに関する法的規制や判決の当否をめぐって時事的問題としてしばしば話題になる。刑法175条のわいせつ物頒布等の罪にあたるかどうかについて，伊藤整の翻訳したD.H.ロレンス『チャタレイ夫人の恋人』のなかの性描写がわいせつだと判断した昭和32年（1957年）3月13日最高裁大法廷判決（最高裁刑事判例集11巻3号997頁）があり，現在でも，そこで示された基準（「徒らに性欲を興奮又は刺激せしめ，且つ普通人の正常な性的羞恥心を害し，善良な性的道義観念に反するもの」）が基本的に受け継がれている。この判決自体について伊藤整が『裁判』[11]を著して詳細な判決批判を展開したのをはじめ，小説や映画などの文芸作品が「わいせつ」かどうかがたびたび裁判で争われ，そのたびに議論の応酬がみられる。

　岐阜県青少年保護育成条例がわいせつな写真を掲載した雑誌などの有害図書を自動販売機で販売することを規制していることの合憲・違憲が争われた事件について，平成元年（1989年）9月19日最高裁判決（最高裁刑事判例集43巻8

---

11)　伊藤整『裁判（上）（下）』（筑摩書房，1952年，旺文社，1953年，晶文社，1997年）。

号785頁）は，チャタレイ判決の基準に従って，合憲と判断した。このような古い基準を改めない最高裁の判断に対して批判があっただけでなく，この種の青少年保護のための法的規制のあり方は，法的パターナリズムなどとの関連でもいろいろとむずかしい問題をはらんでおり，論議を招いた。

3　不快原理

　現代では，このような道徳犯罪ないし被害者なき犯罪の処罰の正当化については，法的モラリズムによらない場合，ミルの他者危害原理だけでは不十分だということは，一般的に認められている。そして，「不快原理（offense principle）」や法的パターナリズムが，道徳問題への法的な規制・介入原理として論議の的になっている。

　不快原理とは，不道徳な行為が当事者間の合意によって密かに行われている限り，処罰すべきではないが，その行為が公然と行われ一般の人々を不快にさせる場合には，それを理由に処罰することができるとする原理である。不快原理は，ミルの他者危害原理の一種とみることもできるが，危害を伴わない不快，強制を正当化するに足りないほどささいな危害しかもたらさない不快もあるから，実質的に危害原理を拡大するものであり，別個の補充的な正当化原理とみるのが適切であろう。

　例えば，売春防止法5条は，「公衆の目にふれるような方法」とか「道路その他公共の場所で」勧誘することだけを処罰の対象としているが，これなどは，基本的にこの不快原理に基づくものだとみてよい。しかし，公衆の面前でのヌードの処罰などは，この不快原理によって正当化できるであろうが，ポルノ雑誌などのわいせつ文書の規制は，不快原理によっても十分に正当化できるかどうか微妙であり，未成年者の保護などのパターナリズムによらなければ正当化がむずかしいかもしれない。

③　法的パターナリズム

1　法的パターナリズムの特質と具体例

　法的パターナリズムは，法システムの関与する領域が拡がった現代では，こ

のような青少年の保護だけでなく，医療・生命倫理や教育・社会福祉など，さまざまな領域でしばしば話題となり注目を集めている。[12]

パターナリズム（paternalism）は，父権的干渉（保護・温情）主義などと訳され，その原型は親が子の保護のために干渉するという関係にみられる。法的パターナリズムにおいては，国家などの公権力機関が法的規制によって個人に対して干渉することの当否が問題となる。法的パターナリズムにはさまざまな形態のものがあり，それらに共通する基本的特質をどのようにとらえるかについては，とくにパターナリズムの正当化理由や境界事例の理解の仕方との関連で，見解が微妙に分かれている。

パターナリズムに共通の基本的特質は，「本人自身の保護のために」その自由に干渉するという点にあるとみるのが一般的な見解である。その具体例としては，オートバイの運転者にヘルメットの着用を義務づけたり，自動車の運転者にシートベルトの着用を義務づけたりすることなどが最もわかりやすいであろう。その他，先ほど道徳犯罪として挙げたわいせつ文書販売の処罰，麻薬などの薬物の販売・使用の処罰，さらに，所得の一部を退職後の年金の掛け金にすることの強制，金銭貸借の最高利率を規制することなど，さまざまな形態の法的規制が考えられる。

生活保護のための補助金を無駄遣いしないように，現金ではなく現物で支給することや，虚偽広告や食料品・薬品の安全表示の規制などについては，パターナリズムとみるか，合理的な人間の賢明な決定のための情報提供にすぎないとみるか，見解の分かれるところである。だが，これらの法的規制も，本人の自主的な選択・活動に何らかの影響を及ぼそうとする限り，自由への強制的干渉の一種であり，パターナリズムとみるべきであろう。第5章4で説明したように，法的強制形態が多様化した現代法システムのもとでは，「法的」パターナリズムは多かれ少なかれ強制的だとみて，ハードなものからソフトなものまで，多様な干渉方式について，各類型ごとにその当否を検討するのが適切であろう。

---

12)　法的パターナリズムについては，澤登俊雄編『現代社会とパターナリズム』（ゆみる出版，1997年），中村直美『パターナリズムの研究』（成文堂，2007年），田中『現代法理学』（前掲注4）第5章など参照。

　なお，法的パターナリズムと法的モラリズムとは，第一次的関心が本人自身の保護か社会道徳の擁護かのいずれであるかによって一応区別できるけれども，以上で紹介した幾つかの具体例からもわかるように，両者が重なり合う事例も少なくない。

2　法的パターナリズムの正当化

　問題は，これらの法的パターナリズムの正当化理由とその限界である。日本社会はもともとパターナリズム的であり，家族・学校・企業などの生活領域全般において各種のパターナリズム的配慮・介入が当然のこととして受け容れられてきたきらいがある。しかし，個人の自律的な判断・選択を尊重すべきだとする「自己決定権」が重視されるようになって以降，法的パターナリズムに対する批判や再検討がいろいろな機会に話題となっている。

　パターナリズムの正当化を考える場合，最も大切なことは，個人は，賢明でない誤った判断であっても，そのような判断行為自体から学びつつ，試行錯誤的に判断能力を高め，各人各様の統合的人格を徐々に形成し，その自律的な個性を完成してゆくものであると，個人の人格概念を発展的動態的にとらえることである。そして，具体的なパターナリズム的介入が，個々人の善き幸福な生き方を自主的に選択し追求する自己決定権と両立するためには，このような統合的人格の形成・維持・発達という観点からみても是認できるようなものでなければならない。

　法的パターナリズムの正当化原理については，パターナリズム的な介入の当否や限界に関するいろいろな見解が説かれているが，基本的には，「本人が本来ならば同意するかどうか」ということを，本人の身になって判断することが中心的な基準になるべきであろう。

　法的規制の場合，「平均人」という観念など，何らかの抽象的一般的な合理的人間を想定して，それに照らして画一的なパターナリズム的干渉をすることがよく行われる。このような規制方式は，生命の安全をはじめ，個々人が具体的にどのような生き方をするにせよ不可欠なものを保護する場合には，ある程度まではやむをえないかもしれない。だが，個人の生活様式や趣味・嗜好についてまで，この種の画一的干渉を外から押しつけることは，個々人の人格の独

自性と多様性の尊重と相容れないであろう。

　本人がどのような干渉ならば同意するであろうかは，パターナリズムの趣旨からしても，あくまでも第一次的には本人の善き幸福な生き方についての全体的長期的構想に即して，本人の身になって内在的に推定されるべきである。自由な社会においては，他人の迷惑にならず，本人の自律的人格としての全体的統合を損なわない限り，他の人々には愚かとか奇異にみえる非合理的な選択・活動をする自由もまた許容されなければならない。

　大人はもちろん，自律的判断能力が十分に成熟していない子供でも，その自己決定権が最大限尊重されるべきである。しかし，各人の全体的な人生構想において周縁的ないし下位にある関心や欲求を一時的に充たすために，長期的な人生構想の実現を取り返しのつかないほど妨げたり，そもそも何らかの人生構想を自律的に形成・追求する能力自体を決定的に損なったりするおそれの大きい場合などに，一定のパターナリズム的干渉を行うことは，本人の人格的統合を損なわないのみか，むしろ，その統合的人格の発達・確保にとって不可欠であろう。

　パターナリズムの正当化を以上のように考えると，生命・身体の安全や健康の維持などに限らず，社会道徳・経済活動・社会保障などに関しても，さまざまなパターナリズム的干渉が原理的に正当化できることになる。しかし，法的パターナリズムについても，法的強制一般がそうであるように，それ自体必ずしも望ましい措置ではなく，むしろ，パターナリズム的干渉を必要としないように，個人の自律的判断能力が成熟し，各人の判断・選択に基づく善き幸福な生き方の追求を可能とする公正な社会的仕組みが確立されるならば，それに越したことはない。それ故，パターナリズム的干渉も，このような個人・社会の在り方を促進し支援するような形で行われるべきである。一般的には，パターナリズム的干渉は必要最小限にとどめ，幾つかの干渉方式が選択可能な場合には，自由の制約が最も少なく，本人の全体的長期的な人生構想の促進と人格的統合の発達・維持に最も役立つ措置が選ばれるべきであろう。

　強制的干渉の具体的な方式についても，否定的および肯定的サンクションだけでなく，無効・取消しなどの法技術，一定の期間内ならば契約を解消することを認めるクーリング・オフ制度，民事賠償・保険金請求における不利益措置，

有害表示・注意表示，情報提供，教育等々，強制権力を直接用いるハードなものから，被介入者の判断・選択・活動に間接的に何らかの影響を及ぼそうとするソフトなものまで，多様な方式が個別事例ごとにきめ細かに検討される必要がある。

3　パターナリズムと公益的規制の交錯

　法的パターナリズムの正当化に関して注意すべきことは，一般にパターナリズムの具体的事例とされている規制については，同時に，何らかの公益的観点からも同じ規制を正当化でき，両者の理由が相まってはじめて十分に正当化できる事例がきわめて多いということである。

　例えば，現代の福祉国家のもとでは，老齢・傷病・失業などに備える社会保障は，国家の重要な役割とされているが，各種の年金や医療保険の保険料の強制拠出制度も，パターナリズム的干渉の一種だとみられている。高齢化社会の進行とともに，退職後の生活に備える必要が一段と高まっているにもかかわらず，多くの人は，目先のことに追われて，将来の準備にまではなかなか手がまわらないのが実情である。そこで，収入のあるうちに，その一部を保険料として強制的に拠出させて，退職後の必要に備えさせることが，本人のためだと説明されている。しかし，年金などの社会保険制度は，このようなパターナリズム的理由だけでなく，他の公益的理由によっても正当化でき，むしろ，公益的理由のほうが重要であろう。例えば，将来に備えていなかった者が，退職後の生活に困るようになった場合，他の人々も放っておくわけにはゆかず，結局，親族など関係者の援助や公的生活保護を受けざるをえなくなるという公共的負担論が説得力をもっている。さらに，現実に行われている各種の強制的社会保険の複雑な仕組みをみると，各人の能力や必要に応じて，保険料拠出額や年金支給額について相互扶助や社会連帯などを配慮した種々の調整が行われており，基本的には何らかの社会的正義原理によってはじめて十分に正当化できる側面が多いのである。

　虚偽ないし誇大広告の禁止，商品の品質その他の内容の表示制度，訪問販売におけるクーリング・オフ制度など，市場原理による自由な取引に対する消費者保護のための法的規制についても，消費者本人の保護のためというパターナ

リズム的理由によって正当化できる側面があることは言うまでもない。しかし同時に，伝統的な他者危害原理によっても，あるいはまた，市場メカニズム自体の存立と作動に関わる公益的理由によっても正当化できる側面が多いことにも注意する必要がある。

　法的パターナリズムについては，自己決定権との調整が中心的テーマであるが，以上で触れた領域以外でも，いろいろな領域でこのテーマが論じられている。とくに終末期治療・臓器移植・生殖補助医療など，生命医療倫理に関する領域においては，全般的に，医師のパターナリズム的な配慮と裁量を基調とする伝統的な医の倫理から，患者等の自己決定権やインフォームド・コンセントを基調とする方向へ転換してきている。そして，科学技術の進展や宗教的倫理的死生観の問題が加わり，人間の尊厳の尊重，家族関係への配慮，医療資源の配分の公正など，さまざまな要請も交錯しており，複雑微妙な問題が次々と生じている。[13] 生命医療倫理をめぐる議論はきわめて流動的な状況にあり，法的パターナリズムのあり方をめぐる重要な論点が提起されていることが多いので，以上で説明した考え方を手がかりに，新聞・テレビなどの報道で取り上げられ論じられている争点について，自分で考えてみることを勧めたい。

---

13)　生命医療倫理をめぐる主な法的論点とその考え方については，石原明『法と生命倫理20講〔第4版〕』（日本評論社，2004年），町野朔『生と死，そして法律学』（信山社，2014年）など参照。生命医療倫理への法的関与のあり方については，田中成明「生命倫理への法的関与の在り方について」同編『現代法の展望』（有斐閣，2004年）参照。また，倫理学的観点から法的思考の再検討を迫るものとして，加藤尚武『脳死・クローン・遺伝子治療』（PHP研究所，1999年）参照。

第8章 法と正義

1 法の目的と正義

1 正義の多義性

　古代ギリシア以来，法と正義は不可分の関係にあり，法の最も重要な目的は正義の実現である，と言われてきている。だが，一口に正義と言っても，具体的に何が正義かについては，さまざまな見解が説かれてきた。また，法と正義の関係についても，実定法をきちんと遵守し適用することがすなわち正義であるとされることもあれば，何らかの実質的価値理念が正義として主張され，それに照らして実定法が批判されたり正当化されたりすることもある。

　それ故，法の実現すべき目的として正義の問題を考えるにあたっては，正義という観念自体がきわめて多義的であることをまず最初に確認しておくことが重要である。そして，このような正義観念自体の多様性とも関連するが，法と正義の関連を正しく理解するためには，とくに次の二つの点に注意する必要がある。

　その一つは，法の目的は，正義だけではないということである。法の目的はしばしば正義と総括されてきており，正義の問題が法の目的の考察の中心に位置することは間違いない。けれども，正義観念を「正しきもの（right）」一般と最広義に解しない限り，法の目的は必ずしも正義だけに限定されておらず，それ以外のさまざまの価値が挙げられることが少なくないのである。法によって実現されるべき一般的な目的とされているもののなかには，正義観念とは原理的に区別されるべき価値や，正義観念に含ませることも不可能ではないが，別個独立の目的とみたほうがわかりやすい価値も含まれているのである。

　もう一つは，法の目的は，一般的にはそう考えられがちであるが，法のいわ
ば外にある何らかの実質的目的に限らないということである。法の目的が論じ
られる場合，通常，法によって追求・実現されるべき道徳的・政治的・経済的
等々の法外在的な何らかの実質的目的が念頭におかれている。けれども，法の
目的には，その他にも，法システムが法として存立し作動するために必要不可
欠な前提条件に関わる法内在的な目的や，実質的な内容・結果とは一応別個独
立に，法が充足すべき手続的条件に関わる手続的目的もあることが見落とされ
てはならない。このような法内在的な目的や手続的正義については，後ほどあ
らためて説明する。

2　法的安定性

　ここでは，法に内在的とみるか外在的とみるか微妙であるが，法の実現すべ
き代表的な目的の一つとしてよく挙げられる法的安定性という価値をみておこ
う。

　法的安定性は，平和と同視され，法的正義と呼ばれることもあり，正義観念
に含ませることも不可能ではないが，やはり別個独立の価値とみて，むしろ正
義観念と対立するものと位置づけるほうが，その意義がわかりやすい。

　法的安定性は，一般に，法によって実現されるべき最小限の目的だとされて
いる。だが，その具体的な意味内容には，①法による安定性，つまり秩序・平
和の確立・維持という，権力による意志の貫徹可能性を意味する実力説的色彩
の濃いものから，②法自体の安定性，つまり実定法の内容が明確に認識できか
つ忠実に実現されているという，市民的自由や予測可能性と結びつくもの，さ
らに，③法の規定や解釈がみだりに変更されてはならないという，法の改廃に
対する保守的な安定を求めるものまで，かなり多様なものが含まれている。[1]

　法的安定性は，よく空気や水のようなものであり，無くなってはじめてその
有難味がわかるものだと言われるが，政情不安定な国々の惨状をみてもわかる

　1）　法的安定性の内容や位置づけについては，法的安定性を正義・合目的性と並ぶ
　　法の理念として掲げた G. ラートブルフ／田中耕太郎訳『法哲学』（東京大学出版会，
　　1961 年）第 9 章・第 10 章，同／野田良之＝阿南成一訳『法哲学入門』（『ラートブ
　　ルフ著作集第 4 巻』東京大学出版会，1961 年）第 2 章など参照。

ように，市民生活の安全安心や政治経済の円滑な作動にとって不可欠な基底的価値であることは否定できない。しかし，法的安定性を一方的に強調することは，"法と秩序"イデオロギーなどに典型的にみられるように，価値観が多元的に対立し流動状況にある場合には，法の運用を硬直化させ，実質的正義などに関する社会の新しい要求に眼を閉ざすことになりやすいことにも注意しなければならない。にもかかわらず，このような状況においてこそ，法的安定性が，法の存在理由として独特の重みをもって強調されなければならないこともまた事実であり，その位置づけにはなかなか複雑微妙なものがある。

2 主な正義観念と法

　法の目的と正義との関連についての以上のような一般的な理解をふまえ，次に，主な正義観念として，形式的正義，実質的正義，手続的正義，衡平（equity）という，法と密接な関連のある四つの観念を取り上げて，それぞれが実定法の内容やその実現とどのように関連しているかをみてみよう。

1　形式的正義
　形式的正義とは，「等しきものは等しく，等しからざるものは等しからざるように取り扱え」という，古くからの定式によって表現される純形式的な要請のことである。このような形式的正義は，いかなる人々ないし事例を等しいものとして同一のカテゴリーに属させるべきか，その各々に対して具体的にどのような取扱いをすべきかを決定する実質的規準については何も語らず，何らかのこの種の実質的規準を前提としてはじめて現実に機能するものである。このような意味において，形式的正義は，それ自体は不完全であり，決定的な指針を与えることはできない。だが，それにもかかわらず，あるいはそれ故に，実質的正義に関するすべての具体的原理に共通する要素として，正義観念の中枢的・恒久的・普遍的要素とみられ，実質的正義に関するさまざまな見解・解釈をめぐる議論の共通基盤を形作っている。
　形式的正義は，しばしば，どのような内容でも取り込める内容空虚な定式だと批判されることがあるが，このような批判は，形式的正義が，一定のルール

の存在，そのルールの一般性と公平な適用という，三つの相互に連関した普遍主義的要請を内含していることを正しく理解していない。形式的正義は，このような要請によって，実質的正義の具体的原理として正当に主張しうる内容に一定の限界を画するのであり，例えば，極端な利己主義や御都合主義などは，そもそも正義原理から排除されることになる。また，形式的正義のこのような要請自体が，実定法の内容と実現に対して独自の規制作用をもっていることも見落とされてはならない。実定法の内容自体の一般性や個別的事例への法の公平な適用について，純形式的な観点からだけでも，その正義・不正義を別個独立に論じることができるから，公権力行使における恣意専断を抑止し，社会生活における一定の予測可能性を確保することに役立っているのである。

2　実質的正義

　実質的正義とは，実定法の一般的規定の内容や判決などの具体的な法的決定の正当性を評価・判定する実質的な価値規準のことである。法について一般に正義・不正義が論じられる場合，このような実質的正義をめぐる議論であることが最も多い。

　実質的正義は，古代ギリシアのプラトンやアリストテレスなどにおいては，善き生き方と政治社会の包括的な理想像と同一視されていた。だが，現代では，イギリスの法哲学者 H. L. A. ハートやアメリカの政治哲学者 J. ロールズらのように，[2] この種の包括的な理想像の一部分として，あるいはそれとは別個独立に，政治的法的な権利・義務や社会経済的な利益・負担の適正な割当てを規律する特殊な価値原理とみるのが一般的となっている。もっとも，このように善き生き方の問題と社会的制度・行動の正・不正の問題を分ける見解に対しては，依然として根強い批判もある。この問題については，善（good）と正（right）の関係をどのように理解するかという倫理学上の争点ともからみあって，正義論の重要争点として議論が続いている。

　実質的正義と法の関係の理解にとって重要なことは，実質的正義は，それが

---

2)　H. L. A. ハート／長谷部恭男訳『法の概念』（筑摩書房，2014 年）第 8 章，J. ロールズ／川本隆史＝福間聡＝神島裕子訳『正義論 改訂版』（紀伊國屋書店，2010年）第 1 部・第 2 部参照。

問題となる社会関係の区分に対応して，社会成員間の利益と負担の割当てに関する配分関係における正義と，並列個人間の利得と損失の調整（侵害に対する賠償・救済や制裁をも含めて）に関する交換関係における正義とに分けて論じられてきていることである。この配分的正義と交換的（矯正的）正義の区分は，基本的には，アリストテレス『ニコマコス倫理学』第5巻における特殊的正義の二つの区分，すなわち，ポリスの市民間での名誉や財産などの配分に関わり，各人の価値に応じて異なりうる比例的（幾何学的）平等が要求される配分的正義と，市民間の相互交渉における不均衡の回復に関わり，関係者の価値を考慮に入れない算術的平等が要求される調整的（矯正的）正義の区分を承継発展させたものとみられている。

　近代法における公法・私法区分論のもとでは，配分的正義が公法の正義，交換的・矯正的正義が私法の正義とされ，交換的・矯正的正義は，社会成員全体に関わる一定の配分的正義を前提としつつも，配分的正義の問題とは切り離された次元で，特定個人間の利得と損失の個別的調整に関わるものと位置づけられていた。また，配分的正義が法外在的であって立法者の正義であるのに対して，交換的・矯正的正義は法内在的であって裁判官の正義であるとみられてきた。しかし，現代法のもとで，法の倫理化・社会化が説かれ，公法と私法の融合傾向が進むにつれて，私法の領域への配分的正義の影響が強まっており，契約法や不法行為法に制度化されている交換的・矯正的正義の独自の存在理由も問い直されている。

　配分的正義の一般的な定式は，"各人に□□に応じて"というものであり，この□□の具体的規準としてさまざまなものが提唱されてきている。古くから説かれてきている代表的なものは，各人の素質・能力・技量とか徳・卓越性など，個人のもつ資質・特性をさす「メリット（merit）」や，各人の貢献・努力・業績など，個人が行ったことの「功績（desert）」である。だが，このメリットと功績は，現実には区別がむずかしく，一定の賞罰によって報いるに値する個人の何らかの特性や行為を「正当な功績（due desert）」とまとめて，「功績原理」と呼ばれることが多い。現代では，功績原理を配分的正義の中心的規準とすることに対する批判もあるが，法の領域では，個人を責任ある選択・行為の主体として扱い，自律的人格の自己決定を尊重することが大原則となって

いるため，根強い影響力を持ち続けている。刑法の責任主義などがその代表的な事例である（第5章③参照）。

　このような伝統的な原理に対して，19世紀後半以降の社会的正義観念の台頭と結びつき，現代福祉国家のもとで広く受け容れられるようになった定式は，"各人にその必要（needs）に応じて"という「必要原理」である。必要原理は，元来は社会主義的なものとみられていたが，現代では，各人の責任に帰すことのできない理由による不平等をできるだけ是正するために，すべての人々にミニマムの社会経済的必要の充足の保障を要請する限りでは，具体的なミニマム基準設定やその保障方式については見解の重要な対立もあるが，立場の相違を超えてほぼ共通に支持されているとみてよい。福祉国家の役割や社会権的人権の保障は，基本的にこの必要原理によって正当化されている。

　配分的正義の実質的規準については，これらの定式の具体的内容として，あるいは，別個の規準として，多様な見解が展開されているが，実質的正義をめぐる現代の議論動向については，後ほどあらためて本章④で取り上げる。

3　手続的正義

　実質的正義が，決定の結果の内容的正当性に関する要請であるのに対して，手続的正義は，決定に至るまでの手続過程に関するものであり，その決定の利害関係者の各要求に対して公正な手続にのっとって公平な配慮を払うことを要請する。従来，手続的正義は，「目的は手段を正当化する」とか「結果よければすべてよし」などと言われ，実質的正義の実現の手段にすぎないとみられがちであった。だが，現代では，手続的正義の遵守自体が，その結果如何を問わず，別個独立の固有の価値をもつことが一般的に認められるようになっている。

　手続的正義は，もともと，決定における恣意専断を排除することによって一定の不正義を除去するという消極的機能を中心にとらえられ，その要請内容は，基本的に英米法における「自然的正義（natural justice）」の格率（「相手側からも聴くべし」「何人も自分自身の事件について裁判官となるなかれ」など）や「適正手続（due process）」の観念を基礎に形成されてきたものである。現代では，①当事者の対等化と公正な機会の保障（手続的公正），②第三者の公平性・中立性，③理由づけられた議論と決定（手続的合理性）という三側面に関する手続的要請

を中心に理解されている。ただ，これら三側面のいずれにウエイトをおくか，各々の手続的条件を具体的にどのように規定するかについては，かなり見解が分かれている[3]。

　手続的正義は，一般的ルールの公平な適用を要請する形式的正義と重なっており，混同されることもあるが，それに尽きるものではない。以上のような三側面に関する手続的要請には，関係者の人格に対する正当な関心と尊重に関わる一種の人権的価値によって基礎づけられている部分もある。刑事手続における被疑者・被告人の黙秘権の保障など，一定の手続的要請が，その結果如何を問わず，真実発見の妨げとなる場合ですら遵守されるべきとされるのも，このような実質的価値を手続的正義自体が内含しているからに他ならない。

　手続的正義は，もともとすぐれて法的な観念であり，その典型的なモデルも当事者主義的裁判手続に求められることが多い。だが，現代では，実質的正義論の混迷状況とも密接に関連して，法的過程以外でも，手続的正義の観念に重要な位置が与えられるようになってきている。実質的正義をめぐる現代の議論動向においても，一定のルールや手続に準拠した活動・決定が行われている限り，その個々の結果について正・不正はもはや問題にしないとする手続的正義の考え方が，立場の相違を超えて共通に重視されていることが注目される。

4　衡　平

　衡平は，個別的正義とも呼ばれ，アリストテレスも，正義の一種として，法が一般的であるが故に個別的事例で不都合な結果が生じる場合に，法を補正するものと位置づけていた。衡平は，実定法の一般的なルールをそのまま個別的事例に適用すると，実質的正義の観点からみて著しく不合理な結果が生じる場合に，その法的ルールの適用を制限ないし抑制する働きをする。法的安定性の犠牲において具体的妥当性を確保するものと言われることが多い。

　このような衡平は，実質的正義に関する社会各層の多様な要求を，個別的事例に即して裁判などの法実現過程に取り込みつつ，実定法的規準を創造的に継続形成してゆくための中枢的チャネルとして重視されている。

---

　3)　手続的正義をめぐる議論状況については，田中成明「手続的正義からみた民事裁判の在り方について」同『現代裁判を考える』（有斐閣，2014年）参照。

③ 法内在的目的としての合法性

1　合法性の理解をめぐって

　法と関連する主な正義観念の意義と相互関係を一通り概観したところで，そ
れをふまえ，法内在的な目的と言われ，法的正義（legal justice）とも呼ばれる
「合法性（legality）」について，基本的な事柄を説明しておこう。

　現代社会において法システムの機能が拡大し多様化するにつれて，法という
ものはさまざまな政策目標を実現するための手段・道具であるとみる法道具主
義的傾向が強まっている。法的な形式さえとれば，どのような政策目標の追求
も正当化できるとする，極端な法実証主義が説かれることもある。しかし，こ
のような見解に対しては，法システムが「法」として存立し作動するために不
可欠の最低条件ないし最適条件として，一定の法内在的な目的が存在すること
を強調する見解がある。第7章①で触れた現代自然法論の「自然法の実定法へ
の内在化」をめざす動向の基本的な主張であるが，アメリカの法哲学者 L. L.
フラーの見解がその代表的なものである[4]。

　フラーは，一種の手続的自然法として，
法の一般性，法律の公知性・明晰性・非
遡及性，自然的正義や適正手続などの手
続的正義，公権力機関による法律の忠実
な遵守などの一連の手続的原理を「合法
性」として掲げる。そして，このような
合法性は，英米において「法の支配」の
要請内容と了解されているものと大体同

フラーの合法性の基本的要請

1. 法の一般性
2. 公　　布
3. 遡及法の濫用の禁止
4. 法律の明晰性
5. 法律の無矛盾性
6. 法律の服従可能性
7. 法の相対的恒常性
8. 公権力の行動と法律との合致

じとみてよく，「法の内面的道徳」「法を可能ならしめる道徳」であり，法内在
的価値であるとする。彼は，このような合法性は，立法者や裁判官に目的・理
想を示すだけでなく，法システムの存立に不可欠な条件をも示しており，これ
らの要請のどれか一つでも全面的に損なわれると，もはや「法」システムと呼

---

4)　L. L. フラー／稲垣良典訳『法と道徳』（有斐閣，1968年），田中成明「『合法性』
　に関する法理学的考察」『現代の法哲学』（有斐閣，1981年）参照。

ぶことはできず，市民の服従義務も基礎づけることができないとみる。

　フラーによれば，合法性の要請は基本的に手続的なものであり，法外在的な実質的目的に対してたいていは中立的であるが，人間を責任を負う行為主体とみる点では中立的ではなく，このような人間の尊厳を損なう実質的目的を法システムによって追求することは許されないとされる。合法性の諸要請は，法によって追求できる実質的目的に一定の内容的制約を課すだけでなく，法や裁判による諸々の実質的目的の実現方式にもさまざまな手続的制約を課すのである。

　合法性を以上のように理解するならば，それは，極端な法実証主義者が言うように，決して法的手段によるいかなる社会的目的の追求をも正当化する形式主義的な法の機能様式ではなく，専断的権力の抑制や市民の自由の保障などの一定の自由主義的な実質的価値の確保・実現に関わるものであることがわかるであろう。法システムが合法性の基本的要請を少なくとも最低限充たしていない限り，実定法の形成・運用における恣意専断を実効的に抑止できないのみならず，そもそも人々の自主的な行動を適切に規律し，私人相互の活動に予測可能で安定した指針と枠組を提供することもできず，法による社会統制や活動促進という，基本的な社会的機能すら果たすことができないのである。これらの理由からみて，合法性を，法内在的な目的と位置づけるのが適切である。

2　「法による裁判」と法の「開かれた構造」

　以上のような合法性の諸要請を内在化した法システムは，予め公示された一般的な実定法規範を公平な手続によって具体的事件に個別的に適用するという裁判方式を中心に作動することになる。このような司法的裁判方式は，合法性の諸要請を個別的事例において確保・実現することを制度的に保障するものであり，とくに英米の法システムについては，「法による裁判（justice according to law）」として，合法性と並んで，法の支配の原理の根幹的な要請と位置づけられている。

　司法的裁判制度のもとでは，法が具体的にどのような実質的正義その他の目的を追求・実現すべきかをめぐる見解の対立は，基本的に立法段階で政治的に決着がつけられているという前提で，個々の裁判においては，その都度実質的な目的に直接照らして議論・裁定するのではなく，もっぱら実定法的規準に準

拠した「自立的な」議論・決定によって法的紛争を解決すべきであるとされている。それ故，一定の具体的内容を規定する法律が一旦制定されると，その個別的適用が問題となる裁判過程では，何らかの実質的正義に基づく他の具体的要求が政策論的にみていくら正しくとも，それが憲法を頂点とする実定法的規準全体と両立しない場合には，裁判過程のなかに直接取り込むことは，原則として制度的に許されない。

とはいえ，実定法規範のなかには，基本的人権を保障する憲法の条項や「公序良俗」「信義誠実」「権利濫用」などの一般条項のように，通常の法準則とは異なった「法原理」という規準が含まれており，実定法規範は，これらの法原理を通じて，正義原理などの政治道徳や社会の正義・衡平感覚に「開かれた構造」をもっていることに注意する必要がある。のみならず，法律は基本的に一定類型の事例を念頭において一般的抽象的に規定されているから，個々の具体的事例，とくに周縁的事例がそのような類型にあてはまるかどうか意見が分かれることや，時が経つにつれて立法当時には予想できなかった新たな法的問題が生じることも避けがたく，実定法規範はこのような意味でも「開かれた構造」をもっている。法規範のこのような「開かれた構造」の故に，裁判過程も，実質的正義の諸々の要求に対して，その限りでは開かれているのであり，一定の場合には，新たな立法措置を待たなくとも，一般条項・憲法条項などの法原理を活用して，判例による法形成を行い，衡平の実現のために一定の実質的正義の要求を裁判過程のなかに直接取り込むこともできるのである。個々のケースに即してこのような形で実質的正義の要求を適宜汲み上げ，社会的変化に対応して実定法的規準を創造的に継続形成してゆくことは，第10章②，第 11 章，第 12 章などで説明するように，裁判官・弁護士など法律家の重要な責務である。

---

5)　法原理の規範的な性質・機能などの法理論的位置づけをめぐる問題については，R. ドゥオーキン／木下毅＝小林公＝野坂泰司訳『権利論』（木鐸社，1986 年），深田三徳『法実証主義論争』（法律文化社，1983 年），亀本洋「法におけるルールと原理」同『法的思考』（有斐閣，2006 年）など参照。

4 現代正義論の動向

このように，実質的正義論の動向は，立法だけでなく裁判にも重要な影響を
及ぼしているから，法の実現すべき目的を理解するためには，さまざまな法的
問題と関連する実質的正義論の対立構図にも注意する必要がある。詳しい説明
はできないが，ごく大雑把な議論動向を紹介しておこう[6]。

1　価値相対主義と功利主義

20世紀中頃までは，M. ウェーバー，H. ケルゼン，G. ラートブルフらの新
カント学派に属する人々，B. ラッセルやA. J. エイヤーらの分析哲学者によっ
て提唱された価値相対主義が支配的であったため，学問としての実質的正義論
に懐疑的・否定的な傾向が強かった。価値相対主義は，何らかの原理的ないし
究極的な価値の客観的な妥当性を理論的に基礎づけたり正当化したりすること
は不可能であり，いずれの価値を原理的・究極的とするかは，各人の良心の決
断とか感情の選択にゆだねざるをえないという立場をとる。そして，原理的な
いし究極的な価値が多元的に並存しており，しかも，それらが等価値であると
主張し，寛容原理や民主制を価値相対主義の基礎ないし帰結だとして擁護する[7]。
わが国の戦後民主主義も，基本的にこのような価値相対主義によって正当化さ
れ支持されてきたとみてよいであろう。

このような価値相対主義は，科学的方法の論理必然的な帰結だとされ，正義
などの価値問題はイデオロギーの問題であり，学問はこのような「神々の争
い」（M. ウェーバー）にコミットすべきではないという風潮が支配的であった。
そして，学問がこのような価値相対主義的な禁欲的姿勢をとっている間，実際

---

6)　現代正義論の動向については，川本隆史『現代倫理学の冒険』（創文社，1995
年），平井亮輔編『正義』（嵯峨野書院，2004年），W. キムリッカ／千葉眞・岡崎晴
輝訳者代表『新版 現代政治理論』（日本経済評論社，2005年），田中成明『現代法
理学』（有斐閣，2011年）第12章など参照。
7)　価値相対主義のこのような主張内容とその批判的検討については，加藤新平
『法哲学概論』（有斐閣，1976年）第5章，田中『現代法理学』（前掲注6）345-354
頁）参照。

に法・政治・経済の領域で影響力をもったのは，価値相対主義とも親近性のある功利主義であった。

　功利主義は，イギリスのJ.ベンサムやJ.S.ミルらによって提唱され，"最大多数の最大幸福"という定式でよく知られている見解である。功利主義は，人々の幸福・快楽や不幸・苦痛あるいは欲求・選好などの効用計算の結果，効用の総量の最大化をもたらす行為・制度が正しいとする立場である。このような功利主義は，その原理が統一的で単純明快であり，現実主義的で経験主義的でもあるため，英米を中心に広く支持され大きな影響力を及ぼし，議会制民主主義，自由競争市場，刑罰制度だけでなく，福祉国家や社会経済政策など，政治的・経済的・法的等々の主要制度の構成・運用原理として支配的な位置を占めてきた。わが国も，その例外ではなく，功利主義の影響力は一般に考えられている以上に根強く広範に及んでいる。

　しかし，これらの価値相対主義や功利主義に対する批判も早くから存在していた。価値相対主義については，価値判断の真偽を事実判断と同じように客観的に検証できないとするその実証主義的な方法論的基礎に対して，正義など道徳的問題の合理的議論の進め方として狭すぎて不適切だという批判が強まっており，実践的議論の合理性基準を再構築することによって実践哲学の復権をめざす諸潮流が台頭してきている。[8] また，功利主義については，人々の多種多様な欲求をすべて効用という一元的な尺度で計算することがそもそも可能かどうか，仮に可能だとしても，それが適切かどうか，個々人の多様性や独自性を無視し，個人とくに少数者を社会全体ないし多数者の利益のために犠牲にすることになるのではないかといった批判や疑問をはじめ，いろいろな批判や疑問が投げかけられてきている。

2　多様なリベラリズム正義論

　正義論を，このような価値相対主義と功利主義の圧倒的支配状況から抜け出させ，規範的な実質的正義論の復権の口火を切ったのが，J.ロールズである。ロールズは，J.S.ミル『自由論』以来の名著だと言われている『正義論』

---

8)　田中『現代法理学』（前掲注6）355-376頁参照。

(1971年) において，功利主義にとって代わるべきリベラルな実質的正義論を「公正としての正義」と名付けて展開した。[9]

ロールズの正義論は，二つの原理から成り立っており，第一原理は，すべての人々に対する同様な自由と両立する限り，できるだけ広範な基本的諸自由への平等な権利を各人に保障すべきだとする「平等な自由原理」であり，第二原理は，社会経済的な不平等が正当化される条件として，最も不利な状況にある人々の利益を最大化することを要請する「格差原理」と，そのような不平等が機会の平等という条件のもとですべての人々に開かれた地位と職務に伴うことを要請する「公正な機会均等原理」を含んでいる。そして，このような正義の二原理の適用について，第一原理は第二原理に優先し，適正な社会的ミニマムが達成された後は，自由は自由のためにのみ制限されうるのであって，全体としての社会経済的利益の増進のために犠牲にされてはならないとする「自由の優先ルール」が付け加えられている。

ロールズのこのような正義論は，彼の独特の手続的正義論との巧みな組合わせによって，個人の基本的な自由の保障を損なうことなしに，社会経済的弱者の福祉にも配慮することによって，自由と平等の調和的実現をめざすものである。現代リベラリズムの代表的な正義論として，効用対権利，自由対平等という，その後の実質的正義論の展開の基本的な構図を作り上げ，大きなインパクトを及ぼしている。

とくに法の目的との関連では，ロールズの正義論以降，個人の一定の基本的な権利を他の諸々の社会的目標の追求・実現に優先する究極的価値として位置づける，反功利主義的な権利基底的（right-based）正義論が台頭し，アメリカだけでなくわが国でも，人権の理論的基礎づけや憲法訴訟などの法実務にも影響を及ぼしてきており，一種の自然権論の復権として注目される。もっとも，この陣営内でも，個人の基本権を具体的にどのように規定するかという問題に

---

9) J. ロールズ／川本＝福間＝神島訳『正義論〔改訂版〕』（前掲注2），同／田中成明＝亀本洋＝平井亮輔訳『公正としての正義 再説』（岩波書店，2004年）参照。ロールズの正義論とそれをめぐる議論については，Ch. クカサス＝Ph. ペティット／山田八千子＝嶋津格訳『ロールズ』（勁草書房，1996年），渡辺幹雄『ロールズ正義論の行方〔増補新装版〕』（春秋社，2000年），同『ロールズ正義論再説』（春秋社，2001年）など参照。

ついては，多くの立憲民主制諸国において自由権と社会権が人権保障の二本柱
となっていることに対応して，R. ドゥオーキンのように，「平等な配慮と尊重
への権利」を基底にすえ，福祉国家を支持する平等主義的傾向と，R. ノージ
ックのように，ロック的な自然権論を継承して，福祉国家などの拡大国家の正
統性を否定するリバタリアニズム（自由尊重主義）的傾向への両極分化がみら
れる。[10]

　リベラリズムは，全般的に平等主義的であり，福祉国家的な社会経済政策を
正当化する傾向が強いが，1970 年代後半から福祉国家批判が強まるにつれて，
個人の自由を非妥協的に擁護し，私有財産制や自由競争市場を最大限尊重する
個人主義的なリバタリアニズムが新自由主義の名のもとに台頭してきている。
そして，F. A. ハイエク，M. フリードマン，J. M. ブキャナンらの新自由主義
者が，イギリス・アメリカ・日本などで，行財政改革・民営化・規制緩和など
を推進する「小さな政府」論の理論的基礎を提供し，影響力を強めている。

3　リベラリズム正義論批判

　さらに，80 年代以降，以上のような基本的にリベラリズム内部の対立を超
えて，リベラルな正義論の個人主義的な前提や限界を原理的に批判する新しい
潮流が次々と台頭してきている。その代表的なものをみておこう。

　まず，共同体主義（communitarianism）が，全体的に，個人の自己決定の尊
重と特定の善の見方に対する国家の中立性という，リベラリズム正義論の原理
的要請自体を批判しはじめ，リベラリズム対共同体主義という，その後の正義
論の展開の対立構図を作り上げた。共同体主義の哲学的基礎や政治的傾向はか
なり多様であるが，それらにほぼ共通する特徴は，家族・地域などの共同体と
その歴史・伝統・文化を個人のアイデンティティの基礎として重視し，公共生
活への参加を通じて公民としての徳を涵養し，福祉などの共通善を社会連帯的
な絆のなかで実現しようとすることである。個人の権利や権限の増大を道徳的

10）　R. ドゥオーキン／木下＝小林＝野坂訳『権利論』（前掲注 5），同／小林公訳
　　『権利論 II』（木鐸社，2001 年），同／小林公＝大江洋＝高橋秀治＝高橋文彦訳『平
　　等とは何か』（木鐸社，2002 年），R. ノージック／嶋津格訳『アナーキー・国家・
　　ユートピア』（木鐸社，1992 年）など参照。

政治的進歩とみなすリベラリズムの「権利の政治」に対して，M. J. サンデル
が，リバタリアニズムは私的経済，平等主義は福祉国家をそれぞれ擁護するこ
とによって，企業経済と官僚国家の双方における権力集中を進め，公共生活を
支える中間的共同体を侵食することを批判し，公民的共和主義の再活性化を説
いていることなどが注目される。[11]

　フェミニズムは，リベラリズムに限らず，主流派正義論のほとんどが，男性
優位・中心の社会構造を当然の前提とする偏見にとらわれていることを批判す
る。とくにリベラリズムに対しては，その「性（ジェンダー）に中立的な」差
別是正アプローチでは，社会の現存の役割・地位に組織的に組み込まれている
アクセスの不平等自体を是正できないこと，また，その公私区分論には，正義
原理を成人男子中心の公的領域のみに適用し，私的領域である家族関係をその
適用外としているという限界があることなどを批判する。なかでも，C. ギリ
ガンが，個人の自律性・普遍的原理・一般的ルール・権利・公正などを重視す
る「正義の倫理」に対して，個別的関係への責任・互酬性・個性の尊重などを
特徴とする「ケア（care）の倫理」を提唱し，最終的には両倫理の統合を説い
ていることが，法理論の分野でも注目を集めている。[12]

　さらに，これら二つの潮流とも重なり合いながら，多文化主義（multi-
culturalism）が，多様な集団の文化的固有性の尊重と平等な配慮を求め，民
族・宗教・性差などの多様な文化的アイデンティティとその差異性の政治的承
認を要求して，グローバル化傾向に抗する独自のローカル化を推進しているこ
とも注目される。[13]

　法の目的との関連でとくに注目すべきことは，これらのポスト・モダンとも
呼ばれるリベラリズム批判の諸潮流が，個人の自律性・普遍的原理・一般的
ルール・権利・公正など，法において重要な位置を占めている観念に対して，
共同体的なつながりを解体し，女性や少数者集団あるいは非西欧社会などに抑

---

11)　M. J. サンデル／菊地理夫訳『自由主義と正義の限界〔第 2 版〕』（三嶺書房，
　　1999 年），同／金原恭子＝小林正弥監訳『民主制の不満（上）（下）』（勁草書房，
　　2010-11 年）など参照。
12)　C. ギリガン／岩男寿美子訳『もうひとつの声』（川島書店，1986 年）参照。
13)　W. キムリッカ／角田猛之＝石山文彦＝山崎康仕監訳『多文化時代の市民権』
　　（晃洋書房，1998 年）など参照。

圧的・差別的に働くことを厳しく批判していることである。リベラル・リーガ
リズム批判を共通の基調としており，「法化」の過剰を批判する「非＝法化」
あるいは「反＝法化」傾向の思想的背景を提供している。

　もっとも，これらの新しい潮流の具体的な主張内容は，かなり一面的で誇張
されているきらいもあり，いずれもリベラリズムにとって代わるだけの包括的
な理論とは言えない。けれども，法律家がとかく見落としたり軽視したりしが
ちな法的思考や法的問題解決の限界とか弊害に注意を喚起する鋭い指摘も含ま
れており，法律家は，このような批判にも謙虚に耳を傾け，法の役割の可能性
と限界を広い視野から柔軟に見定めるように努めなければならない。

　実質的正義をめぐる議論においては，現代でも，価値相対主義や功利主義が
依然として根強い影響力をもっており，効用対権利，自由対平等という，リベ
ラリズム内部の対立も続いており，そのうえに，これらのポスト・モダンの諸
潮流が台頭し，きわめて錯綜した状況にある。

　現代正義論の動向についてごく簡単なスケッチしかできなかったが，少し注
意深く時事的な政治道徳や社会経済の諸問題をめぐる論争をみておればわかる
ように，議論の的となっている法令の制定や運用をめぐる見解の対立には，以
上のような実質的正義論の対立構図と深く関連しているものが少なくない。法
の理解を深めるためには，実質的正義論の動向にも関心をもって法学を学んで
いただきたい。

第9章　裁判制度

1 法と裁判

1　法における裁判の位置

　裁判は，洋の東西を問わず，神話の時代から，典型的な法制度として，法の生成・発展過程において中枢的な位置を占めてきた。現代でも，裁判は，法システムの規範的・社会的機能や諸々の目的の実現において中心的な役割を果たしている。

　裁判の具体的な形態は，時代や社会によってかなり異なる。近代国家成立後の国内法システムにおいては，裁判は，予め存在する一般的な法規範を具体的事件に個別的に適用する司法作用とされ，国家権力の行使の一環として行われている。だが，歴史的には，裁判は，まず，社会的制度として，犯罪者の処罰や権利義務をめぐる紛争について，法的権威を認められた第三者が当事者などの関係者の主張を聴いたうえで裁定する手続として生成し発達してきた。そして，このような裁判は，必ずしも予め存在する一般的な法規範に基づくことなく行われ，むしろ，一般的な法規範の多くは，裁判例の積み重ねによって形成されてきたものである。

　裁判が国家的制度となり，国家の権力行使の一環として行われるようになった後でも，裁判は，現代のように，立法と司法の区別を必ずしも前提にしていなかった。また，裁判所の立法部・行政部からの独立も一般的ではなかった。例えば，中世の西欧では，裁判による法発見が立法の主要方式であり，司法と行政も未分離で，裁判が政治そのものであった。わが国でも，名裁判としてよく引き合いに出される"大岡裁き"のような解決が可能であったのは，行政と

司法が分離されておらず，江戸町奉行としての大岡忠相の職責が，司法・行政・警察の領域にまたがっていたからである。

現代では，ほとんどの自由主義諸国においては，裁判は規範論理的に立法の下位に立つ司法と位置づけられ，その機能も法適用作用に限定され，裁判所は立法部・行政部から制度的に独立し，その非政治的中立性が強調されている。このようになったのは，近代国家の成立と相前後して，統一的な実定法システムが整備され，モンテスキューが『法の精神』（1748年）で説いた権力分立制をはじめ，自由主義的な統治原理が確立された以降のことである。

モンテスキューは，当時のアンシャン・レジームのもとでの裁判の実情をふまえ，裁判権が立法権や執行権から分離していないと，権力が専断的となり裁判官が圧制者となり，「世の中できわめて恐ろしい裁判権」となるとみていた。そして，権力が権力を抑制してその濫用を防ぐためには，裁判権を立法権や執行権から分離し，裁判官を「法律の文言を語る口」にし，裁判権を「無に等しい」ものとすべきだ，と説いた。その後，彼の説いた権力分立論が各国でそれぞれの形で制度化されてゆき，司法的裁判の原型が形成されることになった。

2 司法的裁判の制度的特質

わが国も含め，現代の自由主義諸国の裁判は，基本的にこのような近代の司法的裁判の制度的仕組みを基礎にしている。わが国の裁判制度や裁判手続について説明する前に，まず，このような司法的裁判にほぼ共通してみられる原理的な制度的特質を確認しておこう。

司法的裁判の制度的特質は，規準・手続・対象の三側面における制約原理に即して統合的・立体的に理解することが重要である。

司法的裁判の制度的特質

- 規準面　一般的法規範の具体的事例への適用
- 手続面　裁判公開の原則，当事者主義
- 対象面　対立当事者間の具体的紛争の事後的個別的解決

(1) 司法的裁判の制度的枠組として最も重視されてきたのは，裁判は予め定

---

1) モンテスキュー／野田良之他訳『法の精神（上）』（岩波書店，1989年）第2部11編6章参照。

立・公示された一般的な法規範に準拠して，その適用という方式をとらなければならないという，規準面での制約原理である。

　個々の判決は，その裁判の対象となっている具体的事例に対して，法源として承認されている一般的な実定法規範を適用した結果として導き出されたものであることを，合理的な推論によって正当化できない限り，法的に正統な決定として承認されない。

　もっとも，裁判におけるこのような法適用の過程は，判決自動販売機のたとえのように，一定の事例を投げ入れると，機械的に正しい判決が出てくるといったようなものではなく，後ほど第11章・第12章で詳しく説明するように，かなり複雑なものである。

　実定法規範についても，裁判の対象となっている事例に適用可能な法規が複数存在していたり，法規の内容の解釈について意見が対立したりする場合には，個々の裁判において適用すべき法規を選択しその意味内容を解釈して具体的に確定しなければならない。また，適用すべき法規が存在しない場合，民事裁判では，裁判拒否は許されないから，裁判官は，実定法規範を各種の技法を用いて継続形成し，適切な裁判規範を確定して何らかの判決を下さなければならない。

　現代では，法の継続形成だけでなく，法の解釈も，「法創造」と呼ぶかどうかはともかく，「創造的」活動であることは一般的に認められている。しかし，いずれの場合でも，少なくとも論理的には，個々の判決に先行して一定の一般的規準をまず確定して，それを個別具体的事例に適用するという方式をとることが，司法的裁判の制度的要請とされている。

　(2)　司法的裁判の特質としては，従来，以上のような規準面の制約原理だけを切り離して取り上げられがちであった。だが，裁判が原則として公開の場で当事者主義に基づいて行われなければならないという手続面の制約原理も，裁判の公正や正統性の確保において，法的な実体的規準の適用という制約原理と内的に関連し合って，それに優るとも劣らない重要な役割を果たしている。

　裁判の公開は，近代的な裁判制度の確立過程において，裁判官の恣意専断を抑止し人々の自由と権利を保護するために，裁判所と裁判官の独立と並んで，強く要請されたものである。裁判の公開は，現代の自由主義諸国では「裁判を

受ける権利」の不可欠の要請内容とされており，わが国の憲法でも，82条1項で「裁判の対審及び判決は，公開法廷でこれを行ふ」と規定され，裁判公開の原則がうたわれている。

　他方，当事者主義とは，裁判において何をどのように争うか，主張と立証のイニシアティヴと責任を両当事者にゆだね，裁判官は，基本的に中立的なアンパイアとしての立場から，当事者間の弁論活動を整序しつつ審理を進め最終的にその優劣を判定するという審理方式である。当事者主義は，弁論主義とも呼ばれ，裁判官が主導権をとって審理を進める職権主義と対立する方式である。沿革的には，当事者主義が英米法型，職権主義が大陸法型だと言われている。わが国の現行裁判制度は，民事裁判だけでなく刑事裁判も，当事者主義を基調としているが，迅速・適正な裁判を確保するために，いずれも，訴訟の進行に関しては職権主義がとられている。

　(3)　以上のような規準・手続面の制約原理に比べて見落とされがちであるが，裁判の対象が，対立当事者間の具体的な権利義務ないし刑罰権の存否に関する紛争の事後的個別的解決に限定されていることも，裁判の果すべき役割の可能性や限界を規定するきわめて重要な特質である。

　司法的裁判の対象がこのように具体的紛争の事後的個別的解決に限定されているため，不特定多数の人々の利害に関わる一般的な政策問題や，将来生じるかもしれない架空の抽象的な紛争については，間接的に考慮される場合もあるが，これらの一般的抽象的な事柄の解決自体は，本来，裁判の直接の対象として予定されていない。また，一定の判決が訴訟当事者の将来の生活や人間関係などにどのような影響を及ぼすかということにも，第二次的な関心しか払われない。さらに，裁判は，決してナマの具体的紛争全体を解決するものではなく，対立当事者間の法律上・事実上の争点について法的観点からのみ判断する仕組みになっている。

　このように，裁判による法的解決はあくまでも部分的で一面的なものであるという限界を認識することが重要である。しかし同時に，司法的裁判の対象がこのように限定されているからこそ，当事者主義的な法廷弁論によって合理的な議論ができ，裁判官も一定の方法・手続にのっとって多種多様な事例を扱い，判決で黒白をはっきりと裁定することが可能となるのである。裁判の機能拡大

の可能性と限界を検討するにあたっても，このようなメリットとデメリットが表裏の関係にあることをつねに念頭においておく必要がある。

　民事紛争解決において，判決以外に，和解や調停が広く用いられ，各種の裁判外紛争解決手続（ADR）が設けられていること（第10章③参照），犯罪に対して通常の刑事司法手続に従って刑罰を科さずに，警察の微罪処分，検察官による起訴猶予処分など，各種の「ディヴァージョン」がほとんどの国で行われていること（第5章③参照）などは，以上のような裁判による法的解決の限界をふまえた対応である。

② わが国の裁判制度

1　日本国憲法下の裁判制度の特徴

　次に，以上のような司法的裁判の基本的特質が，わが国の裁判制度において具体的にどのように制度化されているかをみておこう。

　わが国の現在の裁判制度の骨格は，明治憲法のもとで基本的にドイツの制度を継受して形成されたが，戦後の日本国憲法のもとで，アメリカの制度の強い影響を受け，権力分立制を徹底して「法の支配」を確立し，人権保障を拡充強化することをめざして再編成された。その主な改革は，次のようなものである（第4章② 3参照）。

　(1)　明治憲法のもとでは，裁判官・検察官の人事をはじめ，司法行政の監督権は司法大臣に属していたため，司法権の独立は制度的に必ずしも十分に保障されていなかった。戦後の改正によって，最高裁判所を頂点とする司法裁判所が，行政部から完全に切り離され，司法省は廃止されて，裁判所と検察庁も分離され，最高裁判所に規則制定権（「訴訟に関する手続，弁護士，裁判所の内部規律及び司法事務処理に関する事項について，規則を定める権限」（憲法77条1項））や独自の司法行政権が与えられ，司法権の独立が強化された。

　(2)　明治憲法のもとでは，大審院を頂点とする司法裁判所は，民事事件と刑事事件の裁判権のみをもち，行政事件の裁判権は別系統の行政裁判所によって行われていた。戦後の改正によって，通常の司法裁判所に，行政事件をも含めて一切の法律上の争訟を裁判する権限が与えられ，従来の行政裁判所は廃止さ

れ，行政機関による終審裁判は禁止された（憲法 76 条）。

(3)　憲法 81 条によって，裁判所に対して「一切の法律，命令，規則又は処分が憲法に適合するかしないかを決定する権限」である違憲審査権が認められたことも，立法・行政に対する司法の地位を飛躍的に高めることになった。

この違憲審査制には，大きく分けて，二つの型がある。その一つは，ドイツなどのように，憲法裁判所という特別の裁判所を設け，具体的事件と関わりなく一般的・抽象的に憲法判断を行わせるという，憲法の保障に重点をおいた抽

戦後裁判制度の主な改革

❶ 司法権の独立の強化
　　司法省の廃止，裁判所と検察庁の分離，
　　最高裁の規則制定権・司法行政権
❷ 裁判権の拡大
　　行政裁判所の廃止
❸ 違憲審査制の導入
　　付随的違憲審査制・司法裁判所型

象的違憲審査制・憲法裁判所型である。もう一つは，アメリカなどのように，通常の司法裁判所に，民事・刑事などの具体的事件の裁判の前提として必要な限りで，関連する法令などの合憲・違憲を判断させるという，個人の基本権の保護に重点をおいた付随的違憲審査制・司法裁判所型である。日本国憲法がこのどちらの制度をとっているのかについて，当初は学説の争いもあった。

この問題については，1951 年に自衛隊の前身である警察予備隊が設置された際に，当時の日本社会党の委員長が，個人として，「戦争を放棄し，戦力を保持しない」とうたった憲法 9 条 2 項違反であると主張して直接最高裁判所に訴えを提起した。この警察予備隊違憲訴訟に対して，昭和 27 年（1952 年）10月 8 日最高裁大法廷判決（最高裁判所民事判例集 6 巻 9 号 783 頁）は，「わが現行の制度の下においては，特定の者の具体的な法律関係につき紛争の存する場合においてのみ裁判所にその判断を求めることができるのであり，裁判所がかような具体的事件を離れて抽象的に法律命令等の合憲性を判断する権限を有するとの見解には，憲法上及び法令上何の根拠も存しない」と判断し，訴えを却下した。アメリカ型の付随的違憲審査制をとっているというこのような最高裁の見解が，判例となっているだけでなく，学説でも通説となっている。

しかしながら，以上のような日本国憲法による裁判制度の構造的改革を支える制度的整備は，必ずしも徹底したものではなかった。そのため，行政優位のドイツ型法運用の基調が受け継がれ，行政訴訟などにおいて行政に対する司法

的コントロールには概して消極的であり，また，違憲審査権の行使の仕方もアメリカとは大きく異なっている。さらに，日本の伝統的な法文化の影響も根強く残っており，裁判制度を支える法曹の人口も少なく，人的基盤の整備は不十分なままであった。これらの事情が相まって，わが国の裁判制度は，憲法の制度的理想通りには機能しない状況が続き，ようやく半世紀後に，抜本的な司法制度改革が行われることになったのである。

2　裁判所の組織

　憲法76条1項は，「すべて司法権は，最高裁判所及び法律の定めるところにより設置する下級裁判所に属する」と規定しており，このような下級裁判所として，高等裁判所，地方裁判所，家庭裁判所及び簡易裁判所という4種類のものがある（133頁図参照）。

　まず，最高裁判所は，司法権の最高機関であり，違憲審査権を有する終審裁判所であることから，"憲法の番人"とも呼ばれている。最上級の裁判所として，上告及び特別抗告[2]について裁判権をもつ他，訴訟手続などに関する規則制定権，下級裁判所裁判官の人事などの司法行政権をもっている。最高裁は，最高裁長官と14名の裁判官，計15名によって構成される。最高裁の審理及び裁判は，全員の裁判官の合議体である大法廷，または，それぞれ5名の裁判官の合議体である小法廷で行われるが，法令などの違憲判断と最高裁の判例変更は大法廷で裁判することになっている（裁判所法10条）。また，最高裁の裁判書には，少数意見をも含めて，各裁判官の意見を表示することになっている（同法11条）。なお，最高裁には，判事から任命される約30名の最高裁調査官がおり，事件を担当する各裁判官を補佐して，割り当てられた事件記録全体を精査し，学説・判例，外国の事例などを調査して，主任裁判官に報告するという役割を果たしている。

　次に，高等裁判所は，下級裁判所のなかで最上級に位置する裁判所であり，東京，大阪，名古屋，広島，福岡，仙台，札幌，高松の8ヵ所に置かれている。

---

2)　特別抗告とは，判決以外の簡易な裁判である決定や命令に対して，一定の要件のもとで憲法違反などを理由に最高裁判所へ不服申立てのできる制度（民事訴訟法336条，刑事訴訟法433条など）。

高裁は，地方裁判所などの判決に対する上訴事件を主に扱い，原則として3名の裁判官からなる合議体で審理する。なお，2005年から，知的財産高等裁判所が，東京高裁の特別の支部として設置され，特許権・商標権など知的財産に関する事件の控訴事件を専門に担当することになった。

　地方裁判所は，全国50ヵ所にあり，原則的な第一審裁判所であるが，簡易裁判所の判決に対しては第二審裁判権をもっている。地裁の事件は，単独裁判官又は3名の裁判官からなる合議体のどちらかで扱われる。

　家庭裁判所は，地方裁判所の所在地と同じところにあり，地方裁判所とほぼ同格である。夫婦関係や親子関係の紛争など家事事件についての調停や審判，罪を犯した未成年者等に対する少年事件の調査や審判を行っている他，2003年の法改正により，婚姻関係・養子縁組・親子関係など身分関係の形成・確認を目的とする人事訴訟も扱うことになった。また，通常の裁判官の他に，弁護士から任命される非常勤の調停官（いわゆる非常勤裁判官），心理学などの専門的知識を活用して事実調査にあたる家裁調査官，民間人から選任される非常勤の家事調停委員・参与員などが関与する。

　簡易裁判所は，2022年8月現在，全国438ヵ所にあり，少額軽微な訴訟事件について第一審の裁判権をもっており，単独で事件を扱い，手続も簡略化されている。民事事件については，訴訟の目的となる物の価額が140万円を超えない事件，債務者を調べないで金銭の支払命令を出す督促手続，60万円以下の金銭請求事件について，原則として1回で審理を終え直ちに判決を言い渡す少額訴訟手続などを扱う。刑事事件については，罰金以下の刑にあたる罪，選択刑として罰金が定められている罪その他一定の定型的で軽微な犯罪についての事件，100万円以下の罰金・科料ですむ略式命令手続，交通事件即決裁判手続を扱う他，逮捕状などの令状の発布も行い，実際上重要な役割を果している。

　以上のような裁判所相互間には，上下の関係があるが，行政機関の場合とは異なり，司法権の行使について下位の裁判所が上位の裁判所から一般的な指揮命令を受けるという関係に立つわけではなく，いずれの裁判所もそれぞれ独立して直接司法権を行使する。裁判所間の上下の関係とは，審級関係であり，下級審の裁判に不服な訴訟当事者が上級審に不服を申し立てた場合，上級審は，反復して審理し，理由ありと認めた場合には，下級審の裁判を取り消したり変

更したりすることができる上訴制度における序列のことである。このような上訴制度は，慎重に審理することによって誤判を防いだり，判例の統一をはかったりするための仕組みである。わが国の場合，審級制度は，第一審の判決に不服な場合，原則として，控訴により第二審，さらに上告により第三審の裁判を受けることができる三審制度がとられている[3]（右図参照）。

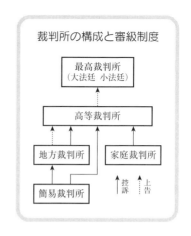

審理方式は，事実の認定に関する事実問題と法律の解釈適用に関する法律問題とをあわせて審理する「事実審」と，事実審の裁判について事後的にその法律問題だけを審理する「法律審」とに分けられる。刑事裁判の場合，第一審は事実審，控訴審は，事実誤認と量刑不当を審理するときに限り事実審で，一般には法律審であり，上告審は原則として憲法違反・判例違反の有無を審理する法律審である。民事裁判の場合は，第一審と控訴審が事実審で，上告審は法律審であり，少し異なっている[4]。

③ 裁 判 手 続

主な裁判手続の大体の流れと基本原則をごく簡単に説明しておこう。

1 民 事 裁 判

貸金の返還請求など私人間の紛争について，自主的に解決できない場合，原

---

3) 控訴・上告は判決に対する上訴方法であり，判決以外の裁判（決定や命令）に対する上訴方法は抗告である。また，上訴制度とは別個の制度として，一度確定した終局判決に対する救済手続である再審制度があり，一定の要件のもとで確定判決の取消しと事件の再審理を求めることができる。

4) 1996年の改正により，最高裁の負担を軽減し，重要な事件の審理を充実させるために，憲法違反などを理由とする上告の他は，最高裁が法令の解釈に関する重要な事項を含むと認めた場合にのみ上告を受理する上告受理制度・裁量上告制度が認められた（民事訴訟法318条）。

告が訴状を裁判所に提出し，受理されると，民事訴訟手続が開始される。裁判所は，第一回口頭弁論期日を指定して当事者双方を呼び出すとともに，被告に訴状に対応する答弁書（準備書面）の提出を要求する。第一回口頭弁論期日には，公開の法廷で原告の訴状の陳述と被告の答弁書の陳述が行われることになっているが，実際上は「書面の通り陳述します」と言って書面を交換するだけの場合が多い。民事裁判は，弁論主義をとっており，被告が原告の請求内容を認めたり争わなかったりした場合には，証拠調べをすることなく判決をすることになるが，当事者間に争いがある場合には，争点整理をしたうえで，当事者の提出する証拠を取り調べることになる。なお，審理の充実・迅速化をはかるために，2003年の民事訴訟法改正により，複雑な事件についての計画審理の義務づけ，訴えを提起する前の新たな証拠収集方法の導入などが行われた。

争点整理手続については，1996年の民事訴訟法改正で，充実した審理を迅速に行うために，従来からあった準備的口頭弁論をラウンド・テーブル方式などによって充実させるとともに，いわゆる弁論兼和解のメリットを取り入れて，[5]新たに弁論準備手続を創設し，さらに，裁判所に出頭せずに書面の交換や電話

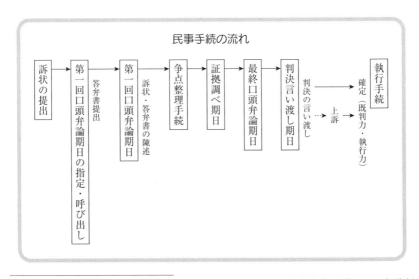

民事手続の流れ

訴状の提出 → 第一回口頭弁論期日の指定・呼び出し → [答弁書提出] 第一回口頭弁論期日 → [訴状・答弁書の陳述] 争点整理手続 → 証拠調べ期日 → 最終口頭弁論期日 → 判決言い渡し期日 → [判決の言い渡し] 確定（既判力・執行力）／[上訴] → 執行手続

---

5) 和解兼弁論とも呼ばれ，民事訴訟法上の明文規定の基礎をもたず，1970年代以降実務で広く行われていた争点整理のための審理方式。和解室や準備室など，法廷以外の場所で，裁判官の主宰のもとに，当事者が実質的に弁論を行い，争点を整理しつつ，和解も試みられた。

会議などで行う書面による準備手続も整備し，手続が多様化された。

　証拠調べの方法としては，契約書などの書証の取調べ，争いの対象となっている土地などの検証，医師など専門的な知識・経験をもつ第三者が評価する鑑定，第三者の証言を求める証人尋問，当事者本人の陳述を求める当事者尋問がある。そして，十分な証拠調べがなされ，判決をするのに熟したと裁判所が判断したときに，口頭弁論は終結され，判決が下される。

　判決は，上訴されない限り，確定し，このような確定判決は，既判力をもち，原告も被告も同じ事実について裁判で争うことはできなくなる。また，その判決が，例えば「500万円を支払え」といった一定の給付を命じる内容のものである場合には，その判決に基づいて強制執行を行うことができ，これを判決の執行力という。

　以上が典型的な民事裁判の流れの概要であるが，家庭裁判所が扱う民事事件に，家事審判という非訟事件があり，家事事件手続法によって，通常の民事訴訟と異なる手続で審理される。家事審判の対象となる事項は，家事事件手続法39条および別表第1・第2において，成年後見開始・特別養子の成立・遺言書の検認など，争訟性のない別表第1事件と，離婚の場合の親権者の指定・財産分与や遺産分割など，争訟性があり，対立する当事者がいる別表第2事件とに分類されており，別表第2事件の家事審判を申し立てる前には家事調停が行われなければならないとされている（調停前置主義）。これらの家事紛争は，紛争の性質上関係者のプライバシーを保護するため，審理は非公開で，職権探知主義によって行われ，また，家庭裁判所調査官に事実の調査をさせることができる。

2　行政裁判

　行政裁判は，明治憲法のもとでは司法裁判所とは系列を異にする行政裁判所の管轄とされていたが，現行制度のもとでは，通常の司法裁判所の管轄とされており，行政事件訴訟法7条は「行政事件訴訟に関し，この法律に定めがない事項については，民事訴訟の例による」と規定している。それ故，行政裁判は，もはや民事訴訟や刑事訴訟と並ぶ独自の訴訟類型としてではなく，基本的に民事訴訟の一変種と位置づけることが適切とみる見解もある。しかし，行政事件訴訟法自体が，重要な制度上の特例を認めているだけでなく，裁判実務でも，

行政の固有性・独自性を重視して，国民の権利利益の保護や救済に概して消極的な姿勢がとられ続けてきており，行政裁判は，裁判所の過度の司法消極主義が典型的にみられる領域として批判されている。

　行政訴訟の類型は，行政事件訴訟法3条から6条に規定されている。行政処分・裁決の取消しや無効などを求める「抗告訴訟」，土地収用や公務員の地位確認とか社会保障給付請求などに関する「当事者訴訟」，選挙無効を訴える選挙訴訟や地方自治体の住民がその長等に違法な公金支出の返還を求める住民訴訟などの「民衆訴訟」，国または公共団体の機関相互間の権限に関する「機関訴訟」の4種類がある。抗告訴訟，当事者訴訟が，自己の権利利益の保護を目的とする「主観訴訟」であるのに対して，民衆訴訟，機関訴訟は，客観的な法秩序維持のための「客観訴訟」であり，客観訴訟の裁判は，本来の司法権の行使である法律上の争訟の裁判ではなく，法律によって裁判所に付与された権限であるとされている。

　行政事件訴訟法は，行政訴訟について幾つかの民事訴訟と異なった特例を設けている。それらのうち，裁判所が必要と認めれば，職権で証拠調べができるとする24条，処分・裁決を取り消す判決は，第三者に対しても効力をもつとする32条1項については，行政訴訟の特性に配慮した規定として異論なく認められているが，次の二つの規定には批判がある。

　その一つは，内閣総理大臣が「公共の福祉に重大な影響を及ぼすおそれのある事情」を理由に示して異議を述べれば，裁判所は執行停止をすることはできず，また，執行停止の決定がなされていた場合にはその決定を取り消さなければならないとする27条の規定である。憲法違反だという意見もある。

　もう一つは，31条が「取消訴訟については，処分又は裁決が違法ではあるが，これを取り消すことにより公の利益に著しい障害を生じる場合において，原告の受ける損害の程度，その損害の賠償又は防止の程度及び方法その他一切の事情を考慮したうえ，処分又は裁決を取り消すことが公共の福祉に適合しないと認めるときは，裁判所は，請求を棄却することができる」と，いわゆる事情判決の制度を認めていることである。この制度は，衆議院議員定数不均衡訴訟に類推適用されていることもあって，制度自体だけでなく，具体的な運用の当否についても批判がある。[6]

行政裁判については，その制度的な仕組みだけでなく運用実態に関してもさまざまな批判があり，先般の司法制度改革において，これらの批判にも配慮して，司法の行政に対するチェック機能を強化するために幾つかの重要な改正が行われたが，その内容については後ほど第 10 章① 2 で紹介する。

3 刑 事 裁 判

刑事手続は捜査から始まり，警察が，被疑者を逮捕したり証拠を収集したりして，事件が一応固まると，検察庁に送られる。検察庁でさらに捜査を続け，その事件を起訴するのが適当だと判断すれば，裁判所に起訴状を提出して公訴を提起し，刑事裁判が開始されることになる。このような捜査手続について，逮捕・勾留や捜索・押収等の強制処分は，刑事訴訟法に特別の規定がある場合しか行うことができないという法定主義がとられ，さらに，原則として裁判官の発する令状に基づかなければならないという令状主義がとられていることと，検察官のみが公訴権をもち，しかも，検察官に起訴するか否かの裁量権を認めるという，起訴独占主義と起訴便宜主義がとられていることが，わが国の制度

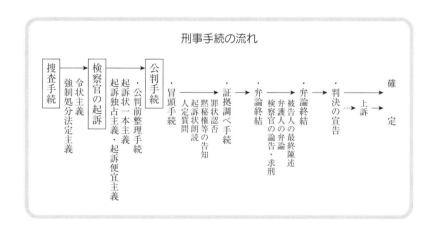

6) 最高裁判所が，衆議院議員定数不均衡訴訟判決（昭和 51 年 4 月 14 日大法廷判決・最高裁民事判例集 30 巻 3 号 223 頁など）において，当該選挙を違憲違法であると宣言するにとどめ，選挙自体を無効としないとするにあたって，この事情判決の制度を類推適用し，その後も同様の判決を繰り返していることが，問題とされている。

の特徴である。[7]

　公判手続における当事者主義の原則を徹底するために，捜査と公判手続をはっきりと分け，裁判所が事件について予断をもたずに公平に中立的な判断ができるように，いわゆる起訴状一本主義がとられている。起訴にあたっては起訴状だけを提出し，証拠は後で証拠調べの段階ではじめて提出することになっている。2004年の刑事訴訟法改正によって，裁判所は，充実した公判の審理を継続的・計画的かつ迅速に行うために必要があると認めるときには，第1回公判期日前に，事件の争点及び証拠を整理するための公判準備として，公判前整理手続を行うことができるようになった（刑事訴訟法316条の2以下）。

　公判手続は，大きく分けて，冒頭手続，証拠調べ手続，弁論手続，判決の宣告手続の順序で進められる。まず，冒頭手続では，被告人が公訴を提起された者に間違いないかどうかを裁判官が確かめる人定質問，検察官による審判の対象を明らかにする起訴状朗読，裁判官による黙秘権等の権利の告知，被告人・弁護人による事件の争点を明らかにする罪状認否が行われる。

　次いで，証拠調べ手続では，最初に検察官側の立証が行われるが，刑事事件については「疑わしきは被告人の利益に」という原則がとられているから，まず検察官が，証拠によって起訴状に記載した具体的な犯罪事実（公訴事実）の存在を合理的な疑いを容れない程度にまで証明する必要がある。検察官がまず有罪を証明するためのさまざまな証拠の取調べを請求し，裁判所は，被告人側の意見を聴いたうえで，それらの証拠を採用するかどうかを決定する。証拠には，人証，物証，書証の3種類があり，それぞれの証拠ごとに取調べの仕方が法律に定められている。自白や伝聞証拠の証拠能力に種々の制約があり，民事訴訟よりは厳格な証明が要求されている。証拠の収集や提出などの訴訟活動を当事者双方にゆだねる当事者主義が原則であるが，人権保障や実体的真実の発見にも留意されており，例外的に裁判所が補充的・後見的な立場から職権で証拠調べを行うことができることになっている。

　証拠調べ手続が終わると，弁論手続が行われる。まず，検察官が論告・求刑を行い，それに対して，弁護人が弁論を行い，最後に被告人の最終陳述が行わ

---

7)　検察官の起訴裁量権の適正な行使に民意を反映させる制度である検察審査会については，第14章③2参照。

れる。これが終わると，結審となり，判決の宣告手続に進み，判決の言渡しが行われる。判決に不服のある当事者は，控訴することができ，さらに控訴審の判決に不服な場合には，上告することができる。

　以上のような刑事裁判手続については，身柄を長期間拘束して自白などの供述をさせる手法を中心とする捜査や，職業裁判官が警察・検察のこのような取り調べに基づいて作成された供述調書を中心に犯罪事実を解明・認定する審理など，"人質司法"，"調書裁判"と呼ばれる実態を指摘して，必ずしも制度的理想通りに運用されていないことに対する強い批判があった。先般の司法制度改革により裁判員制度などが導入されたことによって，従来の捜査スタイル・審理慣行がどのように転換されるか，注目されているが，裁判員制度については，第14章③2であらためて取り上げる。

　以上が通常の刑事裁判手続であるが，犯罪を犯した14歳以上20歳未満の少年，14歳未満で刑罰法令に触れる行為をした少年，将来犯罪を犯す虞のあるような少年については，少年法に基づいて，家庭裁判所で少年事件として，別個の扱いがなされる。家庭裁判所は，少年事件を受理すると，まず，家裁調査官が，少年や保護者その他の関係者から事情を聴いたり心理テストを行ったりして調査を行う。その調査に基づいて非公開の少年審判手続が開始されるが，審判には，呼び出しを受けた少年とその保護者が出席し，家裁調査官，付添人（多くは弁護士），保護司などが出席することもある。また，少年が犯行を否認している場合など非行事実の存否が争われる一定の重大な事件においては，裁判所の判断で検察官を出席させることもある。

　審判の結果，保護観察，児童自立支援施設又は児童養護施設送致，少年院送致などの保護処分が言い渡されるが，保護処分に付する必要ま
でない場合は，裁判官が訓戒などの指導をした上で処分しないケースもある。14歳以上の少年については，刑事裁判によって処罰するのが適当であるとされた場合には，事件は検察官に送り返され（逆送），検察官は原則としてその事件を起訴しなければならない。

　民法改正により2022年4月から成年年齢が従来の20歳から18歳に引き下げられることに対応して，少年法が改正され，18歳・19歳の者も「特定少年」として引き続き少年法の適用対象とし，すべての事件を家庭裁判所に送って原

則として更生のための保護処分を行うという基本的な枠組は維持しつつ，特定少年の検察逆送事件と実名報道に関して17歳以下の少年とは異なる特例が規定された。原則逆送対象事件は，従来は，故意の犯罪行為により被害者を死亡させた罪の事件とされていたが，特定少年については，死刑，無期又は短期（法定刑の下限）1年以上の懲役・禁錮に当たる罪の事件が追加された。また，従来は，犯人が誰であるか分かるような記事・写真等の報道（推知報道）は原則として禁止されていたが，特定少年については，逆送されて起訴された場合は，略式手続の場合を除き，推知報道の禁止が解除されることになった。

第10章　裁判の機能

1 裁判に対する期待と現実

1　裁判に期待されている役割

　日本国憲法のもとで裁判に期待されている基本的な役割は，「法の支配」の確保と実現ということであり，そのために裁判が制度上具体的にどのような機能を果たすべきかは，憲法・裁判所法・各種の訴訟法などの実定法規によって規定されている。しかし，裁判に対して現実にどのような役割が期待され，裁判が実際にどのような機能を果たすかは，裁判を直接に担う裁判官や弁護士などの姿勢・力量，裁判を取り巻く政治社会の現状，社会の裁判に対する期待などによって相当程度左右される。憲法・法律の規定，裁判所の組織，裁判手続など，規範面や制度面がほぼ同じようなものであっても，裁判を担う主体面や技術面，さらに政治社会的状況が異なれば，裁判の現実の機能も異なることがある。実際，わが国の裁判が現実に果たしてきた機能は，日本国憲法のもとでの裁判制度の再編成に大きな影響を与えたアメリカの裁判所などと比べると，相当の相違がみられる。

　このような状況を，立法・行政のチェック機能と紛争解決機能という，「法の支配」のもとで裁判に期待されている主な役割としてよく挙げられる二つの機能についてみてみよう。

2　立法・行政のチェック機能

　違憲審査権は，アメリカの制度を導入した典型的事例である。アメリカの場合，連邦最高裁判所は，違憲審査権をかなり積極的に行使してきており，例え

ば，ニュー・ディール期に各種の社会経済立法に対して次々と違憲判決を下したり，また，1950 年代から 60 年代にかけて学校教育などの領域における人種差別の撤廃を推進する一連の違憲判決を下したりしたことはよく知られているところである。連邦最高裁は，このように，しばしばいわゆる司法積極主義の立場をとって，大統領や議会と違った独自の姿勢を示し，政治的に重要な役割を果たしてきている。

　それに対して，わが国の最高裁がこれまで 75 年程の間に下した違憲判決は，法令の規定自体を違憲とする「法令違憲」だけでなく，法令の規定は合憲だが当該事件の当事者に適用する限りで違憲とする「適用違憲」を含めても，きわめて少ない。これまで下された法令違憲判決には，別表のようなものがある。適用違憲判決については，該当するかどうか意見が分かれているものもあるが，強制調停違憲判決（昭和 35 年 7 月 6 日民集 14 巻 9 号 1657 頁），第三者所有物没収事件判決（昭和 37 年 11 月

> **最高裁判所の法令違憲判決一覧**
> - 尊属殺人重罰規定
>   （昭和 48 年 4 月 4 日刑集 27 巻 3 号 265 頁）
> - 薬事法距離制限規定
>   （昭和 50 年 4 月 30 日民集 29 巻 4 号 572 頁）
> - 衆議院議員定数配分規定
>   （昭和 51 年 4 月 14 日民集 30 巻 3 号 223 頁）
> - 衆議院議員定数配分規定その 2
>   （昭和 60 年 7 月 17 日民集 39 巻 5 号 1100 頁）
> - 森林法共有林分割制限規定
>   （昭和 62 年 4 月 22 日民集 41 巻 3 号 408 頁）
> - 郵便法免責規定
>   （平成 14 年 9 月 11 日民集 56 巻 7 号 1439 頁）
> - 在外邦人選挙権制限規定
>   （平成 17 年 9 月 14 日民集 59 巻 7 号 2087 頁）
> - 非嫡出子の国籍取得制限規定
>   （平成 20 年 6 月 4 日民集 62 巻 6 号 1367 頁）
> - 非嫡出子の法定相続分規定
>   （平成 25 年 9 月 4 日民集 67 巻 6 号 1320 頁）
> - 女性の再婚禁止期間規定
>   （平成 27 年 12 月 16 日民集 69 巻 8 号 2427 頁）
> - 最高裁裁判官国民審査法の在外邦人の審査権制限規定
>   （令和 4 年 5 月 25 日民集 76 巻 4 号 711 頁）

28 日刑集 16 巻 11 号 1593 頁），愛媛靖国神社玉串料訴訟（平成 9 年 4 月 2 日民集 51 巻 4 号 1673 頁），砂川空知太神社訴訟（平成 22 年 1 月 20 日民集 64 巻 1 号 1 頁）などが主なものである。下級審では，時折注目すべき違憲判決が下されることもあるが，最高裁などの上級審でほとんど覆されてきた。全般的に裁判所は，立法・行政追随と評されてもやむを得ない司法消極主義ないし自己抑制主義の立場をとっており，政治的に重要な役割を十分に果たしているとは言いがたいのが実情であろう。

　司法積極主義と司法消極主義の対立図式については，もちろん，裁判所が，

立法や行政の判断を尊重して独自の判断を差し控えることが適切な領域もあり，司法消極主義自体は必ずしも一概に非難されるべきものではない。また，アメリカのような厳格な権力分立制ではなく議院内閣をとっていることや連邦制でないことなど，政治力学的に裁判所が独自の違憲判断をしにくい制度であることを考慮する必要もある。それでも，やはり過渡に消極主義的であることは否定しがたい。

　このような司法消極主義は，憲法訴訟だけにみられるものではなく，行政訴訟においては一層顕著にみられる。第9章③2で説明したように，制度上，執行停止に関する内閣総理大臣の異議や事情判決の制度など，行政機関に対する国民の権利救済に不利に働く特例が認められている。それだけでなく，裁判実務でも，裁判の門戸を開くこと自体に消極的であるうえに，判決において行政機関の裁量を広範に認める傾向があり，原告勝訴率はきわめて低く，行政訴訟が戦前からの行政優位のドイツ型法運用体制を改めるだけのチェック機能を十分には発揮してきていないのが実情である。

　先般の司法制度改革においては，司法の行政に対するチェック機能を強化するために，行政事件訴訟法を見直すことが検討事項とされ，2004年の法改正によって，次のような改革が行われた。①取消訴訟の原告適格の拡大，義務付け訴訟や差止訴訟の法定，当事者訴訟の一類型としての確認訴訟の明示など，救済範囲の拡大，②裁判所が行政庁に対して，裁決の記録や処分の理由を明らかにする資料の提出を求めることができる制度の創設，③抗告訴訟の被告適格の明確化，抗告訴訟の管轄裁判所の拡大，出訴期間の延長など，行政訴訟を利用しやすくする仕組み，④執行停止の要件の緩和，仮の義務付け・仮の差止めの制度の新設など，本案判決前の仮の救済制度の整備。これらの改正は，国民の行政に対する権利利益の保護救済における司法の機能の拡充をはかる重要な改正であるが，問題点を指摘されつつも，今後の検討課題として残された事項も多い。

3　紛争解決機能

　わが国の裁判所は，以上のように，立法・行政との抑制＝均衡関係において憲法上期待されている制度的役割を十分に果たしていないという批判があるだ

けでなく，その本来の守備範囲である刑事裁判や民事裁判でも，人権擁護や権利救済に関して制度的理想通りに機能しているかどうかについて，かなり厳しい見方もされている[1]。

　民事紛争解決機能の場合，大正時代以来次々と導入された各種の臨時的な調停手続が，第二次世界大戦後の改革によって，民事調停と家事調停の2種類に整理統合され，恒常的手続として新たな装いのもとに存続させられた。また，訴訟上の和解も，訴訟＝判決手続と一体的に運用され，民事事件処理において重要不可欠な役割を果たしてきている。さらに，裁判利用についても，その理由は変遷してきているが，基本的に裁判回避傾向が続いており，わが国の民事紛争解決過程は，西欧とはかなり異なった独自の展開を示している。

　日本社会は1960年末から「法化」しはじめ，70年代前半には，水俣病訴訟など四大公害訴訟に代表されるように，深刻な公害被害の救済を求めた民事訴訟が，原告勝訴や和解によって一定の成果を収めたこともあって，権利救済や紛争解決において裁判の果たす役割に対する期待が未曾有の高まりを示した時期もあった。しかし，その後，大阪国際空港騒音訴訟など，政治・行政批判のからんだ新しいタイプの訴訟が増えたけれども，これらの現代型訴訟とか政策形成訴訟と呼ばれている訴訟においては，司法的救済が制度的にむずかしいこともあって，必ずしも期待された成果を収めることができない事例が多かった。そして，裁判に対する期待が強くなればなるほど，それに適切に応えることができない裁判に対する批判や不満も高まってくる。

　80年代後半からは，裁判離れ傾向に対する危機意識が法曹関係者の間でも強まり，民事裁判の適正化・迅速化をはかり国民に利用しやすくわかりやすいものとするための実務や法制の改革が進められるようになる。1996年には新民事訴訟法が制定され，先般の司法制度改革でも，第一審の訴訟手続を2年以内のできるだけ短い期間内に終わらせることを目標とする裁判迅速化法の制定（2003年），計画審理の義務づけ，証拠収集手段の拡充，専門委員制度の導入などの民事訴訟法一部改正（2003年）など，審理の一層の充実・迅速化をはかる種々の改革が行われた。同時に，裁判所内外の代替的紛争解決手続の見直し・

---

1)　戦後の刑事裁判の総括的評価については，三井誠「戦後刑事手続の軌跡」『岩波講座・現代の法5・現代社会と司法システム』（岩波書店，1997年）参照。

拡充も推し進められてきており，民事紛争解決システムの多様化・多元化傾向が進むなかで，訴訟＝判決手続の役割が問い直されるようになっている。

　以上のようなわが国における裁判の機能をめぐる状況を全体としてどのように理解し評価するかは，なかなかむずかしい問題であるが，現代型訴訟と裁判外紛争解決手続について，少し具体的に検討してみよう。

② 現代型訴訟と政策形成機能

1　現代型訴訟の意義

　憲法訴訟や行政訴訟における裁判所の対応が消極主義的であるにもかかわらず，本来ならば立法・行政レベルで解決するのが適当な政策批判がらみの紛争や要求について，被害の事後救済だけでなく，紛争や被害の事前防止措置，判例による新しい権利の承認，立法・行政過程への波及効果などを期待した訴訟が，1970年代以降着実に増えている。現代型訴訟，政策形成訴訟，公共訴訟などと呼ばれ，従来型訴訟と対比されている新しい訴訟類型である。もともと，憲法訴訟や行政訴訟がこの種のタイプの訴訟の代表的事例だったが，公害環境訴訟，消費者訴訟，国家賠償請求訴訟などの民事訴訟においても，このような現代型訴訟が増えており，政治や行政に異議を申し立てる政治参加の一つのチャネルとして一般化したとみてよいであろう[2]。

　このような現代型訴訟について，その政策形成機能が問題とされる場合，法律学で主として論じられてきているのは，判決によってリーディング・ケースとなる判例が形成され，それが裁判の内外で公私の法的紛争解決・権利救済の一般的規準として用いられるようになるという，一般に判決の法形成ないし法創造機能と呼ばれているものである。これは，第2章③2で判例の法源性として取り上げた問題である。しかし，裁判が現実に政策形成過程において果たしている多様な役割を全体として理解するためには，このような確定判決の先例的機能という規範的効果だけでなく，最終的には覆された下級審の判決の影響，さらに，訴訟の提起・公開の法廷での弁論など，一連の訴訟手続の展開自体が，

---

　2)　現代型訴訟については，田中成明『現代社会と裁判』（弘文堂，1996年）第4章，同『現代裁判を考える』（有斐閣，2014年）第6章参照。

問題の提起，情報の公開，争点の明確化などの効果をもち，新たな立法・行政上の措置を求める世論・運動などを盛り上がらせる機会ともなり，立法・行政レベルの政策形成にさまざまなインフォーマルな影響を及ぼしていることも無視できない。それ故，裁判の政策形成機能を問題とする場合，裁判の一連の手続過程の展開が政策形成過程全般に及ぼすこのような間接的な波及効果をも含めて，一切の規範的・事実的効果を意味するものとして，裁判の機能を広い視野から考察する必要がある。とくにわが国のように，下級審の社会的に注目を集める法形成的判決が上級審で覆されるケースの多いところでは，このような広い視野からの考察が重要不可欠である。

　たしかに，本来立法機関ではない裁判所による法形成機能には，司法的裁判の制度的枠組による内在的限界があり，現実に裁判に期待されている多種多様な政策形成要求に全面的に応えたり配慮したりすることが，現行訴訟手続の制度的枠組のもとでは不可能ないし不適切である場合が少なくないことは事実である。原告敗訴というケースが圧倒的に多いことも，必ずしも裁判所の消極主義的姿勢だけによるものでなく，このような制度的制約によるところも大きい。しかし，わが国の裁判所が，現行訴訟手続の制度的枠組のなかでも，このような期待に応えてより積極的に政策形成機能を果たしうる余地はまだまだある。

　通常の司法裁判所に違憲審査権が与えられ行政裁判がゆだねられている現行裁判制度のもとで，政策形成機能が一般的に裁判の守備範囲外であるとは到底言えないであろう。裁判所が，現行の制度的枠組のなかで，法適用による紛争解決という司法的裁判の固有の機能を適正に果たしつつ，付随的に，固有の機能と両立しそれを促進するような形で果たしうる，あるいは果たすべき政策形成機能があるはずである。

2　判例の法形成機能

　判例の法形成機能については，第2章③2で説明したように，裁判所が，個々の具体的事件に即して当事者や関係者の法的主張を聴き，社会の正義・衡平感覚を汲み上げ，社会の変化に対応した創造的な法の継続形成によって，ある程度一般的な法的規準を設定することは，その規準が憲法を頂点とする実定法的規準全体のなかに整合的に位置づけることができ，裁判の直接の対象とな

っている具体的事件の解決に必要かつ十分なものである限り，司法権に内在する権限とみるべきである。

　わが国の裁判所は，すでにみたように，議会や政府の政策と対立する独自の法形成を行うことには全般的に消極主義的である。けれども，民商法や手続法など，いわゆる法曹法の領域では，比較的地味なものが多いが，社会経済の変化に対応した適切な法形成を行い，重要な役割を果たしてきていることは，正しく評価されるべきである。[3]

　例えば，第2章③2で判例法の具体例として挙げた譲渡担保制度や内縁保護制度などは，その代表的なケースである。その他，よく挙げられているケースは，有責配偶者の離婚請求に関する判例の変更である。民法770条1項5号は，「婚姻を継続し難い重大な事由があるとき」を裁判上の離婚を請求できる理由（離婚原因）として規定しているが，最高裁は，昭和27年（1952年）2月19日判決（最高裁民事判例集6巻2号110頁）以来，この離婚原因となる事由を自ら作り出した有責配偶者の離婚請求を認めてこなかった。しかし，昭和62年（1987年）9月2日大法廷判決（最高裁民事判例集41巻6号1423頁）で，婚姻や離婚に対する社会の見方の変化をふまえ，従来の判例を変更し，36年間別居状態が続いており未成熟の子がいない夫婦の離婚を，著しく社会正義に反しない場合など一定の要件のもとで認容すると判示し，これが新たな判例となった。また，交通事故被害の賠償基準の設定や公害被害の救済の拡充など，不法行為法の領域における裁判所の判例による法の継続形成は，裁判に限らず裁判外においても，これらの紛争の適正迅速な解決に寄与している。

　権利・人権の保護・救済の拡充を求める訴訟でも，いわゆる新しい権利・人権が次々と提唱されているが，それらのうち，判例によって承認され創造されたケースもある。プライバシーの権利は，三島由紀夫のモデル小説をめぐる「宴のあと」事件に対する昭和39年（1964年）9月28日東京地裁判決（下級裁判所民事裁判例集15巻9号2317頁）で認められたものである。また，日照妨害が受忍限度を超えた場合に損害賠償や差止請求を認める日照権は，昭和47年（1972年）6月27日最高裁判決（最高裁民事判例集26巻5号1067頁）によって認

---

3)　具体的事例については，中野次雄編『判例とその読み方〔三訂版〕』（有斐閣，2009年）第2部参照。

められたものである。

　さらに，刑事手続に関しては，昭和 50 年（1975 年）5 月 20 日最高裁白鳥事件決定（最高裁刑事判例集 29 巻 5 号 177 頁）が，「疑わしきは被告人の利益に」という刑事裁判の原則を再審にも適用し，新証拠と他の全証拠を総合的に評価して確定判決の事実認定に合理的な疑いを生じさせれば足りるという新基準を示し，再審の門戸を拡げたケースがある。その後，この白鳥決定の基準に従って，幾つかの事件について再審が相次いで開始されるようになり，判例による法形成の例としてよく知られている。

　これらのケースからもわかるように，判例による法形成機能は，裁判がその固有の紛争解決機能を果たすためにも，また，裁判外の法的紛争解決過程全体を公正かつ実効的に作動させるためにも不可欠のものである。判例による法形成の正統性については，判例に法源性を認めるかどうか，どのような領域でどの程度の法形成を行うのが適切かなどをめぐって意見は分かれているけれども，このような裁判の法形成機能が事実上重要な役割を果してきていること自体は一般的に認められているところである。

3　裁判の政策形成機能の実例

　それに対して，訴訟の提起・法廷弁論や上級審で覆された判決など，裁判の手続過程の展開自体が政策形成過程に対して事実上及ぼすインパクト・波及効果という，広義の政策形成機能をどのように理解・評価するかは，なかなかむずかしい問題である。

　まず，裁判が及ぼす政策形成過程への現実のインパクトがどのようなものかを，具体的なケースに即してみてみよう[4]。

　朝日訴訟における昭和 35 年（1960 年）10 月 19 日東京地裁判決（行政事件裁判例集 11 巻 10 号 2921 頁）は，医療扶助と生活扶助を受けていた朝日茂さんが，当時の生活保護法に基づいて厚生大臣の定めた保護基準が憲法 25 条のいう健康で文化的な最低限度の生活を保障しておらず違憲だと主張したのに対して，違憲という判断をした。東京地裁のこの違憲判決自体は，昭和 42 年（1967 年）

---

4)　現代型訴訟の具体的事例については，高橋利明＝塚原英治編『ドキュメント現代訴訟』（日本評論社，1996 年）など参照。

5月24日最高裁大法廷判決（最高裁民事判例集21巻5号1043頁）で覆されてしまったけれども，この違憲判決をきっかけに，社会福祉政策のあり方について活発な論議が展開され，その結果，生活保護基準・内容を大幅に引き上げる改善がなされることになった。

また，改正前の国籍法2条1号が，父が日本国民であるかどうかによって子の国籍を決める父系優先主義をとっていたことが，憲法14条の法の下の平等原則に反し違憲だと主張する訴訟が提起され，昭和56年（1981年）3月30日東京地裁判決も，昭和57年（1982年）6月23日東京高裁判決も，ともに合憲と判断した。しかし，この訴訟をきっかけに，国籍法の規定に問題があるという認識が深まり，改正作業が急がれ，このケースが最高裁に係属中の昭和59年（1984年）に，男女平等原則に基づく国籍法の改正が成立し，憲法上の疑義が解消された。このケースは，朝日訴訟とは違って，一度も勝訴判決を獲得できなくても，訴訟を提起することによって，その波及効果として実質的にその主張を実現できる場合があることを示すものである。

新しい権利に関するこのようなケースの典型的な例として，嫌煙権訴訟がある。昭和55年（1980年），嫌煙権運動をしていた弁護士らが，JRの前身である国鉄に対して全車両の半数以上を禁煙車にすること，国鉄・国と当時の専売公社に対して健康被害に基づく損害賠償を求めて東京地裁に訴訟を提起し，受動喫煙の有害性や公共の場所での喫煙規制の当否などをめぐって法廷の内外で論議の応酬がなされた。約7年間訴訟が続き，昭和62年（1987年）3月27日，東京地裁は，受動喫煙による健康被害について人格権侵害として差止め・防止措置を請求できることを一般論として認めつつも，禁煙車両設置請求も損害賠償請求も棄却する判決を下した。この判決内容について，原告側は，最終的に請求が斥けられたことを批判しつつも，嫌煙権を法的に認知した画期的判決であり，実質的勝訴だと評価して，控訴しなかった。この判決が嫌煙権を認めたかどうかは問題のあるところであるが，判決内容だけでなく，訴訟全体のインパクトをも視野に入れた場合，この間，国鉄は，法廷では反論しつつも，禁煙車両を増設したり駅で禁煙タイムを設けたりして，判決時点ではかなり喫煙対策が進んでいたし，国鉄以外の交通機関や役所・企業などでの喫煙規制も広がり，訴訟の実質的目的が相当程度達成されたことは間違いなく，嫌煙権訴訟の

インパクトには大きいものがあった。

4　裁判の波及効果をどうみるか

　このように，裁判の機能を，訴訟の提起からはじまって公開の法廷における
当事者間の攻防を経て何らかの判決へと至る，一連の手続過程の展開そのもの
が政策形成過程全般に及ぼすインフォーマルな間接的インパクトまで拡げて考
えるならば，裁判は，たとえ判決によって司法的保護・救済を直接与えなくて
も，問題提起・情報公開・争点の明確化などのための一つのフォーラムを提供
することによって，世論・社会の注意を喚起し，立法・行政レベルの政策形成
過程にも波及的な効果を及ぼしていることがわかるであろう。

　このような裁判のインフォーマルな波及効果に着眼した訴訟利用は，訴訟当
事者が，訴訟手続にのっとって当事者間の個別的紛争解決をめざした法的議論
を真剣に行っている限り，制度的に何ら非難されることのない正統な活動とみ
られるべきである。他方，裁判所が，このようなインフォーマルな効果をも視
野に入れて審理を進め判決を下すべきかどうかは微妙な問題である。裁判所の
審理や判決が事実上立法・行政レベルの政策形成過程に一定のインパクトを及
ぼすことを意識することが，司法的保護・救済の拡充に抑止的に働くこともあ
るけれども，相応の配慮をすることが，立法・行政・司法相互の実効的な抑制
＝均衡関係にとって比較的摩擦が少なく，司法的政策形成に対する期待に応え
る一つの現実的な方策であるとも言えるであろう。

　このような裁判のインフォーマルな波及効果との関連で微妙な問題をはらん
でいるのが，判決において，このような効果を意識してか，結論として原告の
主張を斥けつつも，「なお書き」あるいは「ちなみに」という形で法廷弁論を
ふまえて一般的な法律論を展開したり，議会や政府の政策批判あるいは現行制
度の欠陥是正の要望を述べたりするケースが少なくないことである。[5)]

　このような傍論が先例として機能する場合があるだけでなく，裁判所内外に
一定の波及効果をもつことも否定できないが，判例の正統性や裁判所の権限と
いう観点からは疑問もある。いちがいに批判されるべきものではなく，訴訟当
事者が判決に納得したり判決を論評する者がその論旨を理解したりするのに役
立つ場合もあり，積極的に評価されて然るべき面もある。けれども，このよう

な判決スタイルが，過度に消極主義的な裁判所の姿勢を埋め合わせたり，いわんや正当化するものではないことは言うまでもない。

③ 紛争解決機能と裁判外紛争解決手続

1 裁判外紛争解決手続（ADR）の現況

わが国の裁判所は，以上のように，立法・行政との抑制＝均衡関係における政策形成機能に対する期待に応えることには，きわめて自己抑制的な姿勢をとり続けている。それとは対照的に，私人間の民事紛争の個別的解決という伝統的機能に対する期待については，必ずしも判決による権利義務関係の規範的裁定という手続によらずに，和解や調停などの代替的紛争解決手続を裁判所内に取り込むことによって積極的に応える政策をとってきている。

さらに，公害や消費者被害に関して，国・地方自治体に特別の苦情相談・紛争処理手続が全国的規模で開設されたことをはじめ，全般的に，法的紛争の増加や新しいタイプの紛争の発生に対応するために，国・地方自治体も，各企業・業界も，苦情相談・紛争処理サーヴィスに力を入れるようになってきており，公私各種の裁判外の代替的紛争解決手続が拡充される傾向にある。

現在では，第三者機関が関与する裁判外紛争解決手続として多種多様なものが存在する。それらを司法型手続，行政型手続，民間型手続に大別すると，主な手続として次のようなものがある。[6]

・司法型手続　　訴訟上の和解，民事調停，家事調停など
・行政型手続　　労働委員会，公害等調整委員会，都道府県公害審査会，公

---

5) 例えば，平成7年（1995年）7月5日最高裁大法廷決定（最高裁民事判例集49巻7号1789頁）は，民法900条の非嫡出子の法定相続分の差別規定について合憲の決定をしたが，多数意見裁判官のなかにも，規定の合理性を疑問視したり，立法による改正を求める補足意見を述べていたりする者がいて，当時法制審議会民法部会がすでに法定相続分を平等にする改正要綱試案を提示していたこともあって，その当否が論議された。この規定は，その後，平成25年（2013年）最高裁大法廷決定（142頁表参照）によって違憲と判断され，この決定を受けた法改正によって削除された。
6) わが国における各種の裁判外紛争解決手続の実情については，山本和彦＝山田文『ADR仲裁法〔第2版〕』（日本評論社，2015年）とくに第5章～第8章参照。

　　　　　　　　　　害苦情相談窓口，国民生活センター，消費者苦情処理委員
　　　　　　　　　　会，消費者センターなど
・民間型手続　　交通事故紛争処理センター，弁護士会紛争解決センター，
　　　　　　　　　　自動車製造物責任相談センターなど
　法的紛争は，当事者間に自主的な合意が成立し「和解」によって解決される
ケースと，裁判官が法的規準に準拠して下す「判決」によって強制的に解決さ
れるケースとを両端として，さまざまな方式によって解決される。以上のよう
な裁判外手続において用いられる主な方式は，「相談」「苦情処理」「あっせん」
「調停」「仲裁」「裁定」である。
　わが国で現実に最も広く利用されているのは，あっせんや調停など，具体的
な解決内容を受け容れるか否かの最終的決定権が原理上当事者に留保されてい
る方式である。それに対して，西欧では，当事者双方が裁判所の裁判を受ける
権利を放棄して，たいていは紛争の対象に精通した専門家である第三者（仲裁
人）の判定に従うことを約することによって紛争を解決する仲裁が，長い歴史
をもち広く使われている。仲裁と調停の違いは，調停では，具体的な解決内容
についても両当事者の合意が必要であり，紛争解決の内容が最後まで当事者の
コントロールのもとにあるのに対して，仲裁では，仲裁人の判定に従うことに
ついて予め合意があれば十分であり，紛争解決が当事者の手を離れて，仲裁人
によって最終的な解決内容が決められるところにある。ただ，調停も，第三者
の性質や実際の手続の進め方次第では，事実上仲裁と変わらない働きをする。
　まず，現在わが国で広く用いられている主な裁判外紛争解決手続の仕組みと
現況について説明しておこう。

2　訴訟上の和解

　訴訟上の和解は，訴訟の進行中に当事者がお互いにその主張を譲歩して合意
によって訴訟を終了させる方式である。裁判官は訴訟の進行中いつでも和解を
試みることができ（民事訴訟法 89 条），両当事者がそれに応じて当事者間に合意
が成立し和解内容が調書に記載されると，確定判決と同一の効力をもつ（同法
267 条）。
　最近 5 年間（2016〜20 年）の統計によると，第一審通常訴訟事件のうち，大

体，判決にまで至るケースが40％強，訴訟上の和解で終了するケースが35％強，訴えの取り下げその他で終わるケースが約20％前後と，従来とあまり変わらない比率で推移しており，訴訟上の和解は，判決と並んで，民事事件処理の車の両輪だと言われている。裁判官の間では，かつては，判決中心主義的な見方が強く，和解が消極的に評価された時期もあったが，最近は，訴訟手続と一体的に運用し臨機応変に和解を活用することが，民事事件の適正迅速な処理に不可欠だとされ，積極的に評価する見解が支配的である。

和解のメリットとしては，手続を簡略化でき，上訴されることもなく，その解決内容に当事者が納得して合意しているから，自発的に履行されやすく，紛争を簡易迅速かつ確実に解決できること，裁判官にとっても，判決書を作成する必要がなく，負担軽減や訴訟遅延の緩和に役立つことなどが挙げられている。

また，例えば薬害被害に対して介護手当や健康管理手当などの恒久的な救済措置を解決内容に盛り込んだりして，金銭賠償を原則とする判決では不可能な解決をはかれることも重要なメリットである。スモン訴訟についての昭和54年（1979年）の東京地裁における和解，エイズ薬害訴訟についての平成8年（1996年）の東京・大阪地裁における和解など，大規模な現代型訴訟でも和解で終了するケースが少なくない。

3 調　停

裁判所での調停には，民事調停と家事調停がある。とくに夫婦・親子などの親族間の家事紛争については，民事訴訟を提起する前に，まず家庭裁判所に調停を申し立てなければならないという調停前置主義がとられている（家事事件手続法257条）。

調停は，わが国の伝統的な紛争解決方式の典型だとみられ，以前は，伝統的な義理・人情や和の精神に訴えて紛争を円満に解決することが日本人の国民性に合っているということが強調され，その反面として，調停制度が日本人の権利意識の定着や裁判利用を妨げていると，否定的に評価された時期もある。だが，最近では，簡易迅速に安い費用で個々の紛争に即した具体的に妥当な解決をはかる手続として，肯定的に評価されている。

民事調停・家事調停は，訴訟上の和解と同様，裁判所内で行われる裁判外紛

争解決手続であり，ともに司法的 ADR と分類されることが多いが，訴訟上の
和解については，訴訟＝判決手続と一体的にその事件を担当する裁判官によっ
て行われ，そのため ADR と位置づけることに反対する意見もある。それに対
して，調停手続は，訴訟＝判決手続とは別個の手続として別に組織される調停
委員会によって行われ，代表的な ADR とみられてきている。しかし，一般の
人々の間では，"調停裁判"という表現が用いられることもあるように，訴訟
と調停とは必ずしもきちんと区別されずに，どちらも裁判所での紛争解決手続
として，一体的に理解されているのではないかと推測される。

　民事調停も家事調停も，民間人の調停委員 2 人が裁判官とともに調停委員会
を構成して非公開で調停にあたり，国民の司法参加の日本版とも言うべき特徴
的な運用がなされている。また，先般の司法制度改革の一環として，2004 年
から，5 年以上の経験をもつ弁護士が，弁護士の業務を行いながら，裁判官と
同等の権限をもって調停手続を主宰する非常勤調停官（いわゆる非常勤裁判官）
制度が導入された。

4　行政型手続と民間型手続

(1)　以上の裁判所内手続が古くからの制度であるのに対して，行政型手続に
は，戦後まもなく設置され，使用者委員・労働者委員・公益委員からなる委員
会で労働争議の調整や不当労働行為の審査を行う労働委員会などを除けば，日
本社会の「法化」がはじまった 1960 年代後半以降にできた比較的新しいもの
が多い。

　被害が少額の消費者紛争の解決においてよく利用されている地方自治体の消
費者センター（消費生活センター）は，1960 年代後半以降，地方自治体で次々
と自主的に設置されはじめ，2009 年には消費者安全法によって，都道府県に
は設置が義務づけられ，市町村には努力義務が課せられることになった。消費
者センターでは，持ち込まれた相談や苦情について法的処理が必要な場合には，
窓口担当者が，相手方から事情を聴取したり，商品テストなどで事実を確認し
たり，当事者間の話合いを斡旋したり，申立人の説得や相手方への勧告を行っ
たり，さまざまな方法を臨機応変に用いて，インフォーマルな仕方で，短期間
に簡易迅速に適切な解決や救済をはかっている。ただ，少額紛争が多いことも

あるが，このような行政的ルートで適切な解決が得られない場合に，弁護士に相談したり裁判所に訴えたりする司法的ルートを利用するというケースは少ない。

(2)　他方，民間型手続としては，1978年に日弁連も加わって財団法人化された交通事故紛争処理センターが，全国8ヵ所の高裁所在地で，嘱託弁護士によって，交通事故の損害賠償に関する法律相談や和解の斡旋を行っており，弁護士と法律学者からなる審査会の裁定に，被害者は拘束されないが，保険会社は拘束されるという仕組みで運用されている。

弁護士会の紛争解決センターは，1990年に第二東京弁護士会が設置して以来，2020年現在，全国に38センター（35弁護士会）に設置されている。少額紛争を中心に，多岐にわたる紛争類型が持ち込まれており，不法行為をめぐる紛争が最も多いが，全般的に増加傾向にある。

1994年に製造物の欠陥により被害が生じた場合にその製造業者に特別の損害賠償責任を課す製造物責任法（PL法）が制定されて以来，企業や業界が自主的な苦情処理・紛争解決体制を整備することに努めるようになっている。例えば，1995年に発足した自動車製造物責任相談センターでは，消費者から申立てのあった苦情相談や和解斡旋・裁定などを行っている。

先般の司法制度改革において，裁判外紛争解決手続の拡充・活性化が検討事項とされ，紛争当事者が解決をはかるのにふさわしい手続を選択することを容易にし，国民の権利利益の適切な実現に資することを目的とする裁判外紛争解決手続利用促進法（ADR基本法）が2004年に成立した。この法律では，ADRの基本理念や国・地方自治体の責務を定めた上で，民間紛争解決業務の認証制度を設け，時効の中断や訴訟手続の中止などの特例を定めて，裁判外手続による和解交渉の環境整備を行い，民間型ADRの利便性の向上をはかっている。2022年8月現在，日本スポーツ仲裁機構，家電製品協会，日本商事仲裁協会，各地の弁護士会や司法書士会・行政書士会・社会保険労務士会・土地家屋調査士会など，百数十団体が，法務大臣の認証を取得し，「かいけつサポート」の愛称・ロゴマークを使って活動している。

5　裁判外紛争解決手続をどうみるか

　裁判外紛争解決手続のメリットとしては，手軽に利用できること，手続がインフォーマルで融通がきくこと，簡易迅速な解決が可能なこと，弾力的で柔軟な救済・解決方法をとりうることなどが，従来から一般的に説かれてきている。最近では，これらに加えて，紛争の特殊性に適合した専門的技術的判断を取り入れやすいことなど，現代型紛争の衡平な解決をも視野に入れたメリットも強調されている。

　問題は，これらの裁判外の代替的紛争解決手続の存在理由や役割をどのように評価するかである[7]。

　まず，原理的な考え方としては，現行の訴訟手続が合理的に可能な範囲内で最善のものに改革され，その理想通り作動したとしても，司法的裁判である限り，超えがたい制度的限界があり，訴訟＝判決手続による解決がいつも最も合理的であるとは限らないということを認識する必要がある。司法的裁判は，第9章①2で説明したように，その審理の進め方や判決内容について，規準・対象・手続の三側面から制度的に制約されており，一定の厳格性・画一性・形式性を伴い，その利用にある程度の時間と費用がかかることは避けがたい。また，判決は基本的に画一的規準による「全か無か」方式であるから，多かれ少なかれリスクを伴うし，個々の紛争の原因・背景，当事者に特有の個別的ニーズ，将来の関係などをも考慮に入れて，具体的紛争をより全体的に解決することには一定の制約がある。それ故，多種多様な法的紛争を適切に解決するためには，何らかの仕方でこれらの制約を補う仕組みが必要となる。

　現実的な問題としては，裁判所の人的・物的能力を考えると，裁判官の増員や事件受理・審理手続の簡略化などによって，裁判の紛争解決機能を充実しても，法的紛争がすべて裁判所に持ち込まれるならば，裁判所は機能麻痺に陥ってしまう。裁判所がその機能を円滑に果たすためにも，裁判所に持ち込まれる事件が，事前に各種の紛争解決手続によってスクリーンにかけられ，適正規模に限られることが望ましい。また，裁判所に持ち込まれた事件についても，裁判官の負担軽減や訴訟遅延の緩和などのために，訴訟上の和解や調停を積極的

---

7)　詳しくは，田中『現代社会と裁判』（前掲注2）第2章・第3章参照。

に活用する必要がある。

　さらに，権利を侵害されたり紛争に巻き込まれたりした者の側からみても，法的紛争解決のために利用可能な手続が増えれば，各手続のメリットとデメリットを比較検討して，それぞれの手続のメリットが最大限発揮されるような仕方で，個々の法的紛争の解決に最も適した手続を自己のイニシアティヴで選択し利用できるようになる。それ故，一般の人々にとっても，裁判外の公私各種の代替的手続の拡充によって法的紛争解決システム全体が多元化してゆくこと自体は，基本的に歓迎されるべきことである。

　わが国の各種の裁判外紛争解決手続の実情を全体としてみた場合，なかには中立性・公平性の確保などに関して問題のあるものも含まれてはいるが，それぞれ訴訟＝判決手続にはない独自の存在理由をもっており，訴訟の制度的制約や現実的欠陥を補完したり代替したりする重要な役割を果たし，法的紛争解決システム全体の容量を高めており，利用者の法的ニーズに応えているとみてよいであろう。しかし，裁判外紛争解決手続のメリットは，そのデメリットと表裏一体の関係にあり，その無批判的な利用と拡充は，とくに行政型手続や民間型手続の場合，司法制度の存立をあやうくするリスクをつねに伴っていることが見落とされてはならない。

6　多元的紛争解決システムの作動条件

　最後に，これらの多元的な法的紛争解決システム全体が円滑に作動し，権利救済や紛争解決が公正かつ実効的に行われるために必要な前提条件として，とくに重要な二つの条件を挙げておきたい。

　その一つは，裁判所が，その判決および手続過程に期待されている役割を適正に果たし，法的紛争解決システム全体のいわば司令塔として，裁判外の紛争解決過程の規準・手続の両面にわたって，法による正義の実現に不公正が生じないように配慮することが不可欠の前提条件である。とくに裁判所が判例による法形成機能によって，社会の正義・衡平感覚を的確に汲み上げ，適切な判例の変更や提示を行うことが重要である。裁判がこのような機能を十分に発揮し，裁判外手続へのいわばリモート・コントロール機能が行き渡ることによってはじめて，代替的紛争解決手続も公正かつ実効的に作動するのである。裁判の機

能不全状態をそのままにしておいて，代替的紛争解決手続を拡充するという政策は，「法の支配」の要請に逆行するものであり，司法制度の存在理由をゆるがしかねない。

　もう一つは，当事者間の自主的な話合いや裁判外第三者機関によって公正で納得のゆく解決が得られない場合には，合理的なコストで最後の砦としての訴訟を利用できる態勢が整備され，すべての人々に裁判へのアクセスが実効的に保障されていることも，同じように不可欠の前提条件である。裁判へのアクセスが実効的に保障されていてはじめて，紛争に巻き込まれた当事者は，利用可能な各種の紛争解決手続のメリットとデメリットを比較検討して，個々の紛争の適正な解決に最も役立ちそうな手続を自由に選択して利用するという主体的な姿勢を強めてゆくことができるのである。しかも，訴訟利用に障害がないにもかかわらず，一定の代替的紛争解決手続による解決を選択したということ自体が，得られた解決内容の正統性を担保するという面があることも見落とせない。

　いずれにしろ，裁判外紛争解決手続の拡充・活性化は，裁判による紛争解決が適正迅速に行われ，裁判へのアクセスが実効的に保証されていてはじめて，「法の支配」のもとにある司法制度の健全な作動に資するものであることが銘記されるべきである。

第11章　裁判過程と法の適用

1　裁判過程の見方の変遷

　法制度の典型である裁判の仕組みとその機能について一通り説明を終えたところで，次に，法システムの技術的側面に眼を転じて，裁判過程をはじめ法的過程において一定の権利主張や判決などの決定の法的正当化に用いられる，法独特の専門技術的な思考様式・技法の説明に移ろう。本章と次章では，法的思考が用いられる典型的な場である裁判過程に焦点を合わせて，法の解釈と適用をめぐる基本的な諸問題について説明する。

1　近代的裁判観の形成と展開

　裁判過程や法の解釈・適用のあり方をどのようにみるかは，時代によって，また，国家体制や法制度の特質に応じて，かなり異なっている。それ故，法の解釈と適用をめぐる現代の主要問題を取り上げるに先だって，まず，裁判が司法的裁判として法の適用という方式で行われるようになった近代以降，裁判過程や法の解釈・適用の見方がどのような理由でどのように変わってきたかを振り返り，現代的な問題状況の背景を確認しておこう。

　近代の司法的裁判の制度的枠組の形成期には，第9章[1] 1で紹介したモンテスキューの裁判観などに代表されるように，裁判官に対する根強い不信と一般的抽象的な法律への絶対的信頼を背景として，立法と司法を峻別し，裁判による法創造を厳しく禁止することが，民主制や権力分立制などの統治原理の当然の帰結とみなされた。このような裁判の見方がめざすところは，裁判官の恣意的な権力行使を抑制し，市民の自由と法的安定性を確保することにあった。

　このような裁判の見方は，19世紀初頭にいちはやくナポレオン法典（1804年）などの近代的統一法典が制定されたフランスでは，法律の条文を絶対視し，一切の法的問題が法律によって完全に規律されていると確信する「註釈学派」によって受け継がれた。註釈学派は，裁判官が解釈の名のもとに立法者の意図を改変して立法権を侵害することがないように，裁判官の任務を，法律の条文に具体的事件を厳格に形式論理的に包摂することだけに限定し，法律解釈の目標は論理的に矛盾のない「立法者意思」の探究であると主張した。

　近代的統一法典の制定が遅れていた同時代のドイツでは，C. F. v. サヴィニーの歴史法学派にはじまるパンデクテン法学が，次第に諸々の法的概念をピラミッドのように体系的論理的に構成することを重視する方向に進み，後にR. v. イェーリングから「概念法学」と批判されるようになった。概念法学は，形式的な概念・論理を偏重し，裁判の任務を，法的概念・命題からの形式論理的演繹による法的事案の裁定に限定し，裁判官の法創造的活動を厳しく禁止した。このような自動包摂機械的な裁判の見方は，概念的論理的に整備・構築された法体系の自己完結性と無欠缺性というドグマを前提としていた。このドグマは，19世紀末の統一法典編纂後の国家制定法体系についても受け継がれ，註釈学派とほぼ同じように，国家の制定法を絶対視する法実証主義的な裁判観が成立することになった。

　他方，英米法系諸国における近代的裁判制度は，W. ブラックストンなどを代表的主張者とする「法宣言的」な裁判の見方を背景に，先例拘束性の原理を確立することによって形成された。このような裁判観は，法が固定的・自己完結的なルールの体系として判決以前にすでに存在するものとみて，裁判の任務を，法を創造したり変更したりすることではなく，法をたんに発見し宣明することにすぎないと考えた。そして，イギリスでもアメリカでも，社会経済状況が相対的に安定する19世紀後半に入ると，法的安定性への要請が高まり，先例拘束性の原理が絶対視されるようになるにつれて，大陸の概念法学的な裁判観と類似した傾向が強まる。判例において確立された一般的な法的ルールからの形式論理的演繹に固執したり，法的概念の機械的な組合わせだけによって法的事案を裁定しようとしたりする姿勢が裁判実務を支配するようになり，このような傾向が，後に「機械的法学」として批判されることになる。

2　自由法学と利益法学

　19世紀末以降の社会経済構造の変容に伴って，近代法体系が動揺しはじめ
ると，以上のような近代的な裁判の見
方が，現実の裁判過程の性質や機能を
正しくとらえていないだけでなく，こ
のような裁判の見方に固執することが，
裁判の社会的使命の適切な遂行を妨げ
ていることが徐々に自覚されるように
なり，裁判改革運動が展開されるようになる。

裁判過程の見方の変遷
- **大陸法系諸国**
  註釈学派，概念法学→
　　　　　　自由法学，利益法学
- **英米法系諸国**
  機械的法学→
　　　　社会学的法学，リアリズム法学

　まず，フランスやドイツを中心に，19世紀末から20世紀初頭にかけて，S.
F. R. サレイユ，F. ジェニー，E. エールリッヒ，H. U. カントロヴィッツらを
代表的な提唱者とする「自由法運動」が台頭する。自由法学のめざすところは，
裁判官が一定の範囲内で法創造的活動を行うことを正面から承認することによ
って，社会の新たな法的要請に対して具体的事案に即して個別的に応え，既存
の国家制定法体系を社会経済的条件の変化に適応させることであった。

　具体的には，「法の欠缺」を原理的に承認することによって，裁判官を国家
制定法への厳格な拘束から解放すべきことを主張するとともに，裁判の具体的
妥当性を確保するために，裁判官がいわゆる「自由な法解釈ないし法発見」に
よって独自の法創造的任務を果たすべきことを強調した。そして，裁判官は，
法の欠缺がある場合には，国家制定法以外の法源によって裁判すべきであるだ
けでなく，およそ裁判にあたっては，国家制定法至上主義と概念論理偏重の態
度から脱却して，当該事案の具体的事実関係に適応した衡平な裁判をめざすべ
きであり，そのような観点から法的概念・命題を目的論的に解釈すべきである
と主張した。また，裁判官がその法創造的任務を適切に果たすために，「自由
法」や「生ける法」，つまり，現実の社会生活を規律している慣習法や条理を
科学的に探究する必要が説かれ，法社会学という新しい学問分野の成立を促す
ことにもなった。

　ドイツにおいてほぼ同じ頃，Ph. ヘックらによって主張された「利益法学」
は，概念法学批判においては自由法学と共同戦線を張り，それと多くの法理論
的・社会的性質を共有していた。だが，自由法運動の主張する自由な法解釈な

いし法発見が行き過ぎ，法の運用を裁判官の主観的感情にゆだねてしまう「感情法学」に堕するのを避けるために，「法律への思慮ある服従」を強調したことにおいて，自由法運動に解消しきれない独自性をもっている。利益法学は，法律を利益衝突の解決規準ととらえ，個々の法的事案をこの規準に従った利益衡量に基づいて裁定することが裁判官の使命であるとみた。そして，法律解釈においては，いわゆる立法者意思説（主観説）を支持し，法の欠缺補充においても，裁判官の完全な自由裁量を斥け，裁判官の利益衡量が立法者の価値判断に拘束されるべきことを強調した。

3　社会学的法学とリアリズム法学

他方，英米法系のアメリカでも，大陸における以上のような新しい潮流の台頭とほぼ並行して，その影響も受けつつ，伝統的な機械的法学の裁判観を批判する裁判革新運動が展開されるようになる。

まず，19世紀末から，O. W. ホームズが，「法の生命は論理ではなく，経験であった」「裁判所が実際にするであろうことの予測，まさにそれだけが，私が法と呼ぶものである」「一般的命題が具体的事件を決定するのではない」といった鋭いアフォリズムでもって，法的ルールからの形式論理的な三段論法推論によって法的安定性が確保されるとする伝統的な考え方は幻想にすぎないと，機械的法学に対する批判の火ぶたを切った。彼は，裁判過程は裁判官の法創造的選択活動に他ならないとして，法的原理・ルール・概念以外の政策的考慮や無意識的要因が重視されるべきことを強調し，このような裁判の見方を自ら連邦最高裁判事として実践した。

ホームズの法の見方の経験主義的・プラグマティズム的傾向は，L. D. ブランダイスや B. N. カードーゾらに受け継がれ，R. パウンドによって「社会学的法学」として体系化された。

パウンドは，裁判過程が，法による社会統制において重要な地位を占め，対立する諸々の利益の妥協調整によって正義に適った妥当な判決を獲得する法創造的活動であり，司法的立法もまた社会的効用の原理によって支配されるべきことを強調した。彼は，裁判過程を固定した法的ルールの機械的適用と考える機械的法学の立場を厳しく批判した反面，社会の発展に応じて法が弾力的に変

化するにあたって，法的安定性の要請や倫理的・理想的要因が占める役割を重要視し，両者の調整に努め，リアリズム法学の極端な主張には批判的であった。

　カードーゾは，長年の実務体験に基づいて，裁判官が立法者に準ずる法創造的任務をもっていることを明らかにしたうえで，その裁判方法を，哲学的方法・歴史的方法・伝統的方法およびこれら三つの選択基準である社会学的方法に分類し，裁判過程の経験的研究の先鞭をつけた。

　他方，1930 年代に入って活発になった「リアリズム法学運動」は，ホームズのいわゆる「法予測説」を受け継いで，その一面的な解釈から出発したとみてよい。この運動において指導的な役割を演じた K. N. ルウェリン，J. フランクらの主張にはかなりの相違がみられるが，その共通の特徴は，法というものは決して一般的抽象的な法的ルールのなかにではなく，現実に法を創り出す具体的な判決のなかにあるという考え方に立って，実際の裁判過程の心理学的・社会学的分析を行い，伝統的な裁判の見方や法的安定性の考え方に仮借なき批判を浴びせたことである。

　比較的穏健なルウェリンは，法的ルール・概念が裁判過程において決定的な規制作用をもつとする伝統的な見方には懐疑的であった。そして，法的ルール・概念自体を社会生活の要求に適応させ，裁判官の行動を現実に規律している規則の探究によって，むしろ実質的な法的安定性を獲得することが重要であると説いた。

　それに対して，急進派フランクは，このような「ルール懐疑主義（rule-skepticism）」にとどまる考え方にも批判的であり，法的安定性を神話として痛罵して，判決の内容を実際に決定するものは，法的推論よりも，むしろ裁判官の勘であると主張した。さらに，裁判における事実認定も，裁判官の法的判断によって加工されたものであって，決して実際通りの事件の再現ではないとみる「事実懐疑主義（fact-skepticism）」にまで突き進み，法的ルール・概念からの形式論理的三段論法は，判決を事後的に合理化するために用いられるにすぎないと説いた。

　以上で素描したように，裁判過程や法の解釈・適用の見方には，かなり大きな変遷と対立がみられるが，基本的な争点については，依然としてさまざまな見解が鋭く対立しており，議論が続いている。概念法学や機械的法学の裁判の

見方が，現実の裁判過程の性質や機能の理解としては，そのままでは維持できないことは一般的に認められているが，その基本的な主張内容やその背後にある政策的要請には，今日でもなお無視しがたい重要な意義をもっているものがある。また，自由法運動やリアリズム法学が，従来の裁判の見方の弊害や欠陥を鋭く指摘し，その克服に貴重な寄与をしたことは広く認められているが，裁判における法的ルール・概念や論理以外の要因を誇張しすぎたきらいもあり，法実務でも法理論でも全面的には受け容れられていない。法の解釈と適用をめぐる現代的諸問題の検討においても，依然として以上のような見解の変遷と対立からなお多くのことを学ばなければならない状況にある。

② 法の適用と法的三段論法

1　裁判過程と法的三段論法

　裁判における法の適用過程は，一般に，具体的な事実関係を確定する事実認定と，個々の事実関係に適用すべき法規範を選択しその意味内容を解明する法の解釈という二つの作業に分けられる。そして，この過程は，伝統的に，適用されるべき法規範を大前提，具体的事実を小前提とし，法規範に事実をあてはめて判決が結論として導き出されるという，法的三段論法によって理解されてきた。

　例えば，「被告人甲を懲役 8 年に処する」という判決が下される場合，単純化すれば，「人を殺した者は，死刑又は無期若しくは 5 年以上の懲役に処する」（刑法 199 条）という法規範が大前提であり，甲が実際に人を殺したこと，違法性や責任の阻却事由がないことなど，いろいろな証拠によって確定された事実が小前提である。そして，この二つの前提から，「A という事実があれば X という法律効果が生じる」「しかるに当該事件は A である」「故に X という法律効果が生じる」という法的三段論法に従って，このような判決が結論として導き出され正当化されるということになる。

2　法的三段論法に対する批判

　しかし，裁判における法適用過程をこのように法的三段論法として理解する

ことに対しては，いろいろな角度から批判が浴びせられてきた。それらのうち，代表的なものをみておこう。

　前節でも紹介したように，リアリズム法学や自由法運動以来，既存の法的ルール・概念からの推論ではなく，裁判官の勘・パーソナリティ・政治的信条，社会経済的事情の考慮といった要因のほうが，判決内容に決定的な影響を及ぼしていると主張されてきている。そして，法的三段論法は，現実に判決が形成ないし獲得される心理的・社会的過程に合致していないのみならず，判決の実質的理由を明らかにせず，裁判官の恣意的判断を隠蔽する機能をも果たしているといった類の批判が，さまざまな形で加えられてきた。これらの批判の影響もあって，三段論法による判決の正当化を事後的な「合理化（rationalization）」にすぎないとみたり，法的決定の正当化における三段論法方式の意義を軽視ないし無視したりする傾向が，わが国の戦後の法解釈論争にもかなり強くみられた。[1]

　しかし，このような法的三段論法方式に対する批判は，基本的に，人間の行動をすべて因果法則的に心理学的・社会学的等の経験科学的説明に還元しようとする，偏狭な科学主義にとらわれたものである。のみならず，科学における理論についてすら，諸々の理論（仮説）の「発見（discovery）の過程」と「正当化（justification）の過程」の区別が一般的に認められており，ニュートンが，リンゴが樹から落ちるのをみて万有引力の法則を発見した過程と，その法則を論理と事実に基づいて正当化した過程との区別などがよく例に挙げられる。

　法的三段論法方式に対する批判も，発見の過程と正当化の過程を正しく区別せずに混同しており，人間活動の「正当化」という社会的実践の知的性質をそれにふさわしい視点からとらえておらず，法的決定の正当化過程における三段論法方式の批判としては支持しがたい。アメリカや日本の最高裁の裁判官をリベラル派と保守派に分けて，一定の判決における見解の対立をこのような区別と関連づけて説明することがよく行われる。このような説明は，外的視点からの判決行動の心理学的・社会学的説明としてはそれなりに意義があるとしても，個々の裁判官は，自分がリベラルな信条をもっているからという理由で一定の

---

　1)　その概要については，田中成明『現代法理学』（有斐閣，2011 年）第 14 章参照。

判決を下しているわけではなく，社会も，判決に対してそのような説明を要求しているわけではない。裁判官に対しては，証拠に基づいて事実を正確に認定し，その事実に関連する法令を適正に適用した結果，一定の判決が導き出されたという過程の説明が制度的に要請されており，このような制度的約束を基礎に裁判という社会的制度が成り立っているのである。判決の正当性については，このような正当化の過程が独自の合理的な営みとして相互に了解されている知的空間において，その規範的意味が内的視点から理解され評価されなければならないのである。

　もっとも，リアリズム法学などのように，裁判過程の非合理的側面を誇張する極端な見解はさておき，現実の判決作成過程が，三段論法方式に従って画然と区別された論理的順序に即して行われるものでないということは事実である。むしろ，たいていの場合，事実の認定，適用すべき法規範の選択，その意味内容の解釈など，判決作成における一切の活動は，相互に連関した一連の作業としてフィード・バックを繰り返しながら，徐々に確定され，最終的な判決に至るものだと言われており，このような説明は，かなり広く支持されている。

　裁判における審理については，事実を確定する作業と，確定した事実に法規範を適用する作業とが論理的に分けられ，前者が事実問題，後者が法律問題と呼ばれている。だが，このような事実問題と法律問題の論理的区別も，現実の判決形成過程においては，なかなかむずかしく，後ほど説明するように，裁判における事実認定は，その事実に対する法的評価と不可分であり，どこまでが事実認識でどこからが評価かを明確に区別することがむずかしいケースが少なくない。また，同一の歴史的事実について複数の法的構成が可能な場合もあり，このような場合には，複雑なフィード・バックを繰り返しながら，事実認定と法律解釈を相互調整的に並行して確定する必要がある。

　しかし，以上のような角度からの法的三段論法に対する批判は，仮にそれらが事実であるとしても，基本的に判決の作成ないし発見の心理的過程に関するものであり，判決の正当化の規範的構造に対する批判としては的はずれである。

3　法的三段論法の限界と意義

　むしろ，無視しがたい重要な批判は，法的三段論法の正当化作用は，その二

つの前提の正当性にかかっており，これらの前提が誤りであれば，いくら形式論理的に正しい推論がなされても，それだけでは結論の法的正当性を正当化できないという批判である。判決の正当化において結論を左右する重要な過程は，形式論理的な真偽を二値的に識別できる演繹的推論が可能となる以前の段階にみられるのである。つまり，正確な事実認定に基づいて事実の的確な法的分析・構成が行われ，かつ，適用されるべき法規範の選択とその意味内容の解釈が適正に行われて，小前提と大前提とがきちんと確定され正当化されているかどうかが，決定的に重要なのである。ところが，これらの前提の作成およびその正当化の過程は，それぞれの争点に関する多様な証拠・論拠について多面的な熟慮・議論を重ねて，微妙な程度問題について納得のゆく適切な理由づけを伴った判断が求められる複雑な思考過程であり，その全体の構造や正当性基準を形式論理学的にとらえ尽くすことはできないのである。

だが，法的三段論法方式は，以上のような限界があるにもかかわらず，現代でも，「法の支配」が確立され「法による裁判」が要請されているほとんどの法システムのもとで，判決を理由づける正当化方式として堅持されている。わが国でも，判決文には認定された具体的事実および適用された法規範ないしそれを前提とした理由を記載することが要求されている（刑事訴訟法335条，民事訴訟法253条）。また，審級制度がとられている裁判制度においては，上訴の可否・手続や上訴審における審理方法などが，法律問題か事実問題かによって区別されているので，両者を論理的に区別する三段論法方式は重要な実務的意義をもっている。

法的三段論法や法律問題と事実問題の区別に関する以上のような理論的指摘については，問題の所在自体は認識されていても，制度的・実務的にどのように対応すべきかということが正面から問題とされることはほとんどない。

３　事 実 認 定

1　事実認定の特質

以上のような裁判における法の適用過程の全体的構造の理解をふまえて，事実認定の問題に移ろう。

　法的三段論法方式と関連づけて説明すると，法律学が，主として大前提となる法規範の意味内容を要件＝効果図式で議論・適用できる形に具体化したり継続形成したりするという，広義の法解釈に関わっているのに対して，裁判実務においては，要件＝効果図式にのっとった要件事実の存否・内容に関する主張・立証活動によって，正確に事実を認定し，適切な小前提を確定することに主たる関心が向けられていると言ってよいであろう。いわゆるハード・ケース（難件）には，憲法訴訟などに典型的にみられるように，法の解釈をめぐって争いがある事件もあり，法律学においては，どうしてもこちらに眼が向きがちである。だが，現実の裁判事件においては，事実認定をめぐる争いのほうが圧倒的に多く，裁判官の主たるエネルギーも正確な事実認定ということに注がれていると言われている。

　裁判における事実認定は，歴史学のように，ナマの具体的な歴史的事実を客観的に認識し再現する作業ではなく，一定の証拠手続に基づいた両当事者の主張・立証活動によって，多数の歴史的事実のなかから法的問題解決にとって重要な意味のある事実を選択し，法的に構成し，法規範の規定する法律要件に該当する事実を確定する作業である。このような事実認定は法的評価と不可分であり，どこまでが事実認識でどこからが評価かを区別することはきわめてむずかしいのが現実である。事実認定においては，同一の歴史的事実について，複数の法的構成が可能なケースもあり，その場合は，適用法規の選択やその解釈とフィード・バックを繰り返しながら，徐々にそのいずれか一つに確定されてゆくことになる。このような過程を，ドイツの法律学者 K. エンギッシュは「規範と生活事態の不断の相互作用，視線の往復」と表現している[3]。

　例えば，被告人が人を死亡させた事件の刑事裁判の場合，彼が実際に人を死亡させたかどうかはもちろんのこと，その他にも，故意に死亡させたのかそれとも過失によるものなのか，どのような状況においていかなる方法で死亡させたのかなど，諸々の法的に意味のある事実を多数の複雑な歴史的事実から取捨

---

　2)　事実認定については，伊藤滋夫『事実認定の基礎〔改訂版〕』（有斐閣，2000 年），石井一正『刑事事実認定入門〔第 3 版〕』（判例タイムズ社，2015 年）など参照。

　3)　Karl Engisch, Logische Studien zur Gesetzesanwendung, 3.Aufl. (1963) ,S.14-15 参照。

選択して確定しなければならない。なぜなら，故意に殺したのならば殺人罪（刑法199条），被害者に頼まれて殺したのならば同意殺人罪（同202条），暴行または傷害の故意しかなく，結果として死亡させたのならば，傷害致死罪（同205条），過失によるものであれば過失致死罪（同210条）というように，他人を死亡させた同じ行為であっても，具体的事情によって適用される法規が異なるからである。また，殺人行為が正当防衛とみなされる状況で行われたのであれば違法性が阻却され（同36条），精神障害や酩酊状態など心神喪失に陥った状況で行われたのであれば責任が阻却され（同39条），いずれも犯罪が成立しないことになるからである。

このような比較的単純な例からも明らかなように，事実認定は，たえず諸々の関連法規とにらみあわせながら，法解釈と相互調整的に並行して行われなければならないのである。

2　事実認定と証拠

事実認定は，証拠に基づいて行われなければならないが，裁判で用いられる多種多様な証拠は，幾つかの観点から分類されている。これらの証拠の分類のうち，主なものをみておこう。

最も重要な分類は，直接証拠と間接証拠である。民事裁判では，直接証拠とは，法律効果の発生に直接必要な事実である主要事実の存否を直接証明する証拠であり，間接証拠とは，間接に主要事実の証明に役立つ証拠のことであり，情況証拠とも言う。刑事裁判では，直接証拠とは，構成要件該当の事実・犯罪阻却原因となる事実など，証拠による厳格な証明が必要な要証事実を直接立証する証拠であり，間接証拠とは，間接事実を証明することによって間接に立証する証拠のことである。

よく用いられるもう一つの分類は，証拠調べの方法の違いによる分類であり，人証・書証・物証という分類が一般的である。民事裁判では，証人・鑑定人・当事者本人などの人証は尋問により，文書などの書証は提出させて閲読することにより，検証物などの物証は直接にその事物の状況を検査することにより取り調べることになっている。刑事裁判では，証人・鑑定人などの人証は尋問，証拠書類などの書証は朗読，証拠物などの物証は展示して取り調べることにな

っている。

　証拠調べや証拠能力などの法的規制については，実体的真実主義をとる刑事裁判と形式的（手続的）真実主義をとる民事裁判とではかなり異なっている。実体的真実主義では，当事者の主張・立証にまかせずに，裁判所の職権で証拠を収集してでも，客観的な真実を究明しようとする。それに対して，形式的真実主義では，当事者間で争いのない事実は，真実でなくとも，そのまま真実として扱い，争いのある事実についても，当事者間の立証の優劣で真実かどうかを判断すればよいとされている。しかし，刑事裁判においても，人権保障や適正手続の要請などの観点から真実の究明には限界があり，また，手続の当事者主義化が強化されていることもあって，実体的真実主義も一定の制約を受けている。

　証拠能力については，民事裁判では原則として制限がないのに対して，刑事裁判では，種々の制約がある。まず，任意性のない自白（憲法38条2項，刑事訴訟法319条1項），伝聞証拠など反対尋問を経ない供述（憲法37条2項，刑事訴訟法320条。ただし刑事訴訟法321条ないし328条の例外が認められている）には，証拠能力は認められず，また，憲法35条の令状主義に反して違法に押収された物も，証拠として用いることは許されない。なお，証拠能力のある証拠に基づき法定の証拠調べ手続によって証明する「厳格な証明」と，証拠能力または証拠調べ手続のいずれかあるいは双方に関して法定の要件を満たさなくともよい「自由な証明」との区別もある。

　しかし，民事裁判でも刑事裁判でも，各証拠の価値をどう判定し評価するかという証明力については，いずれも，原則として自由心証主義がとられ，裁判官の自由な判断にゆだねられており，裁判官は経験則に従って合理的に判断することが要求されているだけである（刑事訴訟法318条，民事訴訟法247条）。経験則には，日常社会生活における常識的な知識・法則から，きわめて専門的な科学的知見・法則まで，さまざまなものがあり，専門的な経験則は，専門家による鑑定でそれを確かめる必要がある。ただ，例外的に，刑事裁判では，自白の証明力について，自白のみに基づいて有罪判決を下すことができないという制約がある（憲法38条3項，刑事訴訟法319条2項・3項）。

　証明の程度は，裁判官の心証の程度を基準として，確信，証拠の優越及び疎

明の三段階に区別される。民事訴訟の要証事実（当事者が主張する事実で事案の判断に必要な事実）や刑事訴訟の犯罪事実については，通常人が疑いを差し挟まない程度に真実らしいという高度の蓋然性の心証を得て裁判官が確信することが要求される。自由な証明の対象となる事実のうち，手続的ないし派生的事項については，肯定証拠が否定証拠を上回る程度の証明である証拠の優越で十分とされたり，一応確からしいと推測させる疎明で足りるとされたりすることもある。

3　証明責任

　両当事者が証拠を提出して立証活動を行ったにもかかわらず，証拠だけからは裁判官が事実の存否を判定しかねる場合，つまり真偽不明の場合には，その事実を存否いずれかにみなして当事者のどちらかに不利な判決をせざるをえない。この当事者の負う不利益ないし危険のことを「証明責任（挙証責任・立証責任）」と言う。

　刑事裁判では，人権の保障や「疑わしきは被告人の利益に」の原則に基づき，法律で明記されているごく少数の例外（同時傷害の特別共犯例（刑法207条），名誉毀損の真実性の証明（刑法230条の2），公害犯罪における因果関係（人の健康に係る公害犯罪の処罰に関する法律5条）など）を除き，犯罪事実の証明責任はすべて検察官が負担し，犯罪の証明ができなければ無罪となる（刑事訴訟法336条）。

　民事裁判については，証明責任の分配をめぐって見解が対立しているが，一般的には，一定の法律効果を主張する当事者が実体法上その発生に通常必要な要件事実について証明責任を負い，その効果の発生の障害あるいは消滅の事由となる事実については，相手方が証明責任を負うとされている。例えば，500万円の貸金返還請求訴訟の場合，金銭の貸借契約の合意があったという事実，500万円を手渡したという事実の証明責任は原告にあり，それに対して，被告が，返済によってその請求権が消滅したとか，契約締結の際に錯誤があって無効である（民法95条）と主張するならば，これらの事実については被告が証明責任を負うことになる。

　なお，特別規定によって，一般規定では一方当事者にある証明責任が，相手方当事者に反対の事実の証明責任が負担させられ，「証明責任の転換」が行わ

れることがある。例えば，民法 709 条によれば，不法行為による損害賠償を請
求する場合，原告が加害者である被告の過失を証明しなければならないが，民
法 718 条 1 項によって，動物が他人に危害を加えた場合には，逆に加害者であ
る被告が自己に過失がなかったことを証明しなければ，損害賠償責任を免れな
いものとされている。また，事実の推定に関する規定がある場合にも，相手方
が推定の反対事実について証明責任を負うことになるので，同じように証明責
任が転換される。民法 772 条 1 項「妻が婚姻中に懐胎した子は，夫の子と推定
する」という規定などがその例である。ただ，このような「推定」は，当事者
がそうでないことを反証すれば，覆すことができるので，反証が許されない事
実の「擬制」（民法 23 条 1 項「住所が知れない場合には，居所を住所とみなす」など）
とは異なる。

第12章　法　の　解　釈

1　法の解釈と継続形成

1　法　の　解　釈

　前章では，裁判過程や法の適用過程全体について説明したうえで，事実認定の問題を取り上げたが，本章では，法の適用過程において事実認定と並ぶ重要な作業である，法の解釈の問題について説明する。

　法の解釈とは，実定法の規範的意味内容を解明する作業のことである。実定法の法源については，第2章で説明したように，制定法，慣習法，判例法などがあり，慣習法の存在やその内容を確認したり，個々の判決から将来の裁判の先例となる一般的規準を抽出したりする場合にも，それらの意味内容を確定する解釈が問題になる。しかし，わが国などのような成文法主義のもとでは，実定法は制定法を中心に体系的論理的に整序されており，制定法の条文の文字・文章や相互の体系的連関などを手がかりに，実定法の意味内容を解明する作業が圧倒的なウエイトを占めている。このような法解釈の最も重要な作業は，原則として要件＝効果図式によって，どのような要件事実があれば，どのような法律効果が生じるかを，個別具体的事例あるいは一定類型の事例の適正な解決に必要かつ十分な程度に特定化することであり，法解釈をめぐる諸々の問題も，このような制定法の解釈を中心に論議されてきている。

　このような法の解釈は，法の適用ととくに区別されることなく，裁判における判決作成活動全体をさす意味で理解される場合もあるが，通常は，判決における法的三段論法の大前提を作成する活動にあたるものと理解されている。

　制定法は一定類型の事例を念頭において一般的抽象的に規定されているから，

立法後の社会経済的条件や社会の価値観の変化に対しても，法教義学的な解釈技法によって相当長期間対応することができる。しかし，立法後，時を経るにつれて，制定法と社会のギャップは概して次第に大きくなり，立法当時には予測できなかった新たな法的問題が生じることもある。その結果，既存の制定法の条文を直接的な手がかりとするだけでは，新しい問題の法的解決に必要かつ十分な裁判規範を形成できない事例がどうしても生じる。このような場合，法律学では，「法の欠缺」が存在すると言う。

2　法の継続形成

前章①で紹介したように，かつての概念法学は，法の欠缺の存在を認めず，既存の制定法や法律学の体系のなかに，一切の事案の法的解決の規準が存在すると考えていたが，このような考え方は，自由法運動や利益法学によって厳しく批判され，次第に支持されなくなった。1907年に制定されたスイス民法1条では，「文言ないし解釈によれば制定法に規定が含まれている法的問題にはすべてその制定法を適用する。制定法から何らの規定も得られないときには，裁判官は慣習法に従って裁判し，慣習法もないときには，自分が立法者であるならば定立するであろう規準に従って裁判すべきである。その場合，裁判官は確定した学説および伝統に従う。」と規定された。その後は，この規定が，大陸法系諸国の民事裁判の指導原理として一般的に認められるようになった。

現代では，法の欠缺を率直に認めて，裁判拒否が許されない民事裁判においては，裁判官は，制定法の条文を間接的な手がかりとしたり，制定法以外の各種の補充的法源を探究したり，さらに，社会通念，社会一般の正義・衡平感覚，支配的な価値観などの実定法以外の規準にも配慮しつつ，具体的な裁判規範を作成し，それに基づいて判決を下すべきだとする考え方が一般的となっている。

問題は，法の欠缺があるかないかをどのようにして認定するかである。法の欠缺を制定法の欠缺という意味に理解して，一定の事案に適用すべき制定法規が全く存在しない場合と，既存の制定法規の適用によっては現実の社会生活に適合した解決が得られない場合とに区別されることが多い。だが，この区別自体が相対的流動的であり，一定の具体的事案を既存の制定法規の適用によって処理すべきか，それとも，法の欠缺の補充として処理すべきかという判断自体

が困難であり，しかも，同一事案に対するこのような判断が，社会経済的条件や社会の支配的な価値観の変化に応じて異なってきている場合もある。

　それ故，理論的には，一般に法の解釈と言われている活動には，狭義の法解釈と欠缺補充とが含まれていると言えるが，両者を具体的にどう区別するかは，各論者によって意見が異なることが少なくない。

　さらに，裁判による一定の法の継続形成が，法の欠缺の補充か，それとも，制定法に反した（contra legem）法形成，いわゆる制定法の訂正（Gesetzes-berichtigung）かという判断についても，ほぼ同じことが言える。それに加えて，制定法の訂正については，このようなことがそもそも制度的に許されるのかどうかという問題がある。各法領域によって事情が異なるところがあるけれども，社会経済的条件や政治体制の激変期など，きわめて例外的な場合を除いては，原則として許されないと考えるべきである。[1]

　これらの法の欠缺補充や制定法の訂正も，実定法の規範的意味内容を確定し，判決の大前提を作成する活動であり，法の解釈と呼ばれることもある。しかし，法理論的には，制定法の条文を直接的な手がかりとし，そのときどきの言語慣用からみてその可能な語義の枠内で行われる狭義の法解釈と区別して，「法の継続形成（Rechtsfortbildung）」と呼ばれている。

　もっとも，現実の判決作成過程においては，両者は密接不可分の関係にあり，両者の区別の基準も流動的相対的であり，厳密には法の欠缺補充や制定法の訂正とみなすべき作業も，歴史的には，法の解釈のうちに含めて理解されてきている。しかも，法の欠缺補充や制定法の訂正は，実際には，信義誠実（民法1

---

1)　裁判による制定法の訂正の具体例としては，1954年に制定された利息制限法1条1項・2項が，一定利率を超える利息契約について，その超過部分を無効にするとともに，超過部分が任意に支払われた場合には，その返還を請求できないと規定していたことの解釈をめぐって，最高裁判所は，当初は超過利息支払分を元本に充当することを否定していたが，昭和43年（1968年）11月13日大法廷判決（最高裁民事判例集22巻12号2526頁）において，元本完済後の超過支払分の返還請求を認めたケースが挙げられることが多い。この判決は，利息制限法1条2項を「空文化」するものと評されたが，裁判所は利息制限法の他の規定の解釈においても同様の効果をもつ判決を下すことが多く，2006年に判例の流れをふまえた利息制限法の改正が行われ，1条2項も削除された。詳しいことは，広中俊雄『民法解釈方法に関する十二講』（有斐閣，1997年）第三「反制定法的解釈について」参照。

条2項）・権利濫用（同1条3項）・公序良俗（同90条）などの「一般条項」の適用という形式で行われることが多いので，これらの作業を厳密に区別することがむずかしくなっており，また，あまり意義のあることでもない。

　このような裁判による法の継続形成に着眼して，裁判による法創造・法形成とか司法的立法ということがよく問題になるが，裁判による法創造の意味するところはかなり多義的である。一般に法創造活動と言われる場合，裁判における法適用にあたっては，制定法に準拠しつつも，つねに個別事例ごとに具体的裁判規範が形成され，それに伴って制定法の内容も徐々に変化し発展してゆくという側面が問題とされていることもあれば，個々の判決によって将来の裁判の先例となる一般的法規範が形成されるという側面が問題とされていることもある。法の解釈や継続形成の問題と直接関連するのは，前者であり，後者は，判例の法源性を認めるかどうかという法源論の問題であり，すでに第2章③2で説明したところである。

　法の欠缺補充や制定法の訂正による継続形成のみを法創造と呼び，狭義の法解釈と区別することも理論的には可能ではある。だが，その場合には，以上で説明したように，両者の区別の基準自体が相対的流動的であることとともに，狭義の法解釈も，たいていの場合，それを「法」創造と呼ぶかどうかはともかく，多かれ少なかれ「創造的」活動を含んでいることに注意する必要がある。

② 法解釈の技法

　法の解釈においては，制定法の条文を手がかりに実定法の規範的意味内容を具体的に確定したり継続形成したりするために，独特の教義学的技法が用いられる。中世の註釈学派がスコラ神学の聖書解釈技法を借用して「ローマ法大全（Corpus Iuris Civilis）[2]」を解釈した方法が，近世初頭のローマ法継受を経て，

2）「勅法彙纂」「学説彙纂」「法学提要」の三部からなるユスティニアヌス一世の法典と，個別的補充立法である「新勅法」との総称。12世紀イタリアでおこった中世註釈学派による加工を経て，ローマ法の継受によって，ドイツなどでは実定法の法源として受け容れられ，中世末期から近世初頭にかけてヨーロッパ諸国の実定法秩序の骨格となった。

近代の法律学へ受け継がれてきたものである。ドイツなどでは，法解釈を体系的組織的に行う法律学は，伝統的に法教義学（Rechtsdogmatik）と呼ばれてきている。

伝統的な諸々の技法には，厳密には法の欠缺の補充技法とみなすべきものも含まれているが，それらも，歴史的には，狭義の法解釈技法と明確に区別されることなく，一体となって発達してきた。現代では，それらの主なものは，一応，狭義の法解釈技法として，文理解釈，体系的解釈，歴史的解釈，目的論的解釈があり，法の欠缺の補充技法として，類推，反対解釈，勿論解釈があるというように分けられている。これらの技法のそれぞれについてごく簡単に説明しておこう。

```
┌─────────────────────────────┐
│      法解釈の主な技法          │
│ ● 狭義の法解釈                │
│    文理解釈，体系的解釈，       │
│    歴史的解釈，目的論的解釈      │
│ ● 法の欠缺補充                │
│    類 推                      │
│    反対解釈，勿論解釈           │
│ ● 制定法に反した法形成         │
│    （制定法の訂正）            │
└─────────────────────────────┘
```

1 狭義の法解釈の技法

(1) 文理解釈とは，法規の文字・文章の意味をその言葉の使用法や文法の規則に従って確定することによってなされる解釈のことである。文理解釈は，すべての法解釈の出発点であり，最も説得力ある論拠とされている。法規の文字・用語は，言語慣用に従って，普通の常識的な意味に解するのが原則であるが，特殊な専門用語，立法技術的な法令用語については，その使用上の約束や慣例に従って解釈しなければならない。

法独自の専門用語の例としては，例えば，民事法には「善意」か「悪意」かによって法律効果が異なる規定があるが（民法192条・704条など），善意とは，ある事情を知らないこと，悪意とは，知っていることを意味し，通常の善意・悪意の意味が道徳的な評価を含んでいるのとは異なる。また，立法技術上一定の約束で使われる法令用語の例としては，「推定」と「看做ス（みなす）」，「適用」と「準用」などの区別があるが，前者については前章③で事実認定との関連で説明したところであり，後者についてはすぐ後で類推との関連で説明する。

(2) 体系的解釈とは，ある法規と他の関係諸法規との関連，問題となっている法令・法領域あるいは法体系全体のなかでその法規が占める位置など，法規

の体系的連関を考慮しながら行われる解釈のことである。論理解釈とも言われる。また、法規相互の体系的連関は、目的論的判断によって確定されることが多いから、体系的解釈の大部分は、同時に、目的論的解釈でもあると言える。

体系的解釈は、文理解釈を前提として、その可能な語義の枠内で行われる。常識的意味よりも拡げて解釈する「拡張解釈」（刑法175条の公然猥褻物陳列罪について、映画を映写することも「陳列」と解釈する例など）と、逆に、限定して狭く解釈する「縮小（制限）解釈」（民法177条は不動産の取引について登記をしないと「第三者」に対抗できないと規定しているが、これを「登記の欠缺を主張するについて正当な利益を有する第三者」に限定して解釈する例など）が主なものである。

(3) 歴史的解釈とは、法規の成立過程、とくに法案・その理由書・立案者の見解および議事録など、いわゆる立法資料を参考にして、法規の歴史的意味内容を解明することによってなされる解釈のことである。沿革解釈とも言われている。歴史的解釈は、法解釈の基礎作業として不可欠であり、有力な論拠となることが多く、無視しがたい重要な参考資料ではあるが、後ほど説明するように、これが唯一の正しい解釈技法だとみるのは不適切である。

(4) 目的論的解釈とは、当該法令の趣旨や目的・基本思想あるいはその法令の適用対象である問題領域の要請などを考慮しつつ、それらに適合するように法規の意味内容を目的合理的に確定する解釈のことである。目的論的考慮の指導原理や具体的な解釈手法などについては、さまざまな見解が分かれているが、一般的に、目的論的解釈は、他の諸々の技法よりも重要視され、他の技法の選択や組合わせなどを規定する中心的役割が与えられているとみてよい。[3]

---

3) 2004年の行政事件訴訟法一部改正において原告適格の解釈指針として新たに規定された9条2項「裁判所は、処分又は裁決の相手方以外の者について前項に規定する法律上の利益の有無を判断するに当たつては、当該処分又は裁決の根拠となる法令の規定の文言のみによることなく、当該法令の趣旨及び目的並びに当該処分において考慮されるべき利益の内容及び性質を考慮するものとする。この場合において、当該法令の趣旨及び目的を考慮するに当たつては、当該法令と目的を共通する関連法令があるときはその趣旨及び目的をも参酌するものとし、当該利益の内容及び性質を考慮するに当たつては、当該処分又は裁決がその根拠となる法令に違反してされた場合に害されることとなる利益の内容及び性質並びにこれが害される態様及び程度をも勘案するものとする。」は、このような目的論的解釈の中心的役割を明文で定式化した珍しい立法例として注目される。

　わが国において目的論的解釈の具体的手法を提示した方法論としては，現実の社会関係の観察・分析に基づいてその具体的な関係に適合した解釈を行うべしと主張する「社会学的方法」や，法規の適用対象である紛争における利益・価値の対立状況を分析し，どのような利益が保護されどのような価値が実現されるべきかを重視する「利益衡(考)量論」（後述 183-185 頁参照）などが代表的なものである。

2　法の欠缺補充の技法

　(1)　類推とは，ある事案を直接に規定した法規がない場合に，それと類似の性質・関係をもった事案について規定した法規を間接的に適用することである。例えば，債務不履行に基づく損害賠償の範囲を「通常生ずべき損害」に限定した民法 416 条の規定を，このような規定を欠いている不法行為に基づく損害賠償（民法 709 条）の場合にも適用されるものとすることなどがこれにあたる。

　なお，先ほど触れたように，立法技術上，規定の重複煩雑を避けるために，「準用」という用語を用いて類推すべきことを明示している場合（民法 361 条・741 条，刑法 251 条・255 条など）がある。その場合は，「適用」とは違って，準用されるべき法規をそのままあてはめるのではなく，事柄の性質・関係の差異などに応じて必要な変更を加えて適用しなければならない。

　類推を拡張解釈などと同様，体系的解釈の一種とみる見解もあるが，解釈が法規の文理的意味の枠内で行われるのに対して，類推は，法の欠缺の存在を前提として，法規を間接推論によって適用する補充的作業であるから，両者は法理論的には区別されるべきである。もっとも，実際問題としては，両者の区別が困難な場合があることも多い。類推がどのような場合にいかなる根拠によって許されるかは，各法分野の性質に即して個別的に検討されなければならないが，抽象的に言うと，両者に同一の法律効果を認めることが適正か否かについての目的論的判断と相関的に，両者の性質・関係の類似性の有無を認定して決めることになるであろう。なお，法の欠缺補充だけでなく，法の適用はすべて，

***

　4)　戦後の法解釈論争の口火を切った来栖三郎が，「法の解釈と法律家」（『私法』11 号，1954 年）などで提唱し，その著『契約法』（有斐閣，1974 年）でその方法を実践した例などが代表的なものである。

基本的にこのような類推推論だとみる見解もある。

(2) 反対解釈と勿論解釈とは，A・B二つの事案のうち，Aについてだけ規定がある場合に，BについてはAと反対の法律効果を認めるのが反対解釈であり，BについてもAと同じ法律効果を認めるのが勿論解釈である。例えば，「私権の享有は，出生に始まる。」という民法３条１項の規定から，他に明文の規定がある特別の場合（民法721条「胎児は，損害賠償の請求権については，既に生まれたものとみなす。」，886条「胎児は，相続については，既に生まれたものとみなす。」など）を除き，胎児は私権を享有できないと解することなどが反対解釈である。それに対して，法律行為の効力の発生や消滅を将来発生するかどうか不確実な事実にかからせる「条件」に関する規定（民法128条・129条）を，将来発生することが確実な事実にかからせる「期限」（同135条・136条・137条など）についても当然に適用すべきだと解する例などが勿論解釈である。

　これらの反対解釈と勿論解釈についても，体系的解釈の一種とみる見解があるが，反対解釈は類推と同一の基礎に立つ逆の推論であり，勿論解釈は類推の一亜種であるから，厳密には，法の欠缺補充作業とみるべきであり，もともと，勿論解釈や反対解釈を解釈と呼ぶこと自体が不適切なのである。反対解釈と類推とでは結論が正反対になるが，具体的事案についていずれによるべきかは，類推に関して述べたのと同様の目的論的判断によることになるであろう。勿論解釈は，類推の許容性がはっきりしている場合に用いられる。

③ 法解釈の目標と規準

1 法解釈のあり方に関する見解の対立

　法解釈の方法論においては，法解釈の目標・課題・機能，指導原理，規準，正当化の基礎，その活動の性質，手法などが論じられてきている。そこでは，以上で紹介した各種の法解釈技法の優先順位，法解釈—とくに目的論的解釈や法の欠缺補充—において考慮されるべき諸々の要因の範囲やウエイトについてさまざまな見解が提唱され，いろいろな論争が展開されてきている。

　法解釈の目標について，ドイツの法律学的方法論においては，法律制定当時の立法者の歴史的・主観的意図を探究し再現することであるとする「立法者意

思説（主観説）」と，立法者の意図から独立した客観的存在としての法律に内在する合理的意味内容を解明することであるとする「法律意思説（客観説）」との論争が古くからあった。また，これと似かよった論争が，アメリカにおける憲法や制定法の解釈に関する理論にもみられ，そこでは，法解釈の正当化の基礎は制定法を作った立法者の意図だとする「意図主義（原意主義）」，制定法がめざしている目的だとする「目的主義」，制定法のテキストの文言だとする「テキスト主義」が対立している。

これらのドイツとアメリカにおける論争の対立構図は，必ずしも同一ではないけれども，基本的に重なりあっているところが多い。いずれにおいても，議論は，一方では法解釈と文芸作品の解釈との異同，他方では司法と立法の関係，とくに民主的立法との関連での司法活動の正統性の根拠・限界に関する見解の対立とからみあいながら展開されてきている。

これらの見解の対立の意義をどのように理解するかは，それぞれの時代や国家の政治体制・法制度や支配的な法思想などの相違に応じてかなり異なる。現代では，これらの見解の対立を必ずしも相互に排他的なものとみないで，いずれの見解に与するにせよ，他の見解の主張も何らかの仕方で取り入れて，事実上統合的ないし折衷的立場をとらざるをえないと一般に考えられている。また，諸々の解釈技法についても，いずれかの技法を唯一の正しい方法として自己目的化することなく，それぞれに独自の存在理由を認め，個々の具体的な法解釈ごとに，これらの相互に対立したり補い合ったりする各種の技法を適切に選択し組み合わせて，その都度全体として整合的で最も説得力ある正当化をめざすべきだとする見解が有力である。

2 基本的な考え方

制定法のテキストの文言の文理的・体系的な意味の解明が，すべての法解釈の出発点であり，通常は，このようなテキストの意味が一定の法解釈を正当化する最も説得力ある論拠であると言ってよいであろう。しかし，テキストの意味は，それが適用される歴史的コンテクストやそこで支配的な価値観などによって制約され影響を受け，時代とともに変わってゆく。

しかも，問題は，このような文理的・体系的な解釈の結果，複数の解釈の可

能性が残る場合が多いことである。その場合には，まず，立法者が法律制定当時に意図していた歴史的意味内容を探究して，それを規準に法律の意味内容をより具体的に確定する作業が不可欠であろう。このような立法者の意図も，テキストの文言と並んで有力な論拠であり，法律制定後日が浅く，社会経済的条件や社会の価値観の変化があまりみられない間は，このようにして確定されたものがそのまま法律の規範的意味内容として妥当するのが原則であろう。

　しかし，現代のように，立法過程が複雑で多数の人々が関与するのが通例である状況のもとでは，法律の意味について関与者の見解が一致していなかったり，不確かで探究できなかったり，矛盾・対立を含んでいたりする場合もある。のみならず，個々の法律の条文の意味は，つねに法体系全体との関連のなかで理解されなければならないから，関連する他の法律の制定・改廃に応じて，ある法律の条文の意味が，その制定者の意図に反したものに修正・変更されてゆくこともありうる。

　それ故，法解釈においては，具体的にその法が適用されるそれぞれの歴史的コンテクストにおいて，法が適用されるべき個別具体的事例の適正な解決に必要かつ十分であるとともに，それを含む一定類型の事例に相当期間にわたって一般的に適用可能な合理的意味内容を解明することをめざすべきである。その場合，原則として，法律の文理的・体系的な意味の枠内にとどまり，いわゆる立法者意思を十分に考慮に入れるべきである。

　しかし，立法後の社会経済的条件や社会の価値観の変化が大きく，文理的・体系的な意味や立法者意思に従った解釈では，社会一般の正義・衡平感覚に著しく反した不合理な結果が生じる場合などには，それらをある程度無視せざるをえないことも，例外的にはありうる。このような場合，文理的・体系的な意味や立法者意思から離れれば離れるほど，概してその権威的説得力は失われることになるから，それを上回る説得力をもつ強力な論拠によって適切に正当化できなければならない。

　全体として，法解釈の目標としては，個別具体的事例や一定類型の事例の解決という，問題事例に定位した歴史的コンテクストのなかで，①憲法をはじめ関連法規・判例などの実定法規準全体と原理的に整合していること，②当該法規の適用対象となりうる同一類型の事例に一般的に適用可能であること，③社

会一般のその時々の通念
的正義・衡平感覚に適っ
ていること（少なくとも
著しく反しないこと）とい
う三つの要件を充たすよ

> ### 法解釈における主な考慮要因
>
> ● 憲法をはじめ関連実定法規準との原理整合性
> ● 同一類型事例への一般的な適用可能性
> ● 社会一般の通念的正義・衡平感覚との適合性

うに，適正な規範的意味内容を解明することがめざされるべきである。そして，このような法解釈は，文理的・体系的な意味や立法者意思の探究，適用対象の社会学的分析など，分析的・記述的な認知的活動を基礎としているけれども，それに尽きるものではなく，一定の歴史的コンテクストのもとで法的に可能な選択肢のうちで最も理に適った説得力のある規範的意味内容を，賢慮に基づいて総合的に判断し正当化する実践活動である。

4 法解釈における利益衡量・価値判断

1 利益衡（考）量論

わが国における戦後の法解釈論争においては，このような法解釈における利益衡量・価値判断のあり方が中心争点となってきている。そして，法解釈において，その適用の対象となる問題事例における利益の対立状況，判決がそれに及ぼす結果を分析し比較衡量する手法をとくに重視する立場は，「利益衡（考）量論」と呼ばれている。

この利益衡量論は，1960 年代中頃のほぼ同じ時期に，加藤一郎と星野英一が民法解釈の方法論として提唱したものである。両者の提示した解釈手法には，かなり違いもあるが，①裁判官の積極的な法創造活動によって判決の具体的妥当性を確保することを重視すること，②利益の比較衡量・価値判断によって妥当な結論を獲得する実質的な理由づけと，法規・理論構成による結論の形式的な理由づけとを区別し，前者を重視すること，③利益衡量・価値判断において，素人の常識を尊重し，素人を実質的に納得させることを強調していること，④妥当な結論を得るために，社会関係・利益状態の差異による類型化の必要を説いていることなどにおいて，基本的な共通性がみられる[5]。

このような利益衡量論の見解は，裁判実務や法律学の研究・教育に相当広範

に影響を及ぼしており，法解釈において利益衡量や価値判断が不可欠の重要な作業であること自体は一般的に認められている。だが，利益衡量論には自由法学やリアリズム法学の影響がうかがわれることもあって，判決形成における法規の事前の拘束力を軽視し，具体的な利益衡量・価値判断の客観的ないし原理的な規準を示さず，結果として，裁判官に白紙委任を与えその恣意を抑制できないこと，判決における発見の過程と正当化の過程が未分化であり，法的思考様式の核心をとらえていないことなど，批判もある。

　このような批判がどの程度あたっているかはともかく，問題は，どのような利益をどのような仕方で比較衡量すべきかということである。適正な法解釈のために利益衡量が重要なことを認めるとしても，一口に利益と言っても，訴訟の直接当事者間の具体的個別的利益，当事者と法的に同じ立場にある人々の法的利益，判決の結果次第で影響を受ける不特定多数の人々の集団的利益，公共性・公益性など社会全体の集合的利益等々，さまざまな種類・レベルのものがある。判決の結果についても，法的なものから事実的なものまで，直接的なものから間接的なものまで，具体的個別的なものから一般的抽象的なものまで，多種多様なものが考えられる。これらの利益や結果をどの範囲まで考慮に入れ，どのような仕方で比較衡量するかについては，一般的な規準を提示することはなかなかむずかしく，最終的には個別具体的な事例ごとに解釈者の賢慮を働かせた判断にゆだねざるをえないところが多い。

　法解釈における利益衡量のあり方は，立法・行政などの政策形成過程や裁判外の紛争解決過程におけるものと同じではなく，やはり，裁判の制度的枠組によって一定の制約を受け，利益衡量をめぐる議論の過程と手続が構造化されているところに，法的思考独特の特徴がみられる。法的利益衡量の原理的な指針としては，①訴訟の直接当事者間の具体的個別的利益の比較衡量を中心とし，必要な場合には，原則として両当事者について同じレベルの利益まで考察範囲を拡げ，同じレベルで比較衡量すること，②公共性・公益性などの社会的利益については，その内容をできるだけ具体的個別的に明確にしたうえで考慮に入

---

5)　加藤一郎『民法における論理と利益衡量』（有斐閣，1974年），星野英一『民法論集第1巻・第4巻・第5巻』（有斐閣，1970年，1978年，1986年）などでその主張内容が詳しく展開されている。

れること，③裁判官のその場限りのアド・ホックな裁量的判断にゆだねることなく，利益衡量の対象と規準をできるだけ類型的・一般的に提示することなどがとくに重要である。

2　「法的」価値判断のあり方

他方，法解釈における価値判断については，解釈者個人の価値判断が客観的か主観的かという一般的抽象的レベルで論議されがちであるが，このような議論の仕方は必ずしも適切ではない。法解釈における価値判断のあり方は，あくまでも一定の歴史的コンテクストのもとでその法が適用されるべき問題事例と相関的に，しかも，裁判の制度的枠組の制約のもとで考察されなければならない。

このような法的価値判断の原理的な指針を抽象的に定式化すると，社会一般の正義・衡平感覚を反映したコンセンサスに依拠しつつ，憲法をはじめ関連法規・判例などの実定法規準全体およびその適用対象となる一定類型の問題事例との関連で原理整合性と普遍化可能性をもった価値規準を特定化し，そのような規準に基づいて個々の法解釈を正当化すべきであるということになる[6]。

裁判における法解釈において，実定法規準とも，問題事例とも，社会的コンセンサスとも関係なしに，端的に各人の個人的な価値規準に基づいて一定の法解釈を正当化することが許されるならば，主観的な裸の価値判断をめぐる水掛論以上のことを裁判に期待することはできず，結局のところ，裁判官の法的権威に基づく決定にすべてがゆだねられてしまうことになってしまう。法解釈における価値判断においては，たんに個人的な価値規準の適否・優劣が争われているのではなく，実定法規準全体，その適用対象となる一定類型の問題事例，社会一般の正義・衡平感覚を反映したコンセンサスなどの共通の背景に照らして，各人が上述の指針に従って提示する一定の特定化された価値規準が，その法解釈の納得のゆく適切な正当化理由として受け容れられるものか否かが争われているのである。

[6]　このような法解釈における価値判断のあり方に関する詳しい説明は，田中成明『法的思考とはどのようなものか』（有斐閣，1989年）とくにⅡ第6章，同『現代法理学』（有斐閣，2011年）第16章など参照。

　例えば，判例による法形成の具体例として，最高裁判所が昭和62年（1987年）に有責配偶者の離婚請求について従来の判例を変更し，別居状態が長く続き未成熟の子がいない夫婦について，著しく社会正義に反しないなどの一定の条件のもとで離婚を認めたケースを紹介した（第10章②2参照）。このような判例の変更について，法解釈のあり方として重要なことは，最高裁の裁判官の構成がどのように変わり，個々の裁判官が個人的にどのような婚姻観・離婚観をもっているかということではなく，社会一般の婚姻観・離婚観自体や正義・衡平感覚がどのように変わり，それに応じて，個々の裁判官が，社会的コンセンサスの状況，実定法規準全体との整合性，類似の類型の問題事例への一般的な適用可能性などを総合的に考慮して，どのような基準・条件を正当化理由として従来の判断を変えたかということである。

　また，このような一定の法解釈の正当化理由として，とくに憲法判断などがからんだハード・ケース（難件）においては，法形成における司法の役割をどのように理解しているかということも重要であり，この点に関する判断の相違が，法解釈の分かれ目になっている場合も多いことに注意する必要がある。例えば，民法900条の非嫡出子の法定相続分の差別規定に関する平成7年（1995年）7月5日最高裁大法廷判決（151頁注5参照）が合憲判決を下した際に，当時法制審議会民法部会が法定相続分を平等にする改正要綱試案をすでに提示していたこともあって，多数意見のなかにもこの規定の合理性を疑問視して立法による是正を求める意見があり，全体としてこの規定の合理性を疑問視する意見が多数を占めていたことについて，差別規定の法的当否自体の判断よりも，立法と司法の役割分担の考え方のほうが判決結果を左右する大きな影響を及ぼしていることが注目を集めたことがあった。

　たしかに，法形成における立法と司法の役割には，制度上の違いがあることは否定できず，法解釈について，「立法論・政策論としてはともかく，解釈論・法律論としては無理だ」ということがよく言われる。だが，両者の違いは，それほど明確でなく，かつては立法論・政策論として斥けられていた見解が，判例の変更などによって，解釈論・法律論として堂々と通用しているケースは少なくない。常識論と法律論の区別についても，同じようなことが言える。たしかに常識論がそのまま法律論として通用するわけではないが，常識的な結論

とずれた法律論は，やはりどこかおかしい場合が多く，利益衡量論が強調しているように，素人の常識的な正義・衡平感覚が法律論においても十分に尊重されるべきであろう。

　もちろん，法解釈の決め手となるこのような価値規準が何であるかについて，各人はどこかで自分自身の判断に依拠しなければならず，理性的な思考・判断能力をもった人々の間でも意見が分かれる場合も少なくない。しかし，このような意見の対立について，共通の法的規準と公正な手続にのっとった合理的な議論によってその都度一応の決着をつける仕組みであることに，法システム，とくに裁判手続の重要な社会的存在理由がみられる。法律学を学ぶことの最も重要な意義は，まさにこのような法独特の合理的な議論の進め方を身につけることなのである。

　法解釈に関する以上のような原理的抽象的な説明は，法学を学びはじめたばかりの者には少しむずかしいかもしれない。法学をこれから専門的に学ぼうとしている者に対しては，「とにかく主な解釈学説の争いや重要な判例などを実際に自分で苦労して学びなさい。そうすれば，個別的な問題事例をめぐって展開されている具体的な法解釈の実例を学んでゆくなかで，どのような法解釈が筋がよく説得力をもつと法律家の間で相互に了解されているかもわかり，法解釈のコツ，ノウ・ハウが徐々に分かるようになるはずだ」と言って済ませることができるかもしれない。だが，一般の人々にはそういって済ますわけにもゆかないであろう。

　裁判制度や諸々の法制度を一般の人々にもわかりやすく身近なものとするためには，やはり，法律家も，自分たち専門家の間だけでわかり合っておればよいのだという意識を捨てて，判決の結論，法解釈の結論だけでなく，その思考過程や正当化理由などについても，その善し悪しをできるだけ一般の人々にも理解可能なように説明する努力が必要となってきている。判決文は，しばしば悪文の見本として槍玉に挙げられているが，いつまでもこのような法律文書独特のスタイルを続けていてもよいのかどうか，問題である。

第13章　法的思考と法律学と法学

1 法的思考とリーガル・マインド

1　リーガル・マインドとは

　本章では，第11章と第12章で概観した法の解釈と適用に関する専門技術的な思考様式・技法との関連に留意しながら，一般に法的思考と言われているものの独特の性質を説明したうえで，そのような専門的な法的思考の教育・研究に関わる法律学の任務と学問的特質，法律学以外の法学の諸分野の現況について，基本的なことを説明する。

　法独特の専門技術的な思考がどのようなものかを説明する場合，法律学を専門的に学びはじめた者に対してよく言われることは，「法律学を学ぶにあたっては，法律の条文や判例・学説などの細かなことをあれこれ覚え込むよりも，法的に筋道を立てて考える力，つまり，法的思考能力，リーガル・マインド（legal mind）を身につけることが重要である」ということである。そして，このような法的思考能力，リーガル・マインドが，法律家の備えるべき必須の資質であり，それを身につけさせることが法学教育・法曹養成の目的として強調されてきている。しかし，そのわりには，リーガル・マインドが具体的にどのようなものかについては，あまり明確な説明はなされず，さまざまな特徴が例示的に語られるだけだったというのが実情である[1]。

　リーガル・マインドに関する法学者や法律家の説明において，その特徴として共通して挙げられることが多いのは次のようなものである。

　①紛争や意見の対立に直面した場合，錯綜した状況を整理して，そのなかから法的に何が問題なのか，問題を発見する能力（問題発見能力）。

②法的に関連のある重要な事実・争点とそうでないものとを区別し，法的に分析する能力（法的分析能力）。

③関係者の言い分を公平に聴き，適正な手続をふんで，妥当な解決案を考え出す能力（適正手続感覚・問題解決能力）。

④適切な理由に基づく合理的な推論・議論によって，きちんとした法的理論構成を行う能力（法的推論・議論・理論構成能力）。

⑤正義・衡平・人権・自由・平等などの法的な価値を尊重する感覚（正義・衡平感覚）。

⑥全体的状況をふまえて各論拠を比較衡量し，バランスのとれた的確な判断をする能力（バランス感覚）。

⑦思考や判断の理由・過程・結論などを，関係者や社会一般に向けて説明し説得する能力（社会的説明・説得能力）。

　これらの特徴をもつリーガル・マインドは，要するに，法による正義の実現のために法律家が備えるべき理想的な資質であり，法律の条文や判例・学説についてのたんなる専門技術的な知識（knowledge）ではなく，そのような知識を個々の具体的特殊的状況のなかで正義の実現のために臨機応変に活用する実践的知恵（wisdom）である。しかも，法的に筋道を立てて考え，的確に判断できるようになるためには，やはり重要な条文，基本的な法的概念・原理・制度，主な判例・学説などをきちんと正確に理解することが前提であり，これ自体なかなか大変である。リーガル・マインドが具体的にどのようなものか，公理・定式などの形で明確に示されているわけでもなく，誰かが手取り足取り教えてくれるものでもない。リーガル・マインドを身につけるためには，相当期間の教育・訓練・経験が必要であり，大学で法学教育を受けただけで身につくようなものではなく，実務の現場でナマの問題を扱いながらノウ・ハウを学ぶオ

　1）「特集・リーガル・マインドとは何か」（法学教室175号，1995年）など参照。もっとも，リーガル・マインドを教育方法という観点からとらえ，アメリカのロー・スクールで行われているケース・メソッド（case method）やプロブレム・メソッド（problem method）と関連づけて，具体的な判例・問題を素材として，教師と学生とのソクラテス的問答方式による討議によって訓練され修得されるものと，限定的に理解する見解もあるが，わが国では，本文で説明するように，もう少し一般的に理解されていることが多い。

ン・ザ・ジョブ・トレイニング（on-the-job-training）が不可欠だといわれてきている。

2 実践知としてのリーガル・マインド

このようなリーガル・マインドは，合理的な思考能力，正義感覚・バランス感覚，議論・説得能力などを含んだ総合的な判断力であり，基本的には，古代ギリシア・ローマ以来レトリック（弁論術・修辞学）と緊密に結びついて形成されてきた，法の賢慮（iuris prudentia）という実践知の伝統を継承するものである。形式論理学や経験科学だけが唯一の合理的な思考・知識であるとみる，近代の実証主義的な理論知至上主義の立場からは，リーガル・マインドの本領を十分にとらえることができないことは，以上のような特徴をみただけでもわかるであろう。法的な実践知の特質については，後ほど本章②3や③で，教義学的特質とも関連づけて，もう少し詳しく説明する。

このように，リーガル・マインドというものは，きわめて人間的な知恵であり，実践知というものの性質上，碁や将棋が強くなるためには，ルールや定石を一応知っているだけでは足りず，それらを臨機応変に活用する腕を実践や研究によって磨く必要があるのと同様に，リーガル・マインドも，結局，あれこれ自分で苦労して実際に勉強し経験して学びとるしかないのである。法律学を学ぶのに根気と忍耐力がいるのは，このような実践知の宿命である。

法的思考は，広義では，以上のようなリーガル・マインドと同じものと理解されていることも多いが，狭義では，第11章・第12章で説明したような法の解釈・適用に関するもっと専門技術的な思考様式・技法をさしている。狭義の法的思考は，以上のような特徴をもつリーガル・マインドのいわば骨格を形成するものであり，狭義の法的思考も，それが法による正義の実現のために適切に用いられるためには，以上のようなリーガル・マインドによって裏打ちされていなければならない。リーガル・マインドを身につけさせる法学教育・法曹養成も，まず，専門技術的な思考様式・技法を教え込むことから始められ，このような法的思考の教育・訓練と実務経験を積み重ねるなかで，それが血となり肉となり，徐々にリーガル・マインドが育まれてゆくという関係にある。

2　法的思考の諸特質

1　法的思考の主な特質

　狭義の専門技術的な法的思考の基本的な構造は，それが用いられる典型的な場である裁判の制度的枠組によって規定されており，第9章①で説明した近代的な司法的裁判の制度的枠組のうち，とくに，予め存在する一般的な実定法規範を具体的事件に個別的に適用するという規準・対象面の制約原理によって決定的に規定されている。いろいろな観点から指摘されてきている特質のうち，注目されることが多い特質は，以下のようなものである。

　まず第一に，法的思考の核心的な特質は，予め存在する実定法規範に準拠して一定の法的な主張や決定を正当化しなければならないという点にみられ，これが法的思考の「教義学的」性質と呼ばれるものである。法的思考においては，実定法規範自体はよほどのことがない限り疑問にさらされることなく，批判の外におき，いわばドグマ化し，それを権威的前提として受け容れ，実定法規範に拘束されつつ法的問題解決をはからなければならない。

　法教義学的性質については，このように，実定法規範に拘束されるという保守的な側面だけでなく，実定法規範を社会の変化に応じて継続形成するという創造的な側面をももっていることに注意する必要がある。この両側面を全体としてどのように理解し評価すべきかについては，後ほど本章②5や③であらためて取り上げる。

　第二に，裁判が過去に作られた実定法規範に拘束され，すでに現実に生じた具体的な紛争や犯罪を事後的個別的に処理することに限定されていることに対応して，法的思考は過去志向的で個別的であるという特質をもっている。法的思考は，このように，第一次的には，過去の規準に照らして過去の事実の法的当否を個別的に問題とするため，一定の法的決定が，将来における当事者の生活や相互関係にどのような影響を及ぼすかとか，当事者以外の利害関係者に一般的にどのような影響を及ぼすかというような事柄は，たとえ考慮に入れられたとしても，第二次的な関心事にとどまるべきものとされている。法的な決定や議論は，政治的な決定や議会の議論とは異なっており，将来の一般的な事柄

は，裁判の直接の対象ではないか
ら，このような事柄の考慮が法的
決定の主たる正当化理由となるこ
とは制度的に認められていないの
である。

　このような過去志向性や個別性
という特質は，現代でも，法的思

┌─────────────────────────┐
│　　　　法的思考の特質　　　　　│
│ ● 要件＝効果図式による思考　　│
│ 　　（←→合意型調整図式，目的＝手段図式）│
│ ● 教義学的性質　　　　　　　　│
│ ● 過去志向性・個別性　　　　　│
│ ● 「全か無か」方式による決定　│
│ ● 原理整合性・類型性・一般性　│
└─────────────────────────┘

考の重要な特質とみられている。けれども，司法的裁判という仕組み自体が，
一般的規準の具体的事例への個別的適用によって，一般性と個別性のバランス
をはかりながら，実定法規範をケース・バイ・ケースに継続形成するという機
能をももっていることを考えると，法的思考においても，将来志向性や一般性
への配慮を全面的に排除することは適切ではない。法的思考の本領は，過去に
作られた実定法規範との整合性や過去の具体的事実への適用の適切性という制
約のもとで，将来への展望・展開にも配慮しつつ，今ここでの適正な法的解決
をめざすところにみられるのである。

　第三に，法的思考においては，事実認定についても，法的権利義務関係や有
罪・無罪の確定についても，「全か無か」方式で決定される。とくに裁判では，
第10章③で説明したように，「疑わしきは被告人の利益に」とか事実上・法律
上の推定などの証明責任の原則によって，事実関係はあったかなかったかのい
ずれかに決められ，法的権利義務関係や有罪・無罪も黒白がはっきりと決めら
れる。

　最後に，法的思考においては，結論だけでなく，そこに至るまでの思考過程
と正当化方式も重要である。法的思考が合理性・正当性をもつためには，そこ
での議論や判断について，原理に基づいた整合的な理由づけ，他の類似の類型
的ケースにも適用可能な一般的な理由づけなど，一定の論理的要件を充たして
いることが必要とされている（詳しいことは，第12章③④参照）。これらの論理
的要件の具体的な要請内容については必ずしも見解は一致していないが，これ
らの要件自体は，形式的正義や手続的正義あるいは「合法性」など，いわば法
内在的目的の要請であり，司法的裁判の制度的枠組のなかに組み込まれた要請
とみられている。

2　法的思考と要件＝効果図式

　以上のような幾つかの特質をもった法的思考の論理的構造は，法の適用過程を，法的三段論法，つまり，大前提である法規範に，小前提である認定された事実をあてはめて，判決が結論として導き出されるという，演繹推論とみる見解を念頭において，「包摂図式」と特徴づけられることが多い。しかし，第11章②で詳しく説明したように，法の適用過程全体を演繹的な三段論法とみることについては，いろいろと問題があり，包摂図式という用語は，必ずしも間違いではないけれども，法的思考過程を単純化し，誤解を招くおそれがある。むしろ，法規範の規定する一定の要件に事実をあてはめ，このような要件事実の存在が認定される限り，その事実に一定の法律効果を与えるという規範的構造に着眼して，「要件＝効果図式」ととらえるほうが，法的思考全体の複雑な知的活動の特徴づけとして適切である。

　このように法的思考を「要件＝効果図式」としてとらえることがどのような意義と機能をもっているかを，「合意型調整図式」「目的＝手段図式」という，意思決定理論・政策学などでよく論じられている思考・決定図式との対比で説明しておこう。

　合意型調整図式は，法規範などの何らかの規範的な判断枠組に義務論的に拘束されることなく，関係者のその場ごとのアド・ホックな交渉によって，相互に合意可能な案をさぐり利害調整をはかる手法である。とくに政治や経済の領域で一般的に用いられ，法的紛争解決においても和解・調停などの裁判外紛争解決手続ではこの手法が取り入れられている。他方，目的＝手段図式は，一定の目的を実現するのに最も効率的な手段を選択するという，基本的に功利主義的な考慮によって決定する方式である。行政や企業経営などで重視されている手法である。

　「法の支配」という原理は，政治・経済・行政など社会のさまざまな領域における活動が準拠すべき基本的な枠組を予め実定法によって一般的に規定し，これらの領域で法的問題が生じた場合には，それぞれの領域で第一次的に用いられる手法によって決着がつかない限り，最終的には司法的裁判の場で，このような実定法に準拠して解決すべきことを要請する。要件＝効果図式による法的思考の本来の存在理由も，裁判の場では，合意型調整図式や目的＝手段図式

を法的決定の中心的な正当化方式とすることを原理的に排除ないし制約することによって，法的決定における恣意専断とアド・ホックな裁量行使を抑制する点にみられる。

　もっとも，現代法システムの機能が拡大・多様化し，裁判外の法的活動領域が拡がっており，裁判外の法的過程や行政過程では，これらの思考方式の主従関係が逆転する場合もあり，合意型調整図式や目的＝手段図式の手法のウエイトが高まってきている。それでも，裁判の場では，やはり要件＝効果図式が構造的に法的思考の中心に位置すべきである。合意型調整図式や目的＝手段図式の手法が補助的に用いられることがあっても，これらの手法が法的決定の正当化の中心的な方式となり，要件＝効果図式にとって代わることは，一定の権威的規準に従って物事の理非を論じることを本領とする司法的裁判や法的思考の独自の存在理由を自己否定するものであり，適切ではない。

3　法的思考の教義学的特質

　法的思考が実定法規範を権威的前提として受け容れ，それに拘束されて独特の教義学的な解釈・構成技法を用いることについては，その権威的・保守的な側面だけが強調されてきたきらいがある。たしかに，過去に制定された一般的な法規範に拘束されるため，事情が変わっても社会の変化にすぐに対応できなかったり，個々のケースの解決で不都合が生じたりする可能性があることは事実である。しかし，例えば，ある行為を犯罪として処罰するか否かとか，権利侵害として損害賠償を認めるかどうかなどについて，予め何らの法的規準も示されずに，反社会的な有害行為が行われたり法的紛争が生じたりしてはじめて，当事者がゼロから議論したり裁判官が一方的に裁定したりする仕組みと対比してみると，当事者や社会の双方にとってどちらがコストやリスクが大きいかは明白であろう。

　実定法規範に拘束されつつ物事を処理する仕組みは，実力行使や力関係などによる不当な決着のつけ方を抑止し，国家権力の恣意的な行使を規制することによって，法的安定性を確保し，人々の活動に予測可能な安定した枠組と指針を提供することをめざしている。このような仕組みの社会的意義は決して小さなものではなく，正しく評価されなければならない。

　また，法教義学的な各種の技法（第12章2参照）は，素人にはわかりにくく，秘儀的だと批判されることもあるが，先ほど触れたように，実定法規範の内容を社会の変化に応じて多様に継続形成するという創造的な側面をももっていることが見落とされてはならない。19世紀ドイツのパンデクテン法学は，「概念法学」として批判されることが多いが，それがローマ法を当時の社会状況に適合するように再構成するという創造的な機能をもっていたこともまた広く認められ評価されているのである。わが国でも，百年以上も前に制定された民法典（1898年）の財産法の多くの規定は，今世紀になって，文体の現代語化（2006年），債権法中心の大改正（2017年）などが行われたものの，現在でも裁判などの法的紛争解決の規準として機能し続けている。このことも，法解釈や法律学的構成などの教義学的技法によって，民法の規定の具体的な内容が社会の変化に合わせて創造的に継続形成されてきたからであり，法律学の学説や判例の教義学的な創造的活動のおかげなのであり，これらの改正においても，学説や判例の展開をふまえて条文化されたものが少なくない。法的思考の教義学的な技法は，予測可能性・安定性と具体的妥当性・柔軟性とのバランスをうまくはかりながら，多種多様な法的問題を適正に解決するのに不可欠な役割を果たしているのである。

　たしかに，実定法規範に拘束された教義学的な法的思考が，時代の先端に立って鮮明な旗印を掲げて華々しく政治社会をリードすることは，あまり期待できないであろう。法的思考の本領は，社会的摩擦の調整や紛争の解決など，予防的あるいは事後処理的な地味な活動にある。しかし，このような地味な活動がきちんと果たされていることは，市民生活の安全安心の確保や政治経済の公正かつ円滑な作動に不可欠であり，古代ローマ以来の長い歴史のなかで磨き上げられてきた教義学的技法の豊かさと深さを正しく理解する必要がある。

　法的思考の教義学的性質の意義については，法律家以外の人々の間ではとかく否定的な評価が強いので，そのプラス面をやや楽観的に強調しすぎたかもしれない。法的思考の教義学的性質が，判決などの法的決定において，とにかく何らかの条文と関連づけて形式的な正当化理由を挙げれば十分だとして，その実質的な理由を丁寧に説明せず，むしろ隠したりあいまいにしたりする逆機能をもっていること，あるいは，法律は一旦制定されるとなかなか改正されず，

通説や判例の変更も容易ではなく，どうしても実定法規範の法ドグマとしての硬直化を招きがちであり，社会的現実からの乖離を生み出す弊害をもっていることなどもまた事実であり，これらのマイナス面も見落とされてはならない。

　法的思考がこのような弊害をもたらさないためには，実定法規範の内容がその時々の社会の実情に照らして妥当なものかどうかを，適宜各種の科学的知見や政策的・道徳的観点を取り入れて，教義学的な拘束から自由に吟味・点検し，必要に応じて修正し継続形成してゆくという「探究学的思考[2]」によって，教義学的思考が支えられていなければならない。法的思考においては，その核心をなす教義学的思考がこのような探究学的思考とたえずフィード・バックされていないと，法的紛争の正義に適った解決というその機能を適切に果たすことができないのであり，教義学的思考のこのような限界にも十分注意する必要がある。後ほど本章③④でも触れるように，法律学が，法政策学や法哲学その他の基礎法学の方法や成果を積極的に取り入れることなしには，その役割を十全に果たすことができないのも，このような理由によるものである。

③ 法律学の任務と特質

1 法律学の基本的任務

　法律学は，専門的な法的思考の教育・研究に携わる古い歴史を誇る学問であるが，法学とも呼ばれ，このような場合，法律学と法学は，もっぱら法の解釈・適用に関する専門技術的な学問とみられがちである。だが，現代では，専門技術的で実用的な法律学以外にも，後ほど本章④で説明するように，法に関

---

　2)　探究学的（zetetisch）思考とは，ドイツの法哲学者 Th. フィーヴェクの用語であり（Viehweg, Ideologie und Rechtsdogmatik, in W. Maihofer (Hrsg.) ,Ideologie und Recht (1969) など），歴史学・社会学などの人文社会学的研究や一般哲学的な基礎研究のように，自由な認知的ないし評価的機能を第一とする思考であり，権威に拘束され思考中断を強制される教義学的（dogmatisch）思考と対照される。法探究学的思考においては，実定法規範＝法ドグマも暫定的なものとみなされ，その前提・内容が吟味・批判され，必要に応じて修正・撤回されるから，ドグマ批判という意味での一種のイデオロギー批判が，法的思考に内在化されることになり，教義学的思考が独断主義（Dogmatismus）に陥ることを防ぐことができるとされる。田中成明『現代法理学』（有斐閣，2011 年）533-541 頁参照。

してアプローチを異にするさまざまな学問分野が成立しており，法律学と法学
を同一視するのは適切ではない。それ故，法学と法律学を区別して，法学は，
法に関するこれら諸々の学問の総称として，広い意味で用い，法律学は，実定
法の内容を体系的に解明し裁判などの法実務にも関与する，いわゆる法解釈学
をさす狭い意味で用いるのが適切である。

　法律学の基本的任務は，古代ローマ以来，法的問題の適正な解決のための実
定法的規準を体系的に解明したり継続形成したりすることによって，裁判など
の法実務に関与するという実用的なものであった。法律学は，このような実用
的な任務を果たすために，実定法の規定を権威的拘束力のある法ドグマとして
受け容れ，その規範的意味内容をその時々の法的問題を適正に解決できるよう
に具体的に明確化したり継続形成したりするという教義学的方法を用いてきた。
このような実用的任務と教義学的方法は，現代でも受け継がれており，法律学
の特殊な学問的性質を作り上げている。

　法律学は，伝統的に，裁判官や弁護士などの法律家が法廷弁論や判決のなか
で一定の主張や判決の法的な正しさを正当化する裁判実務と密接に関連しなが
ら，そのような実務に一定の規準を示すという規範的活動を中心に発展してき
た。しかし，現代では，法律学は，裁判実務のように，個別具体的な法的問題
を今ここで解決することに直接関与することなく，ある程度類型的な典型的問
題事例を念頭において実定法の規範的な意味内容を体系的に解明して一般的な
規準を提示することに力点をおくようになっており，裁判実務には一定の距離
をおいて間接的に関与するにとどまっているのが一般的である。

　また，現代法システムの機能が拡大するにつれて，裁判実務以外にも，裁判
外での自主的な交渉・紛争解決，国や地方自治体の行政活動，企業法務におけ
る戦略的な法利用活動，法律相談・契約書作成など一般的な予防法学的活動な
ど，裁判外の法実務の重要性が高まっている。その結果，法律学にも，このよ
うな裁判外の法実務をも視野に入れた活動が期待されるようになっている。だ
が，一般的に言って，裁判外の法的問題解決も，重要なものであればあるほど，
最終的に裁判になればどのような判決が下されるかということを念頭において
行われるのが通例である。それ故，法分野によって多少の違いはあるけれども，
法律学の規範的活動が裁判実務との関連を中心に行われるという状況は，今後

も基本的には変わらないであろう。

　法律学は，その規範的活動によって以上のような裁判実務を中心とする法実務に関与するという実用的な任務の他に，教育的・学問的目的という，裁判実務にはみられない任務をもっている。そのため，法律学においては，諸々の法的概念・制度・原理やそれらの相互関係を比較史的に解明したり論理的・言語的に分析したり，いわゆる立法者意思を歴史的・文献学的に探究したり，判例の流れを整理したり判決の予測をしたり，記述的及び分析的な認知的活動の占めるウエイトが，裁判実務の場合よりはるかに高まり，学問的性質が強まることになる。

2　法律学の主な活動

　法律学は長い伝統を誇っているが，その具体的なスタイルは，それぞれの時代や国家における法体制・裁判制度や法学教育・法曹養成の仕組みなどの相違に応じて，かなり異なっている。わが国の法律学は，もともと，ドイツの法律学の圧倒的な影響のもとに発展してきたが，ドイツなどの成文法主義のもとでは，制定法の解釈や法律学的構成を教義学的かつ体系的に行うことに重点がおかれており，法解釈学あるいは法教義学と呼ばれるのもこのことによる。それに対して，英米のような判例法主義のもとでは，過去の判例の整理や将来の判例の予測に重点がおかれていたが，制定法の増加に伴って，その解釈の重要性も高まっている。成文法主義のもとでの判例についても，同じことが言え，判例研究なしには法律学は成り立たなくなっている。

　わが国の現代の法律学においては，それぞれの法律学者によってウエイトのおき方や具体的な方法論などは異なっているけれども，大体，法解釈，法律学的構成，判例研究という三つの活動が中心になっている。

　(1)　法解釈は，主に制定法の条文を手がかりに実定法の規範的な意味内容を体系的に解明する活動である。その活動の特質・技法などについては第12章で詳しく説明したので，ここでは繰り返さない。

　(2)　法律学的構成は，このような法解釈とも重なり合うが，法的な概念・原理・制度の意味内容・相互関連・構造的位置を解明したり，それらの統一的体系化を行ったりして，実定法の創造的な継続形成を行う活動である。百年以上

も前に制定された民法の不法行為に関するわずか16ヵ条の規定で，交通事故，公害被害，消費者被害，コンピューターの不正使用など，次々と新たに生じる違法行為の救済を適切に行うためには，必要に応じて新たな特別法を制定するとともに，法律学によって，故意・過失・権利侵害・損害などの基本的な法的概念を新しい問題事例にも合わせて再構成し，過失責任主義や使用者責任などの法原理も見直し，いろいろな新しい不法行為類型に適切に対処できる法律学的構成を考え出さなければならなかった。そのため，不法行為法に関して夥しい数の専門書・解説書が公刊され，次々と学説が提唱され，新たな判例が出され，そこで示された法律学的構成によって実定法の内容が創造的に継続形成されてきたのである。このような活動なしには，制定法が相当期間にわたってその機能を適切に果たし続けることは不可能である。

　法律学的構成の具体的作業は，人・物・権利・義務・故意・過失などの基本的な法的概念の意味内容を明確にする「概念構成」，複雑多様な法的問題の処理を適切に行うために，諸々の法的な概念や命題の相互関係を明らかにしながら，それらを論理的に組み合わせて，整理統合する「論理構成」，所有権・契約・不法行為などの法制度あるいは法秩序全体について，そこにおける諸々の概念や命題を一つの統一的な法原理から矛盾なく構成し，統合的に把握し展開する「体系構成」に大別される。

　法律学者は，このような法律学的構成に関してそれぞれ学説を提唱し，裁判実務をはじめ法実務にも受け容れられるように，覇を競っている。法律学者がその社会的使命を果たす上で重要な活動ではあるが，専門技術的で職人芸的な作業であり，部外者にはなかなか理解しにくい活動である。

　(3)　判例研究は，判決のなかから先例となる一般的規準を抽出し，制定法との関連などの実定法体系における位置を明らかにして，将来の判決の予測だけでなく，判例の批判検討によって，より適正な裁判規範の形成に働きかける活動である。すでに判例の法源性（第2章③）や判例の法形成機能（第10章②）について説明した際に触れたように，制定法の意味内容が判例によって具体的に明確にされたり，判例によって制定法には規定のない制度が形成されたりしてきており，判例なしには法を語ることは不可能である。判例研究は，わが国のような成文法主義のもとでも，法律学の重要不可欠の活動内容となっている。

現代の法律学は，このように多面的な活動を行っており，これらの活動全体を的確に言い表すためには，従来一般的であった法解釈学という名称は必ずしも適当でなく，同様に広く用いられている「実定法学」という名称のほうが適切であろう。

3 法律学に対する批判

法律学は，以上のような多面的な活動を行うにあたって実定法規範に拘束されているというところに，その教義学的な特質がみられる。そのため，聖書に拘束された神学的教義学と類似していることが指摘されてきているが，事実，伝統的な法解釈の技法の多くは，もともと，中世キリスト教のスコラ神学の聖書解釈技法から借用したものである（第12章②参照）。

法律学のこのような教義学的性質については，実定法規範に拘束されるという権威的・保守的な側面が強調され批判されることが多い。だが，本章②3で説明したように，次々と生じる新たな法的問題をいつも適正に解決できるように，法規範（法ドグマ）を社会の変化に応じて多様に継続形成してきたという，その創造的な側面も正しく理解され評価される必要がある。

法律学は，長い伝統を誇る学問でありながら，以上のような特殊な実用的任務と教義学的性質をもっているため，その学問的性質や存在理由について，いろいろな方面から批判にさらされ，不信の眼でみられることも少なくなかった。法律学はしょせん実定法に拘束されるドグマの学であり，このような教義学的思考は科学的思考と相容れないと批判されてきた。19世紀ドイツの法律学者J. H. キルヒマンが，「立法者が三つの言葉を訂正すれば，全文庫が反故になる」と，法律学の偶然性を揶揄したことはよく知られている[3]。また，法律学は，その時々の権力に追随し奉仕する"権力の侍女"にすぎないとか，"パンのための学問"にすぎないとか，法律学独特の専門技術的な論法が秘儀的で職人芸的であり，部外者にわかりにくいといった非難も古くからあり，現代でも，ことあるたびに繰り返されている。

これらの批判や非難は，たしかに，法律学に内在する性質や機能についての

---

3) キルヒマン「法律学無価値論」キルヒマン＝ラードブルッフ＝カントロヴィチ／田村五郎訳『概念法学への挑戦』（有信堂，1958年）参照。

一面の真理を鋭くついており，その限りでは，法律学者も，これらの声に謙虚に耳を傾ける必要がある。しかし，俗受けしやすい反面，法律学本来のあり方を必ずしも適切にとらえておらず，その存在理由を見誤らせるおそれもある。

　とりわけ法律学の教義学的性質については，自然科学や数学・論理学を学問の理想的なモデルとして，法律学の非科学性を非難し，法律学を科学化しようとするアプローチが，手を変え品を変え提言されてきている。例えば，わが国でも，川島武宜『科学としての法律学』（弘文堂，初版・1955年，新版・1964年）で示された法律学の科学化構想が，具体的な提言内容は版が変わるたびにかなり変更されているけれども，戦後の法律学的方法論の基調を形成し，大きな影響力をもった。[4]だが，科学的思考や論理的方法の導入によって法律学や法実務がその任務をより合理的かつ実効的に果たすことができるようになる場合が多いことは確かであるが，必ずしもつねにそうであるとは限らず，法律学の存在理由からみて，科学化や論理化自体が自己目的ではありえない。

4　実践学としての法律学

　そもそも，学問は，それぞれの任務や存在理由に応じた固有の方法を作り上げてきているのである。アリストテレスらの古典哲学以来の学問区分によれば，自然科学・数学など，演繹と帰納という厳密な論証による理論学と並んで，政治学・倫理学など，人間の行為を対象とするため，大体において真であるような前提から出発して，それよりもよいものがない結論に到達すれば，それで十分だとせざるをえない実践学が存在する。そして，この実践学では，賢慮（phronesis, prudentia）という実践知が重視され，その方法としてレトリック（弁論術・修辞学）に高い位置が与えられてきた。

　法律学は，その語源であるラテン語の iuris prudentia（法の賢慮）が象徴的に示しているように，このような実践学に属する学問である。実践学の本領は，

---

4)　川島武宜の法律学的方法論については，本文で挙げた文献の他，同『ある法学者の軌跡』（有斐閣，1978年），同『川島武宜著作集第5巻・第6巻』（岩波書店，1982年）など参照。その変遷と批判については，星野英一「戦後の民法解釈学方法論研究ノート」同『民法論集第5巻』（有斐閣，1986年），田中『現代法理学』（前掲注2）479-482頁など参照。

現代では哲学・科学・技術などに分類されている諸々の知識を統合して現実的問題を解明し解決してゆく人間的な知恵の働きにみられるのであり，法律学についても同様である[5]。法律学の本来の任務は，科学的真理の探究という認知的機能ではなく，法的問題の適正な解決によって社会のさまざまな利害・意見の対立や紛争を調整するという実践的機能にあり，一言で言うと，法による正義の実現ということがその基本任務である。

　法律学は，このような実践的任務を適切に果たすために独特の議論の様式・技法を作り上げてきたのである。その様式・技法をどのような問題の解決についてもいつも最良の方法として万能視すべきではないが，社会的に有用な一つの合理的な方法として正しく評価し，受け継いでゆく必要がある。科学方法論においても，科学と教義学の対比図式自体が相対化される傾向にあり，法律学の方法が，自然科学や数学・論理学と異なること自体には，何ら劣等感をもつ必要はない。むしろ，権力や強制と深く関わり合っている法システムの運用過程を，ここまで合理的に構造化し制度化してきた人間の叡知を誇りに思うとともに，法的問題の適正な解決が法を用い動かす人々の賢慮にかかっているということの重大さを認識すべきであろう。

4 法学の諸分野

1　実用法学と基礎法学

　現代では，以上のような法律学のほかに，法に関するアプローチを異にするさまざまな学問分野が成立しており，それらの法学の諸分野は，通常，医学における臨床部門と基礎部門の区別にならって，法律学，法政策学（立法学）などの実用法学と，法哲学（法理学），法史学（法制史），法社

法学の諸分野
- 実用法学
  　法律学，法政策学（立法学）
- 基礎法学
  　法哲学（法理学），法史学（法制史），
  　法社会学，比較法学，法と経済学など

---

5)　民法学についての具体的な説明として，星野英一「民法学の方法に関する覚書」同『民法論集第五巻』（前掲注4）参照。一般的に，同『法学入門』（有斐閣，2010年）193-201頁参照。

会学，比較法学，法と経済学などの基礎法学（理論法学）とに分けられる。ただ，臨床医学が大学付属病院などで実際に患者の治療にあたっているのと違って，法律学も法政策学も，大学の研究・教育は，裁判などの法実務とは制度上一定の距離をおいているのが通例であるから，臨床医学と実用法学とでは少し事情が異なることに注意する必要がある。

　このような法学の諸分野のうち，古代ローマ以来の長い伝統をもつ法律学が，法哲学を除けば，大体19世紀までは，法に関する唯一の専門的な学問であっただけでなく，現代でも，大学の法学教育において中心的な位置を占めている。法律学の研究・教育は，憲法，民法，刑法など，法分野ごとに行われているが，いわゆる六法科目などの基礎的分野以外にも，労働法，社会保障法，経済法，消費者法，環境法，国際取引法，知的財産法など，新しい法領域が生まれると，それに関する専門分野が次々と分化独立し，専門の研究者があらわれ，専門分野が細分化する傾向にある。そのため，法律学者でも，自分の専門領域のこと以外はよくわからなくなっているのが実情である。

　同時に，実用法学のなかでも，このような法律学の細分化とも並行して，法政策学的研究の重要性が認識されるようになり，政策学的研究・教育手法の拡がりを背景に，法政策学を独自の学問分野として確立しようとする試みも展開されるようになる。他方，基礎法学においても，古くから存在する法哲学以外に，20世紀に入って，新しい経験諸科学の成立に伴って，次々と新しい学問分野の確立がめざされるようになり，多様な基礎法学科目が大学の法学教育のカリキュラムに取り入れられ，専門の研究者を生み出すようになっている。

　これらの法学の諸分野のうち，法律学と並ぶ実用法学の部門として注目されている法政策学と，基礎法学の主な分野である法哲学と法の経験諸科学について，それらの内容と現況を概観しておこう。

2　法政策学

　実用法学には，法律学の他に，法によって一定の目的を実現するための方策・技術などを研究する法政策学あるいは立法学という部門がある。立法政策の研究が中心であり，刑事政策学（犯罪学）が比較的早くから独立の部門として確立しているが，一般的には，最近の政策学的研究・教育手法の拡がりの一

環として，急速に関心が高まっている新しい学問分野である。政策学は，政治学・行政学・経済学・経営学・社会学などにまたがる学際的なアプローチとして脚光を浴びており，わが国でも，法学部や法学系大学院に，公共政策コースが設けられたり，それらとは別個に，新たに政策学部や政策大学院が設けられたりして，法律学の研究・教育にも影響を及ぼしている。

政策学自体がまだ新しい学問であるため，法政策学も，平井宜雄の構想など[6]注目すべき業績はあるけれども，全般的には，独立の学問分野としてはまだ十分に確立していない。しかし，法律学者も，立法過程にいろいろな形で関与しており，また，新しい解釈学説の提唱などは，何らかの法政策学的な研究を基礎としている場合が多く，実際には，法律学的研究と大幅に重なり合いながら，法政策学的考察が行われているのが実情である。

3 法 哲 学

基礎法学（理論法学）に眼を転じると，基礎法学は，法律学との関係では補助学と呼ばれることもあるが，基礎法学は，法律学への奉仕という実用的目的から独立した固有の存在理由をもっており，適切な位置づけではない。基礎法学の諸部門は，哲学・歴史学・社会学などの関連学問分野にまたがる競合領域として，法学における学際的研究の推進拠点となっており，法律学は，基礎法学の研究成果を積極的に摂取しないと，学問的に孤立するおそれがある。とりわけ法律学の創造的な活動は，何らかの形で基礎法学の手法や成果を取り入れることなしには不可能であると言ってもよい。

基礎法学の諸部門は，大別すれば，法哲学と法の経験諸科学に分けることができる。

まず，法哲学は，法理学とも呼ばれ，現代では法理論という名称も用いられるが，法および法学の根本問題について原理的基礎的に考察する学問である。法哲学が独立の学問分野として確立されたのは，ドイツの観念論哲学者 G. W.

---

6) 平井宜雄『法政策学』（有斐閣，初版・1987年，第2版・1995年）は，法の経済学的分析のアプローチなどを批判的に導入して，意思決定理論を法的に再構成し，法政策学を法制度設計の一般的な理論と技法として体系的に展開しようとするパイオニア的な構想であり，わが国における法政策学の代表的な書物である。

F. ヘーゲルの『法哲学要綱』(1821 年)やイギリスの分析法理学者 J. オースティンの『法理学ないし実定法の哲学講義』(1863 年)などが著された 19 世紀に入ってからである。だが，法哲学的考察自体は，法律学の成立よりも古く，紀元前 5 世紀のギリシアにはじまる。法哲学的な問いの原型は，ソフィストたち，ソクラテス，プラトン，アリストテレスらによって形成され，法哲学的考察は，正義論，とくに自然法論を中心に，倫理学・政治哲学・社会哲学などと未分離状態で展開されてきた。

　法哲学は，法学と哲学の競合領域であり，哲学では，倫理学や政治哲学などとともに実践哲学の一分野とされる。法哲学は，法学全体を統合する基幹的部門として，実定法や法実務・法律学を自由な探究学的思考によって批判的に考察し，法および法学のあるべき姿を提示し，法実践全体に原理的指針と理論的基礎を提供することをめざしている。

　法哲学の考察方法は，哲学的立場の相違を反映してかなり多様であり，一般哲学の主な潮流のほとんどがそれぞれ法哲学派を形成してきている。だが，伝統のある学問分野であり，学問としてはかなり制度化されており，その考察対象となる問題群はほぼ共通しており，次の三つの問題領域に分けることができる。

　まず第一に，正義論ないし法価値論は，正義，自由や平等，法的安定性など，法の実現すべき価値理念を探究する，最も古くからの問題領域である。第二に，法の一般理論は，近代に入って法が宗教・道徳などから分離独立し，実定法システムが整備されるにつれて展開されはじめた領域であり，法の概念規定，法と道徳や強制との区別・関連の考察，法源や法の効力の解明，法システム・法規範の分析，権利・義務・責任などの法的思考の基本的カテゴリーの分析を行う。第三に，法律学的方法論は，19 世紀末から 20 世紀はじめにかけて，自由法運動やリアリズム法学が台頭し，社会学・心理学などの新しい経験科学や科学方法論が盛んになるにつれて，クローズ・アップされるようになった領域であり，法の解釈・適用ないし法的推論・議論の論理構造や合理性基準，法律学の学問的性質の解明を行う。

　これら三つの問題領域は相互に関連しており，また，新しい領域ほど重要だというわけではなく，どの問題領域から考察をはじめても，必ず他の問題領域

のテーマとどこかで関連するようになるという関係にある。また，三つの問題
領域で論じられてきている基本的な問題は，いずれも，古来繰り返し問われて
きた恒久的な問題であることから，現代的課題に取り組む場合でも，先学の思
索に学び伝統的遺産を手がかりにしなければならないことが多く，法思想史的
研究は法哲学的考察において不可欠の位置を占めている。[7]

4　法の経験諸科学

　法の経験諸科学は，20世紀に入ってから，自由法運動・社会学的法学・リ
アリズム法学など，法律学や裁判実務の改革運動において，法現象の経験科学
的研究とその成果の積極的な導入の必要が説かれるようになり，また，歴史
学・社会学・文化人類学・心理学・経済学などの隣接諸科学でも，法現象の考
察に関心をもつ者が増えてきたことを背景に，急速に発展してきた。今日，法
の経験科学に属する学問分野としては，法社会学，法史学，比較法学，法人類
学，法心理学，法と経済学，法情報学などがあるが，これらの部門は，その問
題領域も方法論も交錯し重なり合っており，相互の境界線は相対的流動的であ
る。

　主な部門の学問的な特質と状況をみておこう。

　(1)　まず，法社会学は，法を社会現象の一つとしてとらえ，法の存在構造や
作動過程を他の社会現象とも関連づけて経験科学的に考察する学問である。モ
ンテスキューが法社会学的考察の先駆者とされているが，独立の学問分野とし
て形成されるのは，20世紀に入って，E. エールリッヒや M. ウェーバーの法
社会学，R. パウンドの社会学的法学や J. フランクらのリアリズム法学などが
出現して以降のことである。わが国の法社会学は，これらの古典的理論に加え
て，マルクス主義法理論の影響も受けて発展してきたが，現代では，アメリカ
社会学，N. ルーマンらの社会システム論，批判的法学，ポスト・モダニズム
などの影響も強まっており，理論研究・実態調査ともに多彩な研究が行われて
いる。だが，まだ法哲学ほど，学問として制度化されていないこともあって，

---

　7)　法思想史については，三島淑臣『法思想史〔新版〕』(青林書院，1993年)，笹倉
　　秀夫『法思想史講義(上)(下)』(東京大学出版会，2007年)，中山竜一＝浅野有紀＝
　　松島裕一＝近藤圭介『法思想史』(有斐閣，2019年) など参照。

取り上げられる問題領域は，各法社会学者によってかなり異なっている。[8]

(2)　法史学・法制史は，法制度・法観念・法文化・法律学・法曹などの起源や発展を歴史的に考察する学問である。19世紀に，ドイツの法学者 C. F. v. サヴィニーが歴史法学派を樹立し，イギリスの法理学者 H. メインが歴史法学を提唱して以来の歴史をもつ学問であるが，法史学が，法律学の補助学的地位から脱却して，法に関する独自の歴史的な経験科学として確立されたのは，そう古いことではない。法史学の研究は，国別ないし法系別に行われ，わが国では，日本法史・東洋法史・西洋法史・ローマ法という講座編成がとられていることが多い。

(3)　比較法学は，諸々の国家・社会・民族の法制度・法文化などの特質や発展を比較研究する学問である。比較法的研究は，立法作業や法解釈などの法実務にとって不可欠であり，実際の比較法的研究も，法政策学や法律学と密接に結びついて行われることが多い。そのため，比較法的研究が広く行われているにもかかわらず，法律学研究の一方法にすぎないとして，独立の学問分野であることを否定する見解もある。

(4)　法と経済学あるいは法の経済的分析というアプローチは，アメリカを中心に急速に広まってきている学問分野である。近代経済学のミクロ経済分析の手法，とくに市場メカニズムによる効率的な資源配分を合理性基準とするコスト・ベネフィット分析を，不法行為や契約などの私法制度だけでなく，あらゆる法制度の分析・評価に適用することを特徴とする。1970年代以降，R. A. ポズナーらのシカゴ学派と，G. カラブレイジらのイェール学派を中心に発展し，わが国も含め，世界的に影響を及ぼしている。このアプローチは，ミクロ経済学モデルによって法制度やその変更の効果を説明し記述する実証的分析と，どのような制度設計・法的決定が望ましいかについて提言する規範的分析の両面をもっており，基礎法学の一部門であるにとどまらず，法律学的方法論の一種でもある。[9]

---

8)　例えば，わが国の代表的な法社会学概説書である六本佳平『法社会学』（有斐閣，1986年）では，法社会学の主な研究分野は，「法の社会学的理論」「法と社会変動」「法過程論」に分けられ，後の二分野について，法意識，紛争の非公式処理，法使用，弁護士と法的役務，裁判過程が取り上げられている。

　法学と言えば，もっぱら法の解釈・適用に関わる法律学だけが思い浮かべられ
がちであり，たしかに，法律学が法学の研究・教育において中心的な位置を
占めていることは間違いない。だが，その他にも，哲学・歴史学・社会学・経
済学など，人文・社会科学の諸分野との競合領域である多様な基礎法学の分野
が存在しており，法律学も，その実践的な役割を果たすにあたって，これらの
基礎法学の手法や成果をさまざまな仕方で積極的に取り入れているということ
を，法学を学ぶにあたっても忘れないようにしていただきたい。

---

9)　A. M. ポリンスキー／原田博夫＝中島巌訳『入門法と経済』（CBS 出版，1986
年），小林秀之＝神田秀樹『「法と経済学」入門』（弘文堂，1986 年），R. D. クー
ター＝Th. S. ユーレン／太田勝造訳『新版 法と経済学』（商事法務研究会，1997
年），宍戸善一＝常木淳『法と経済学』（有斐閣，2004 年），S. シャベル／田中亘＝
飯田高訳『法と経済学』（日本経済新聞出版社，2010 年）など参照。

第14章　日本の法律家

1 プロフェッションとしての法律家とその養成制度

1　日本の法曹組織の特質

　法システムの四側面のうち，規範的側面・制度的側面・技術的側面について順次説明してきたが，最後に，本章では，主体的側面を取り上げ，日本の法律家の現状と主な課題について説明する。

　「法とは何か」ということを考える場合，この主体的側面は見落とされがちであるが，実際には，法システムの運用を現実に左右しているのは法律家集団である。法の支配や司法権の独立がどの程度確立され，政治や社会経済に法の精神がどれだけ浸透しているかは，このような法律家の数や質，組織や活動スタイルによるところが大きい。アメリカなどでは，「法の支配とは，かなりの程度法律家の支配である」，「裁判の質は，それを動かす法律家以上に良いものではありえない」とさえ言われている。

　西欧では，このような法律家が，典型的な法制度である裁判の運営に直接的な責任をもつ社会階層として古くから存在し，近代的な裁判制度のもとでも，法の支配や司法権の独立の中心的な担い手として活躍してきた。

　法律家は，中世以来，牧師などの聖職者や医師と並んで，古典的三大プロフェッションと呼ばれ，特別な職業的集団として社会的に承認され，高い地位と評価を得てきている。そして，このプロフェッションとしての特徴は，①その職務が社会のすべての人々に開放された公益的サーヴィスを提供するという公共的性質をもっていること，②特殊な教育訓練によって高度の学識に裏づけられた専門的技法を身につけていること，③資格付与・教育訓練・規律保持など

の権限と責任をもつ自律的な団体が存在することという三条件にあるとされ，私的な利益の追求を主眼とするビジネス，たんに専門的技術を身につけているにすぎないスペシャリストとの区別が強調されてきている。[1]

　法律家は，法学専門教育を受け実務体験を積み重ねることによって，たんに専門的な法的知識・技術を習得するだけでなく，第 11 章から第 13 章において説明したような独特の法的思考スタイルを身につけ，正義・自由・平等，秩序・安定・予測可能性，手続や形式など，法と密接な関連をもつ価値理念の実現を重視するようになる。そして，その職務を行うにあたっては，法的問題だけでなく，政治的・道徳的な問題や日常的な社会関係も，できるだけ法的なルールに従って権利義務関係として処理することが望ましいと考えるリーガリズムに多かれ少なかれコミットしている。このような法律家が果たす社会的な役割は，それぞれの時代や社会によって異なるけれども，そのジェネラリストとしての見識と独特のバランス感覚を働かせて，たんに裁判過程だけでなく，行政過程，政治過程，裁判外の交渉・紛争解決過程，経済取引や企業活動などにも関与し，社会のさまざまな領域で重要な役割を果たしてきている。

　わが国の場合，西欧のように，プロフェッションとしての法律家の伝統はなく，明治期以降，西欧の法制度・裁判制度の継受とともに，近代的な法律家制度が整備されはじめた。それ以前は，わが国では，伝統的に行政一般と裁判が明確に区別されていなかったこともあって，行政役人が同時に裁判官をも務めるのが一般的であった。江戸時代になって，裁判を専門とする役人層が形成されるようになり，また，裁判のために出府した者の宿屋である公事宿の主人らが，訴訟の補佐，内済の斡旋など，弁護士に類する活動を行うようになるが，幕府は，このような公事師を公認せず，一般の人々の評判も芳しくなかった。

　明治期以降の近代的な法律家制度の整備も，社会的必要から内発的に行われたものではなく，不平等条約改正という政府の政治的関心に促されて外発的に行われたものであった。しかも，政府の関心は，当初から主として裁判官・検察官などの司法官僚の養成に向けられ，弁護士の養成には終始冷淡であった。そのため，法律家の社会的基盤がきわめて弱く，在朝・在野の対立により内部

---

1)　石村善助『現代のプロフェッション』（至誠堂，1969 年）参照。

的一体感が欠けているという体質的欠陥が生まれた。第二次世界大戦後，裁判官・検察官も弁護士もすべて共通の統一的な実務修習を受ける司法修習制度がとられるようになり，裁判官・検察官と弁護士との養成方式の格差も制度的には解消された。だが，現在でも，これらの戦前からの法律家の体質的欠陥はなお十分には克服されていない。

　以上のようなわが国の法曹組織の特殊な歴史的背景に留意しながら，まず，先般の司法制度改革の一環として導入された法科大学院制度の現況と課題を確認したうえで，次節以下で，裁判官・検察官・弁護士の法曹三者及び準法律家・準法曹と呼ばれる主な隣接法律専門職の現状を概観する。

2　法科大学院制度の創設

　法曹養成のための教育と大学の法学教育との関係は，各時代・国家によってさまざまであり，アメリカやドイツなど，大学ないし大学院の法学教育と法曹養成教育の連携体制が確立されているところもあれば，法曹養成のためのプロフェッショナル教育と大学法学部の理論教育とが相対的に独立して行われているところもある。わが国の第二次世界大戦後の大学の法学教育は，リーガル・マインドを身につけたジェネラリストの養成を目的とし，法曹養成のためのプロフェッショナル教育との制度的連携はなかった。法曹志望者は，大学法学部卒業生であるかどうかを問わず，受験資格の制限がない司法試験を受験して合格すれば，司法修習生として２年間の実務修習を受けて，その修了試験に合格してはじめて，法曹資格を取得できる仕組みになっていた。

　だが，司法試験が，本来資格試験であるにもかかわらず，合格率２~３％という異常にむずかしい競争試験と化してしまったこともあって，大学法学教育・司法試験・法曹養成の乖離に伴う各種の弊害が深刻化し，1980年代末から，法曹三者に大学法学教育関係者を加えて司法試験改革論議が開始されたが，改革は遅々として進まなかった。ようやく，先般の司法制度改革において，法曹養成に特化した専門職大学院として法科大学院制度を導入し，司法試験を，法科大学院の教育内容をふまえた新たなものに切り替え，司法修習も，期間を１年に短縮して修習内容を見直し，大学法学教育・司法試験・司法修習を有機的に連携させた「プロセス」としての法曹養成制度を再編成することになった。

　法科大学院制度は，2004年に，従来の司法試験という「点」のみによる選抜の弊害を是正し，「プロセス」としての法曹養成制度を新たに構築することによって，法曹の質の維持向上をはかりつつ，法曹人口を大幅に増員することを目標として創設されたものである。

　だが，法科大学院や法曹養成制度全体の具体的な制度設計は，推進論が，アメリカ型ロースクール方式を導入する構想と，学部3・4年と大学院修士課程を一体的に運用する日本型法科大学院を創設する構想を両極として，幾つかの案に分かれ，司法試験合格者数さえ増員すれば，従来の方式で対応できるとする反対論も根強く存在するなかで，それらの見解の調整をはかりつつ進められた。そのため，3年修了の法学未修者コースと2年の既修者コースの並存，予備試験制度の導入など，折衷的なものとなり，法科大学院制度をその創設趣旨にそって円滑に立ち上げ安定的な運営を促進するのに最適なものではなかった。加えて，法科大学院の設置やその入学定員については，教員数などの一定の基準を充たせば原則として認可する準則主義がとられたため，74校（入学総定員約5800人）もの法科大学院が開設され，法科大学院修了者の7〜8割が合格するという理想の実現は当初から不可能となった。新司法試験が実施されはじめると，各法科大学院の合格者のばらつきが段々大きくなり，合格率がきわめて低い大学院の教育能力などに対する関係者の不信が，法科大学院教育全体に対する社会的信頼の確立を妨げることにもなった。

　法科大学院制度を取り巻くこのような厳しい環境にもかかわらず，相当数の法科大学院が，制度創設の趣旨にそって充実した教育体制を整備し，優れた素質と能力を備えた法曹を送り出す実績を着実に積み重ねてきており，「プロセス」としての法曹養成制度への転換の基盤は構築されつつある。けれども，制度全体としてみれば，法曹の人口増員や職域拡充が順調に進んでいないこともあって，創設当初の司法試験合格者数増員政策も見直され，近年は1500名前後で推移している。このような状況のもとで，いずれの法科大学院も入学定員を減らし，多くの法科大学院が撤退することになり，次第に法科大学院志望者の減少を招き，このことがまた司法試験合格者数の抑制の理由とされるという悪循環に陥っていた。

　このような悪循環を断ち切ることをめざして，2019年に，法科大学院の教

育を充実させ，法曹になるまでの時間的経済的負担を軽減し，法曹志望者，法科大学院志望者を増加させることを主眼とする制度改正が行われた。主な改正内容は，①法学部に「連携法曹基礎課程」（法曹コース）を設置し，②法曹コースは３年早期卒業を推奨し，法科大学院の２年修了の既修者コースと連携した「３＋２」での法科大学院修了をめざす，③法科大学院在学中の最終年次に司法試験を受験することを可能とするというものである。法科大学院の厳しい現況を打開する一つの現実的な対応措置ではあるが，法科大学院制度創設当初の趣旨に合致しているのか，法学未修者教育の充実・改善の促進と整合的に推進できるのか，はたして期待された成果を収めることができるのかなど，疑問もある。

　法科大学院制度の安定化の大きなネックになっているのは，制度設計段階から危惧されていたことであるが，司法試験との連携が円滑に進んでいないことである。わが国の医師養成における大学教育と国家試験の関係のように，法科大学院において所定の教育課程を相応の成績で修了すれば，その相当数が合格するような仕組みにならない限り，司法試験を「点」から「プロセス」の一環へと転換することはむずかしいのであるが，依然として「点」的運用から脱却できない状況が続いている。司法試験の内容・レベル，合格ラインの設定や出題・採点方法などに関して，競争試験的弊害を縮減して本来の資格試験として運用するための一層の制度的工夫が必要であろう。

　さらに，経済的事情などの理由により法科大学院を経由しない者も法曹資格を取得できるように例外的に設けられた「予備試験」の運用実態が，予備試験経由の司法試験合格者の７～８割が大学・法科大学院在学者という，制度趣旨に反する結果となっていることも，法科大学院の制度的安定化を大きく妨げている。予備試験の現在のような運用実態が続くならば，司法試験科目しか勉強しないという，旧司法試験制度下の弊害が再現され，「プロセス」としての法曹養成制度自体が崩壊してしまいかねない。今回の改正が，予備試験のこのような悪影響への実効的な対抗措置となることが期待される。

　法科大学院がプロフェッションとしての法律家を養成する中枢的機関として期待された役割を果たす基盤は徐々に整備されつつあるけれども，法科大学院制度自体が安定的に運用されるようになるまでには，まだ相当時間がかかるで

あろう。

② 法曹三者と隣接法律専門職

1　裁判官

　わが国の裁判所には，第 9 章②で説明したように，最高裁判所，高等裁判所，地方裁判所，家庭裁判所，簡易裁判所の 5 種類があり，これらの裁判所で裁判をする裁判官には，最高裁長官，最高裁判事，高等裁判所長官，判事，判事補，簡易裁判所判事の 6 種類がある。そして，最高裁は，長官と 14 名の判事で構成され，高裁は，長官と判事で，地裁と家裁は，判事と判事補で，また，簡裁は，簡裁判事で構成される。これらの裁判官の定員は，2022 年 4 月現在，3841 名であり，そのうち簡裁判事が約 800 名である。

　裁判官の任命方式は，最高裁長官は，内閣の指名に基づいて天皇が任命し，最高裁判事は内閣が任命する（憲法 6 条 2 項・79 条 1 項）。最高裁長官および最高裁判事の任命資格は，識見の高い法律の素養のある 40 歳以上の者であり，そのうち，少なくとも 10 名は一定期間以上法律専門職の経験をもっていなければならないとされている（裁判所法 41 条）。実際の運用は，最近では，裁判官経験者 6 名（民事系・刑事系各 3 名），弁護士経験者 4 名，検察官経験者 2 名，法律学者・外交官・行政官など学識経験者 3 名となっている。最高裁の裁判官については，任命後最初に行われる総選挙で，また，その後も 10 年ごとに総選挙で国民審査を受け，投票者の多数が罷免を可としたときは，その裁判官は罷免されることになっている（憲法 79 条 2 項・3 項）。

　下級裁判所の裁判官は，最高裁判所の指名した者の名簿によって，内閣が任命する（裁判所法 40 条）。高裁長官と判事は，判事補など一定の法律専門職の経験が 10 年以上ある者から，判事補は，司法修習を終えた者のなかから任命されることになっており（裁判所法 42 条・43 条），裁判官の圧倒的多数は，司法修習を終えてすぐに判事補になり，10 年経てば判事になるというコースをとっている。先般の司法制度改革の一環として，高裁長官以外の下級裁判所裁判官について，最高裁による指名過程の透明性を高め，国民の意見を反映させるために，最高裁から諮問を受けて，具体的な指名候補者の適否について意見を

述べる諮問機関として，2003年に下級裁判所裁判官指名諮問委員会（法曹三者5名と学識経験者6名の11名の委員で構成）が最高裁に設置された。

　簡易裁判所判事は，高裁長官・判事の職にあった者や3年以上の法律専門職の経験をもつ者の他，多年にわたり司法事務に携わり，簡裁判事の職務に必要な学識経験のある者からも，選考委員会の選考を経て別途任命されることができることになっており（裁判所法44条・45条），裁判所書記官・事務官，副検事などの経験者が多い。

　裁判官については，憲法76条3項で「すべて裁判官は，その良心に従ひ独立してその職務を行ひ，この憲法及び法律にのみ拘束される」と，裁判官の独立が保障されている。そして，このような裁判官の独立を実効的に保障するために，憲法や裁判所法の規定（憲法78条・79条6項・80条2項，裁判所法48条）によって，手厚い身分の保障がなされている。裁判官が定年により退官したり，最高裁判事が上述の国民審査で罷免されたりして身分を失う場合は別であるが，それ以外は，裁判官が身分を失うのは次の三つの場合に限られている。第一は，監督裁判所の分限裁判によって「心身の故障のために職務を執ることができない」と決定された場合である。第二は，国会の両議院の議員で構成される弾劾裁判所で，「職務上の義務に著しく違反し，又は職務を甚だしく怠つた」とか，「裁判官としての威信を著しく失うべき非行があつた」として罷免される場合である。第三は，禁錮以上の刑に処されたり，成年被後見人または被保佐人の審判を受けたりして，法律の定める欠格事由が発生した場合である。さらに，裁判官は，その意に反して，免官，転官，転所，職務の停止または報酬の減額をされないとされている。

　裁判官の身分保障に関しては，憲法80条1項が，下級裁判所の裁判官の任期を10年とし，裁判官を続けるためには再任されることが必要であると規定している。再任が原則であったが，1970年代に，思想・信条・団体加入を理由とする再任拒否ではないかと問題視された事例などをきっかけに，一般的に再任を希望する裁判官の身分保障を不安定にしているのではないかという懸念が表面化した。先程触れた下級裁判所裁判官指名諮問委員会は，このような懸念にも対応するために設置され，裁判官の再任だけでなく，司法修習生や弁護士からの任用についても，同じ手続で最高裁の諮問を受けることになっている。

委員会設置後は，毎年若干名〜数名の再任不適当の答申が行われている。

2　検　察　官

　検察官の職務内容は，犯罪を捜査し，刑事について，公訴を提起し，裁判所に法の正当な適用を求め，裁判の執行を指揮監督するなど，検察権を行使することである（検察庁法4条・6条）。検察官は，検察庁に所属してこのような職務を行うが，検察庁は，最高検察庁，高等検察庁，地方検察庁，区検察庁という上下関係にある組織になっており，裁判所の組織に対応している。

　検察官には，検事総長，次長検事，検事長，検事，副検事の5種類があるが，検事総長は最高検察庁の長であり，次長検事はそれを補佐し，検事長は高等検察庁の長である。なお，地方検察庁の長を検事正と呼ぶが，これは官名ではなく，職名である。区検察庁には主として副検事が配置されているが，検事がいることもある。

　検事総長，次長検事，検事長は，内閣が任命し，検事，副検事は，法務大臣が任命する。検察官の任命資格は，裁判官とほぼ同じであり，司法修習を終えてすぐに検事になるのが通常のルートである。副検事は，副検事選考委員会の選考によって，司法試験合格者以外の者も任命できることになっており，検察事務官経験者など，このルートによる者がほとんどである。検察官の定員は，2021年4月現在，2759名であり，そのうち副検事が879名で，副検事の比率が相当高い。

　検察官についても，裁判官に準じた強い身分保障が検察庁法25条によってなされており，定年，検察官適格審査会の議決，剰員による待命，懲戒処分の場合を除き，その意に反して官を失い，停職され，俸給を減額されることはないとされている。

　しかし，検察官は，基本的に検察権を行使する行政官であり，裁判官のように完全な職権の独立はなく，検事総長を頂点とした官僚的組織のなかで，上司の指揮監督のもとに，全国統一的に職務を行うことが求められている。例えば，具体的事件を起訴するかどうかなどについては，検察庁の上司の決裁を受けることになっており，これを「検察官一体の原則」と言う。

　このように，検察権の行使は，行政権の行使であり，その責任は最終的に内

閣が負うことになるから，法務大臣が，検察組織に対して一定の監督権限をもち，検察が独善に陥らないように，政治的責任によるコントロールのもとにおく必要がある。しかし，法務大臣のこのような権限を通じて政府・与党の政治的圧力が刑事司法に及び，その公正が損なわれるおそれもあるから，不当な圧力を排除する必要もある。

このような相対立する要請を調整するために，検察庁法14条は，法務大臣は，検察官を一般に指揮監督できるが，個々の事件の取調べや処分については，検事総長のみを指揮することができると規定している。この法務大臣の指揮権に関しては，造船業界が政治家に賄賂を贈った1954年の造船疑獄事件に際して，法務大臣が総理大臣と相談して当時の自由党の幹事長に対する逮捕請求を認めなかったケースがある。指揮権を発動した法務大臣は辞職し，さらに国会に内閣不信任案が提出されて政治問題化し，結局，内閣も総辞職せざるを得なくなり，この教訓もあって，その後は指揮権が公然と行使されたケースはない。

3 弁　護　士

(1)　弁護士の主な職務は，訴訟において当事者を代理することなど裁判に関連する活動が中心であるが，法の機能が拡大し多様化するにつれて，裁判外の法律事務にも活動領域を拡げてきている。同じ法曹でも，裁判官・検察官が国家公務員であるのとは違って，弁護士は，民間人であり，裁判官・検察官が在朝法曹と呼ばれてきたのに対して，在野法曹と呼ばれてきた。弁護士の総数は，2022年4月現在，4万3230名である。司法制度改革後，裁判官と検察官の定員はそれぞれ数百名程度しか増えていないのに対して，弁護士の総数は2倍以上に急増している。[2]

弁護士になるためには，原則として，裁判官や検察官と同様に，司法修習を終えた後，日本弁護士連合会（日弁連）に備えられた弁護士名簿に登録しなければならない。弁護士会は強制加入団体であり，この登録をしないと弁護士活動をすることはできない。1949年に制定された弁護士法によって，弁護士会

[2]　わが国の弁護士の組織と活動の現況および関連データについては，毎年刊行される日本弁護士連合会編著『弁護士白書』参照。本章における数値データも，この2021年版に基づいているものが多い。

には，世界にも例がないほどと言われる完全な自治権が認められており，この
ような登録時の資格審査だけでなく，懲戒や会則の制定などについても自治権
をもっている。日弁連のもとに，各地方裁判所の管轄区域ごとに原則として一
つ置かれる単位弁護士会があり，日弁連が，これらの弁護士会の指導・監督，
連絡にあたっている。

　弁護士登録を認められると，法律事務所を開設して，法律事務全般を業とし
て行うことができるが，弁護士活動については，その職務行動規準を中心に，
各種の規律が弁護士法や日弁連の会則などによってなされている。複数法律事
務所の禁止（弁護士法 20 条 3 項），秘密保持の義務（同 23 条），弁護士でない者
との提携禁止（同 27 条），営利業務従事の届出義務（同 30 条）などの弁護士法
上の規制，弁護士職務基本規程，弁護士の業務広告に関する規程，弁護士の報
酬に関する規程などによる規制が代表的なものである。

　弁護士が，弁護士法や日弁連の会則に違反したり，弁護士会の秩序や信用を
害したり，その他弁護士の品位を失ったりする非行があった場合には，懲戒の
対象となり，懲戒は，弁護士会のなかに設けられている懲戒委員会の議決に基
づいて行われる（弁護士法 56 条）。懲戒委員会は，弁護士だけでなく，裁判官・
検察官・法律学者なども加わって構成され，懲戒処分には，戒告，2 年以内の
業務停止，退会命令，除名の 4 種類がある（同 57 条）。2004 年の弁護士法等の
改正によって，弁護士会の綱紀委員会について，裁判官・検察官・学識経験者
は従来は参与員として参加していたが，議決権を持つ外部委員に改めたこと，
法曹以外の学識経験者を委員とする綱紀審査会を日弁連に設置し，日弁連綱紀
委員会で棄却または却下された懲戒請求人の異議申立てを審査する手続を新た
に導入したことなど，弁護士会による綱紀・懲戒手続の透明化・迅速化・実効
化がはかられた。

　(2)　弁護士活動の中核をなしているのは，民事事件の訴訟代理人，刑事事件
の弁護人という訴訟代理である。民事訴訟については，わが国では，弁護士を
付けないと訴訟ができないという弁護士強制主義はとられておらず，当事者自
身が訴訟を追行する本人訴訟も認められている。弁護士が増え司法書士に一定
条件のもとで簡裁訴訟代理権が認められるようになり，弁護士あるいは司法書
士が選任される訴訟が増えたけれども，最近の地裁の事件では，当事者の一方

にしか弁護士が付かない訴訟が 45% 前後，双方に弁護士が付かない本人訴訟が 20% 弱という状況である。

　他方，刑事訴訟については，刑事訴訟法 289 条によって，死刑または無期もしくは長期 3 年を超える懲役・禁錮にあたる事件を審理するには，弁護人がいなければ開廷できない。また，憲法 37 条 3 項，刑事訴訟法 36 条によって，貧困その他の事由のため自ら弁護人を選任できない被告人には，国選弁護人をつけなければならない。さらに，刑事訴訟法 30 条では，起訴される前の被疑者にも弁護人を選任する権利を認めており，現在，ほとんどの単位弁護士会が，逮捕された被疑者やその家族らの求めに応じて弁護士が警察署や拘置所へ接見に出向き，無料で法律相談に応じる当番弁護士制度を実施している。

　わが国では，訴訟代理の場合だけでなく，全般的に，弁護士が身近な利用しやすい状況ではない。これは，弁護士の数が少なく地域的に偏在していることによるところが大きいが，その他に，弁護士費用の問題も関連している。弁護士費用について，敗訴者の負担とする制度をとっている国もあるが，わが国は，弁護士強制主義をとっていないこともあって，原則として各自が負担することになっている。民事訴訟には，勝訴の見込みがないとはいえないが訴訟費用を支払う資力のない者にその支払を猶予する訴訟救助という制度があるが（民事訴訟法 82 条〜86 条），弁護士費用は訴訟費用には含まれていない。1952 年に財団法人法律扶助協会が設立され，国庫補助金などを財源として，弁護士費用まで含めた訴訟費用の立替え，無料法律相談も行ってきている。2000 年に民事法律扶助法が制定され，法律扶助に関する国の責務を明確にし，事業主体を指定法人として国の関与を強化するとともに，国庫補助金も大幅に増額されたが，現在は，総合法律支援法に基づき，日本司法支援センター（法テラス）に業務が引き継がれている（本章③ 3 参照）。

　弁護士は，以上のような訴訟代理の他，多様な裁判外の法律事務を行っている。その代表的なものは，裁判所での調停，労働委員会や公害審査会など各種の裁判外紛争解決手続の利用，相手方と示談・和解のための交渉，環境破壊のおそれのある建築許可に対する異議申立てなどの場合に，当事者の相談に乗ったり代理人となったりする，訴訟業務と密接に関連した活動である。その他，主な活動としては，企業の顧問弁護士として，企業活動に関する種々の法律問

題について継続的に相談・処理にあたったり経営戦略に法的観点から指導・助言をしたりする活動，不動産売買・金銭貸借・担保・保証などの契約に法的助言を与えたり契約書を作成したりする活動，遺言の作成・保管・執行とか遺産相続や離婚など，家事問題の法的処理，一般的な法律相談などがある。また，企業活動が国際化するにつれて，外国企業との交渉や契約，国際争訟や仲裁など，渉外業務の重要性が一段と高まってきている。

　(3)　わが国の弁護士は，西欧先進諸国に比べてその数がきわめて少ないだけでなく，大都市に集中しており，弁護士事務所の規模も小さく，医師のような専門化も進んでいない。弁護士人口が急増した結果，都市部を中心に事務所の共同化が進んでいるが，それでも，2021 年 3 月末現在，1 ~ 2 人事務所が約79％と圧倒的に多く，3 ~ 5 人事務所が約15％，6 ~ 10 人事務所が約 4 ％，11 ~ 30 人事務所が1.7％，31 人以上事務所は0.34％（そのうち 101 人以上は 11 事務所）にすぎない。弁護士法 72 条によって，弁護士は一切の法律事務を行う権限をもち，弁護士でない者が報酬を得る目的で法律事務を業として行うことは禁止されているが，弁護士がこのような法律事務独占に見合うだけの責務を果たしているかどうか，法的サーヴィスに対する社会的ニーズが増加・多様化するなかで批判もある。日弁連は，弁護士の活動領域の拡充，新たな職域開発に組織的に取り組んでいるけれども，弁護士の従来の業務スタイルや職業意識のままでは，社会の多様な法的ニーズに応えて活動領域を拡充したり職域を開発したりすることがむずかしい状況にある。法律事務所の設置・業務形態などの規制緩和，弁護士登録をしなくとも裁判法務以外の法律関連業務に携わることのできる法曹資格の第四カテゴリーの創設，各種の隣接法律専門職との職域調整や資格の整理統合など，法曹の資格・組織の再編成も視野に入れたさまざまな改革案が提唱されている。

4　隣接法律専門職

　わが国では，以上の法曹三者が法律家と呼ばれているが，その他にも，法律事務に携わっている幾つかの重要な隣接職種があり，準法律家あるいは準法曹と呼ばれている。

　その代表的な職種は，登記・供託など，法務局に提出する書類の作成や申請

の代理，裁判所や検察庁に提出する書類の作成を任務とする「司法書士」である。古くから代書人として一般の人々に親しまれ，2021 年現在（以下，他の士職についても同じ），約 2 万 3 千名が全国隈無く存在し活動している。司法書士は，不動産取引などにおいて書類作成の域を超えた法的助言をしたり，本人訴訟において訴訟の進め方に助言をしたり，法的サーヴィスの提供者として重要な役割を果たしており，弁護士との職域競合の調整が問題となっている。

その他にも，発明や創作に関する特許，実用新案，意匠，商標などの知的財産権について，特許庁への出願手続や紛争処理を扱う「弁理士」（約 1 万 2 千名），企業などの会計監査を行う「公認会計士」（約 3 万 2 千名），税務書類の作成・税務相談などを行う「税理士」（約 7 万 9 千名），官公署に提出する書類の作成・提出手続の代理・作成に伴う相談などを行う「行政書士」（約 4 万 9 千名），労働関連法や社会保障法に基づく書類の作成・企業の労務管理や社会保険に関する相談指導などを行う「社会保険労務士」（約 4 万 3 千名），土地や建物に関する調査と測量・不動産に関する登記の申請手続やその代理を行う「土地家屋調査士」（約 1 万 6 千名），不動産の鑑定評価を行う「不動産鑑定士」（約 8 千 5 百名）など，いわゆる「士職」が存在する[3]。

以上のような個別法に基づく隣接法律専門職ではないが，企業や行政機関の内部の法務部門でそれぞれの活動に伴う法律関連業務を担当している専門家が存在し，準法律家・純法曹という場合，これらの人々も含めて理解されることが多い。社会の法化や国際化に対応すべく，企業も行政機関も法務部門を強化拡充しており，とくに企業法務については，裁判をはじめ法的紛争解決に関与する臨床法務だけでなく，契約の交渉の助言や契約書のチェック・コンプライアンス・株主総会対応などに関わる予防法務，さらに企業の経営方針の策定などの重要な意思決定に法的観点から助言する戦略法務まで，その活動領域が拡がっている。

---

3)　隣接法律専門職に含ませるか否か意見が分かれているが，法律事務を行う重要な伝統的な職種として，遺言などの公正証書を作成したり，定款を認証したり，私人間の法律関係を公に証明する「公証人」が存在する。公証人の身分は公務員であるが，国から俸給は受けず，依頼者からの手数料を収入とし，独自に役所を設けて活動している。法務大臣が任命するが，ほとんど検察官や裁判官の OB で，全国に約 500 名いる。

　このような企業法務部の活動を担っているのは，最近では，法曹資格をもった企業内弁護士も徐々に増えているけれども，ほとんどは，大学の法学部などを卒業して企業内でのオン・ザ・ジョブ・トレイニングで専門的なノウハウを身につけた社員である。このような企業法務担当者には，アメリカのロースクールで学びいずれかの州の弁護士資格をもっている者など，弁護士に優るとも劣らない専門的能力を具えた人々も少なくない。彼らの所属する法人単位の会員組織である経済法友会が，弁護士の法律事務独占や準法律家との職域調整に関する現行規制の見直しを組織的に要請している。

　以上のような準法律家の職務内容は，弁護士の業務内容と重なり合っているだけでなく，西欧では弁護士の仕事とされているものも多く，法律事務の拡大・多様化に対応した職域の再調整が必要となっている。先般の司法制度改革においても検討事項とされ，弁護士法 72 条の法律事務独占規定自体の見直しは行われなかったけれども，訴訟代理に関して，司法書士に対しては，簡易裁判所の訴訟代理権が，弁理士に対しては，弁護士が訴訟代理をしている特許などの侵害訴訟についての代理権が，一定の能力担保措置を講じた上で，認められ，また，税理士に対しては，税務訴訟において弁護士とともに裁判所に出頭して陳述をする権限が認められることになった。

③ 法曹の組織と活動に関連する主な課題

　以上のような日本の法律家の組織や活動については，わが国の司法制度の社会的基盤が弱く，一般の人々にとって身近で利用しやすいものではないことの主因であるとして，いろいろな改革提案がなされ，論議されてきている。先般の司法制度改革においても，人的基盤の拡充は，制度的基盤の整備，国民の司法参加と並んで，改革の三本柱とされ，諸々の懸案事項が審議され，幾つかの重要な改革が行われたが，制度的基盤の整備や国民の司法参加に関わる改革にも，法律家の組織と活動と密接不可分なものが多い。先般の改革の具体的な内容のうち，主なものを取り上げて，その概要を紹介し，その意義・今後の課題などをみておこう。

1 職業裁判官制と法曹一元制

(1) 第4章①で，大陸法系と英米法系の主な違いの一つとして，裁判官の任用方式を挙げたが，わが国は，ドイツやフランスなどの大陸法系の制度を継受して，司法修習を終えた者を最初から裁判官として採用し，裁判所内部で訓練・養成し，昇進制によって順次上級の地位を占めてゆくという職業裁判官制（キャリア・システム）をとっている。それに対して，イギリスやアメリカなどの英米法系諸国では，弁護士その他の法律家として相当期間実務経験を積んだ者から裁判官を選任するという法曹一元制がとられている。

イギリスでは，上級裁判所の常勤の職業裁判官は，伝統的に，上級裁判所での法廷弁論権をもつバリスター（barrister）を相当期間経験した者から任命されていたが，1990年代以降，次々と改革が行われ，ソリシター（solicitor）にも法廷弁論権が認められ，下級裁判所裁判官にはソリシターからも任命されるようになった。[4] 常勤の職業裁判官の他に，多数の非常勤裁判官と素人の治安判事が存在し，常勤裁判官に任命されるためには，通常，非常勤裁判官の経験が必要とされ，また，下位の裁判所の裁判官から順次上位の裁判所の裁判官に昇任していくケースが多くなっている。

アメリカの場合，連邦の裁判官は，弁護士の他，政府機関の法律専門職，ロースクール教授など，法律実務経験のある者から，大統領が指名し上院の承認を得て任命する。州の裁判官は，法律実務経験を要件としている点では共通しているが，任命方式は，公選制，知事の任命制，議会の選挙制，州民審査制など，さまざまである。

わが国の職業裁判官制については，司法の官僚化，在朝・在野の対立による法律家の一体感の欠如などの欠陥が指摘され，古くから法曹一元制の導入を求める運動が，弁護士会を中心に展開されてきている。戦前には，議員提出法案が衆議院で可決されたが，貴族院で審議未了となったことがある。また，第二

---

4) イギリスは弁護士二元制をとっており，バリスターが，法廷弁論を主な活動とし，依頼者と直接交渉せず，ソリシターを通じてしか事件を引き受けることができないのに対して，ソリシターは，依頼者から持ち込まれた事件について，法的助言・法的文書作成・交渉などを行い，必要があればバリスターに専門的な調査・助言を求めることを主な活動とする。バリスターが法廷弁護士と訳されるのに対して，ソリシターは事務弁護士と訳されている。

次世界大戦後の改革でも，構想されたが，成案とならなかったという経緯もある。しかし，運用面では，戦後の改革期に相当数の弁護士が裁判官に任用されたし，また，法律の規定でも，判事の任命資格は，判事補だけに限られておらず，10年以上の弁護士などの法律専門職の経験をもつ者であればよいことになっており（裁判所法42条），制度上は法曹一元制をとっているとも理解できる。

1960年代はじめに法曹一元制が中心的テーマとして検討された「臨時司法制度調査会」の意見書（1964年）では，法曹一元制は，円滑に実現されるならば，一つの望ましい制度ではあるが，法曹人口の飛躍的増加，弁護士活動の拡充・業務形態の改善など，実現の基盤となる条件が整備されていないとして見送られた。日弁連は，その後も，法曹一元制の実現を司法改革運動の重要課題として掲げ続けている。また，弁護士から裁判官に任官する制度が1991年から推進されるようになったが，この制度による任官者の数は少なく（2021年までの総数127名），法曹一元制の実現につながるものかどうか，評価も分かれている。

現在の職業裁判官制にも，廉潔で均質の裁判官を全国的規模で確保できることなど，捨てがたいメリットもあり，また，官僚的司法に対する批判だけでなく，法曹組織全体のギルド的体質に対する批判も強く，現在の裁判官について指摘されている欠陥が，法曹一元制に移行すればすべて改善されるとも限らない。原理的に法曹一元制が望ましいとしても，その前提条件の整備，制度の具体的設計，移行措置など，課題が多く，むずかしい問題である。

(2)　先般の司法制度改革でも，当初，法曹一元制の導入の当否が重要争点となっていた。司法制度改革審議会では，民主的な法曹一元制かそれとも官僚的な職業裁判官制かという，スローガン化した従来の二者択一的な議論構図にとらわれずに，法曹一元制が実質的にめざしている改革目標に照準を合わせて，法の支配の理念を共有し，相互の信頼と一体感を基礎として幅広く活躍する法曹が厚い層をなして存在するという状況を作り出し，その上で，高い質の裁判官を安定的に供給でき，裁判官の独立性に対する国民の信頼感を高めるという観点から裁判官制度を構築するという方針をとった。審議会は，裁判官の給源の多様化・多元化と，その任用手続・人事制度の見直しを中心に，幾つかの改

革提言を行い，それをふまえて，以下のような改革が実現した。

　裁判官の給源の多様化・多元化については，裁判官としての能力・資質の向上とその職務の充実をはかるために，判事補に，その身分を離れて，原則として２年間，弁護士事務所に雇用されて弁護士業務を経験させる制度が創設された。また，非常勤調停官制度の導入も（154頁参照），任官を考えている弁護士が，裁判官の職務に慣れるとともに，弁護士業務を順次整理することができることから，弁護士任官を推進する条件整備になることが期待されている。

　裁判官の任命手続・人事制度の透明性・客観性を確保する具体的な方策としては，すでに紹介したように，最高裁に下級裁判所裁判官指名諮問委員会が設置された（216-217頁参照）。また，人事評価制度に関しても，最高裁規則によって，評価の項目・視点を通達で明確化した上で，まず裁判官の所属する地裁・家裁の所長が人事評価を行い，必要があれば高裁長官が調整・補充し，申出があれば，評価書を開示し，記載内容に不服があれば申し出る機会も保証する新たな制度が設けられた。この制度による評価は，下級裁判所裁判官指名諮問委員会の資料としても用いられている。

2　国民の司法参加

　(1)　刑事裁判について，わが国のように，陪審制も参審制もとらず，職業裁判官だけで裁判をする仕組みは，先進諸国では数少ない珍しい例であった。国民の司法参加は，職業裁判官制による司法の官僚化批判とも密接に関連しており，法曹一元制と並んで，弁護士会の古くからの重要な運動目標とされてきた。わが国でも，陪審法が1928年から施行されたが，種々の制度的制約があったため，ほとんど使われなくなり，1943年に停止された。第二次世界大戦後，裁判制度がアメリカの制度の強い影響のもとに改革されたときに，必要な改正をして陪審制を復活させなかったことが，わが国の裁判の官僚制的な体質を改め，裁判を国民にとって身近なものとする妨げとなったという批判もある。司法の民主化や誤判の防止などのために陪審制の復活を求める運動が展開されてきたが，日本の伝統的法文化や日本人の国民性になじまないといった理由から反対論も根強く存在していた。

　陪審制は，アメリカのテレビや映画などをみると，法廷で弁護士が陪審員相

手に熱弁を振るうシーンがよく出てくるように，英米法系諸国に特徴的な司法参加の方式である。陪審制は，法律の素人である一般人から選ばれた陪審員が，専門の裁判官とは独立して事実問題について評決を下す制度である。刑事訴追をするかどうかを決定する大陪審（起訴陪審）と，法廷に提出された証拠に基づいて事実関係を審理して有罪か無罪かを決める小陪審（審理陪審）とがあり，一般に陪審と言う場合は，後者の小陪審のことである。

　それに対して，ドイツやフランスなどの大陸法系諸国では，一般人から選出された参審員が職業裁判官と共に合議体を構成して，事実問題・法律問題を問わず審理・裁判する参審制がとられている。

　(2)　先般の司法制度改革においては，裁判過程を国民により開かれたものとし，裁判内容に国民の健全な常識を反映させることによって，国民の司法に対する理解と支持を深めるためには，一般の国民が，裁判官とともに責任を分担しつつ協働し，訴訟手続において裁判内容の決定に主体的・実質的に関与していくことが必要であるとして，欧米諸国の陪審制・参審制をも参考に，わが国にふさわしい参加形態が検討された。そして，2004 年に「裁判員の参加する刑事裁判に関する法律」が成立し，5 年の準備期間を経て，2009 年から施行された。

　裁判員制度の基本構造は，裁判官と裁判員が，共に評議し，有罪・無罪の決定および刑の量定を行うものとなっており，参審制を基本としているとみてよいであろう。だが，裁判員の資格・選任方法については，20 歳（2023 年以後は18 歳）以上の衆議院議員選挙の有権者のなかから，1 年ごとに無作為抽出で候補者名簿を作成し，裁判員は，そのなかから事件ごとに無作為抽出することになっている。その際，禁錮以上の刑に処せられた者などは欠格とされ，法曹三者・国会議員などは就職を禁止され，70 歳以上の者や学生などは辞退を認められ，不公平な裁判をするおそれのある者や当事者が不選任の要求をした一定数の者は除外される。このような方式は，基本的に英米の陪審員の選任手続に似ている。

　裁判を行う合議体は，原則として，裁判官 3 人と裁判員 6 人で構成されるが，例外的に，被告人が公訴事実を認め，当事者に異議がない場合には，裁判官 1人と裁判員 4 人でもよいことになっている。裁判官・裁判員の権限と評決につ

いて，法令の解釈および訴訟手続に関する判断は，裁判官の専権であり，裁判官の過半数の意見によるものとされている。事実の認定，法令の適用および量刑に関しては，裁判官と裁判員が合議を行い，裁判員にも職権の独立や証人尋問などの権限が認められている。評決に関しては，裁判官と裁判員の過半数であって，裁判官および裁判員のそれぞれ１人以上が賛成する意見によるものとされ，裁判官または裁判員のみによって有罪の判断を行うことはできない。

　対象となる事件は，地方裁判所で審理される事件で，死刑または無期の懲役もしくは禁錮にあたる罪にかかる事件，法定合議事件であって故意の犯罪行為により被害者を死亡させた罪にかかる事件など，一定の重大な犯罪である。対象事件であっても，裁判員やその親族等に危害が及ぶおそれがあるような事件については，例外的に裁判官のみの合議体で取り扱うことができるが，被告人が裁判官のみによる裁判を選択する権利は認められていない。制度開始後2020年度までに裁判員裁判が実施された事件は，強盗致傷，殺人，傷害致死，強制わいせつ等致死傷，現住建造物等放火，覚醒剤取締法違反などが多く，毎年の対象事件の新受人員は千人台で推移しており，予測されていた数よりはやや少ない。

　有罪・無罪の決定だけでなく刑の量定にも裁判員の社会的常識を反映させることが，日本の裁判員制度の独自の特徴である。これまでの判決結果からは，検察側求刑の八掛けという従来の“量刑相場”からずれた判決もかなりあり，性犯罪中心に厳罰化傾向がみられる反面，家族間事件については執行猶予付きの寛刑化傾向もみられ，制度趣旨が実現されているようではあるが，公平な裁判という観点からの批判もある。また，裁判員制度では，アメリカの陪審裁判などとは違って，無罪判決であっても検察官による控訴が認められており，控訴審では職業裁判官のみによる審理によって逆転有罪判決が下される可能性があり，現に幾つかのこのような事例が生じており，制度導入の趣旨との整合性が当初から問題視されている。

　裁判員制度の公正かつ実効的な運用と社会的信頼を確保するために，裁判員が出頭しなかったり，秘密を漏らしたりした場合，また，裁判員に請託したり，裁判員やその親族を威嚇したりした場合には，一定の罰則が規定されている。裁判員やその候補者の義務については，裁判員の参加しやすい環境整備の支障

となっているものもあり，裁判員の負担軽減や裁判員経験の社会的共有化の促進などの観点から，緩和措置が必要であるという意見も強い。

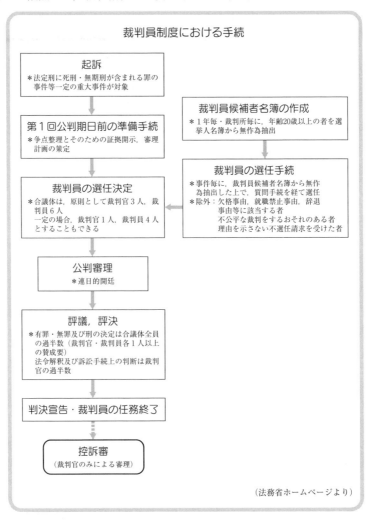

裁判員制度における手続

起訴
＊法定刑に死刑・無期刑が含まれる罪の
　事件等一定の重大事件が対象

裁判員候補者名簿の作成
＊1 年毎・裁判所毎に，年齢20歳以上の者を選
　挙人名簿から無作為抽出

第 1 回公判期日前の準備手続
＊争点整理とそのための証拠開示，審理
　計画の策定

裁判員の選任手続
＊事件毎に，裁判員候補者名簿から無作
　為抽出した上で，質問手続を経て選任
＊除外：欠格事由，就職禁止事由，辞退
　　　　事由等に該当する者
　　　　不公平な裁判をするおそれのある者
　　　　理由を示さない不選任請求を受けた者

裁判員の選任決定
＊合議体は，原則として裁判官 3 人，裁
　判員 6 人
　一定の場合，裁判官 1 人，裁判員 4 人
　とすることもできる

公判審理
＊連日的開廷

評議，評決
＊有罪・無罪及び刑の決定は合議体全員
　の過半数（裁判官・裁判員各 1 人以上
　の賛成要）
　法令解釈及び訴訟手続上の判断は裁判
　官の過半数

判決宣告・裁判員の任務終了

控訴審
（裁判官のみによる審理）

（法務省ホームページより）

　裁判員制度の導入には，法廷での供述や証言をもとに判断する直接主義・口頭主義という刑事裁判の原則を実質化して審理を活性化し，職業裁判官が警察・検察の取り調べに基づいて作成した供述調書を中心に審理し判断する "調書裁判" という従来の裁判実務を是正し，捜査の適正化をはかることも期待されていた。裁判員裁判の公判審理の充実・促進，えん罪の防止のためにも，従

来の身柄拘束による自白重視の捜査手法の転換が不可欠だという認識が拡まり，警察・検察の取り調べの録音・録画による「可視化」の義務づけを中心に検討が進められたが，審議会では成案は得られなかった。その後，検察・警察は，一部事件について取り調べの部分的可視化を試行していたが，2010年の大阪地検特捜部の証拠改ざん事件などをきっかけに，法務省の法制審議会に特別部会を設置して法制化に向けた検討が進められた。そして，2016年に，司法取引（容疑者が他人の犯罪を明らかにする見返りに検察が求刑の軽減など有利な扱いができる制度）の限定的導入などと一緒に，裁判員裁判対象事件など一部事件について取り調べの録音・録画を義務づける刑事訴訟法の一部改正が行われた。

(3) 司法への国民参加は，以上のような陪審制・参審制を中心に議論されてきているが，司法への国民参加ということをもう少し広く理解するならば，わが国でも，広い意味での司法への国民参加の方式とみてよい制度があることにも注意する必要がある。

刑事手続に関しては，起訴に関する検察官の裁量権の適正な行使に民意を反映させるために，上述の英米の起訴陪審から示唆を得て第二次世界大戦後に設置された「検察審査会」がある。審査会は，有権者からくじで選ばれた11人の検察審査員が，検察官の不起訴処分が相当かどうかを，告訴人からの申立てまたは職権によって審査し，検事正らに議決書を送って再考を促す制度である。審査会で起訴相当の議決があっても，検察官はそれに従わなくてもよく，不起訴処分について不起訴不当の議決をしたが，再度不起訴処分になったケースも多かった。

このような運用実態に対する批判が強く，先般の司法制度改革の一環として，審査会が起訴相当の議決をした後，検察官が再考しても不起訴処分を維持したときは，審査会は，再審査を行い，弁護士の審査補助員から法的助言を受け，検察官から意見聴取した上で，起訴すべき旨の議決をすることができ，この場合には，裁判所の指定する弁護士が，検察官に代わって公訴を提起しその維持にあたるものとするように改められ，審査会の議決にいわゆる法的拘束力を付与する改正が行われた。

(4) 他方，民事手続への民間人の参加方式として，民事調停や家事調停において裁判官とともに調停委員会を構成して調停にあたる調停委員，家庭裁判所

の審判に参加する参与員，簡易裁判所の審理や和解手続に参加して意見を述べる司法委員といった制度がある。わが国では，調停などの裁判所内の代替的紛争解決手続が古くからの伝統をもっており，現在でも広く活用され，重要な役割を果たしており，世界的にも注目されていることは，日本の法文化や裁判外紛争解決手続について説明した際に触れた通りである（第 4 章③，第 10 章③参照）。

なお，先般の司法制度改革の一環として，医事関係・建築関係事件等の専門的事件において，裁判所が争点・証拠の整理等にあたり，訴訟関係を明瞭にするためなどに必要な場合には，専門的な知見に基づく説明を聴くために，専門委員を手続に関与させる制度が導入されたが，このような専門委員制度は，参審制の一類型ともみることができる（民事訴訟法 92 条の 2 ～92 条の 7 参照）。

3 司法へのアクセスの拡充

(1) 司法制度改革においては，国民に身近で利用しやすい司法制度の実現のために，司法の機能を充実強化するとともに，質量ともに豊かな法曹が，「国民の社会生活上の医師」として，国民の多様なニーズに応えて適切な法的サーヴィスを提供し，「法の支配」を社会の隅々にまで及ぼすことができるように，人的基盤を整備することがめざされた。そして，2010 年頃には年間の司法試験合格者数を 3000 人程度まで増加し，2018 年頃には実働法曹人口を 5 万人規模とするという，法曹人口の大幅増員を提言するとともに，司法過疎地域対策，民事法律扶助制度の拡充，公的弁護制度の整備等々，司法制度や弁護士の法的サーヴィスへのアクセス障害の解消に関する従来からの懸案事項への対応も検討された。

司法制度改革全体の大前提であった法曹人口の大幅増員は，その後，閣議決定され実施されはじめたが，まもなく弁護士会を中心に見直し要求が強まり，法曹養成制度検討会議の取りまとめをふまえてこの閣議決定も 2013 年に事実上撤回されてしまった。わが国における適正な法曹人口の規模を見定めることは，西欧では弁護士の業務とされている法律業務に携わるさまざまの隣接法律専門職などの準法律家が多数存在することなども考えると，たしかに，きわめてむずかしい問題である。けれども，弁護士の現在の法的サーヴィス提供態勢

が法律事務独占の責務に十分に応えておらず，現在のような法的サーヴィスの分散的提供態勢が利用者にわかりにくく使い勝手がよくないこともまた明白である。各法曹組織の国内的なギルド的既得権益の擁護にとらわれず，法曹の業務・活動スタイルの転換，隣接専門職も含めた法曹組織の再編成をも視野に入れ，グローバルな視点から見直さなければならない時期を迎えている。

(2) 他方，司法へのアクセスの拡充については，上述のような幾つかの懸案事項への対応の検討の過程で，これらの課題に総合的に対応するための方策として，全国どこでも，民事・刑事を問わず，法的紛争解決に必要な情報やサーヴィスの提供が受けられる総合的な支援の実施および体制の整備をめざす「司法ネット構想」が浮上し，2004 年に「総合法律支援法」が制定され，2006 年から日本司法支援センター（法テラス）が業務を開始した。

総合法律支援法 1 条は，裁判その他の法による紛争解決のための制度の利用をより容易にするとともに，弁護士並びに司法書士その他の法律専門職者のサーヴィスをより身近に受けられるようにするための総合的な支援の実施および体制の整備に関する基本事項を定めることを目的とすると規定している。法的サーヴィスについて，裁判外の法的紛争解決手続や司法書士らの隣接法律専門職を視野に収めていることが，今後の司法制度・法曹組織の在り方に一定の方向を示すものとして注目される。

中核となる運営主体として，日本司法支援センター（法テラス）が法務省所管の独立行政法人として設立され，弁護士会や地方公共団体の相談窓口などとも連携協力しながら，①相談を受け付けて，情報提供，関係機関等への振分けなどの道案内を行う相談窓口（アクセスポイント），②資力の乏しい人に対する裁判費用を立て替える民事法律扶助，③被疑者段階からの国選弁護人選任や裁判員制度の実施の支援などの公的刑事弁護の態勢整備，④司法過疎地域における法的サーヴィスの提供，⑤犯罪被害者の支援などの業務を一体的に行っている。法テラスは，国・地方公共団体・公益法人などの委託を受けて，契約弁護士などに法律事務を取り扱わせることができ，また，国・地方公共団体・弁護士会・隣接専門職団体・ADR 機関等との連携を確保・強化してネットワーク化をはかることも行う。

法テラスは，東京に本部を置き，地方事務所を全国の地裁所在地など 50 ヵ

所に置くほか，弁護士過疎地などにその支部・出張所が配置されている。その業務を行うスタッフとして，常勤弁護士は，2014 年度には 252 名まで増えたが，2020 年度は 194 名雇用されている。国選弁護などの業務については，支援センターと契約している一般弁護士にその職務を取り扱わせることもできる仕組みになっている。

　日本司法支援センターは，従来法律扶助協会が行っていた民事法律扶助業務を引き継いだだけでなく，先般の改革で拡充された公的弁護制度や裁判員制度の実効的な実現の支援拠点という役割も引き受け，それらの改革の具体的方策の多くと密接に関連している。だが，公設法律事務所，当番弁護士制度，法律相談センターなど，各地の弁護士会や地方公共団体が従来自主的に取り組んできた活動とも重なり合っており，その間の調整をめぐって微妙な緊張関係もみられる。これらの活動との円滑な連携協力関係が確立され，司法サーヴィス提供の最前線で法曹が一体となって関係諸団体・機関とも協働して活動する拠点が形成されることによって，司法アクセスの障害の緩和・解消のための全国的なネットワークが拡充されることが期待されている。

第15章　法の考え方と用い動かし方

1 現代日本の法状況

1　再び法をどうみるか

　この最終章では，本書全体のまとめとして，法というものをどのように考え，とくに日本社会における法の役割をどのように理解し，市民一人一人がどのような姿勢で法に関わり合うべきかについて，第1章③で指摘した問題状況に立ち戻って考えてみよう。

　第1章③3で，法学を学ぶにあたって留意すべき重要な事柄として，三点を挙げたことを思い出していただきたい。

　第一に，一定の問題に対処するのに法を用いるかどうかを考える場合，法というものは，決して万能ではなく，法を用いるメリットもあれば，必ずデメリットもあり，あくまでも社会における公私さまざまの問題解決方式のなかのワン・ノブ・ゼムにすぎないということをつねに念頭においておく必要がある。

　第二に，法というものの本領は，国家が強制的権力をバックに一方的に命令したり裁定したりするシステムではなく，それぞれ多様な生き方をする人々が公正な手続的状況のもとで共通の法的規準に従って自主的に交渉し理性的に議論することによって行動調整を行うためのフォーラムというところにあるとみるべきである。

　最後に，法システムが公正かつ円滑に作動するためには，市民一人一人が，たんに法的な規制・保護を受ける客体ではなく，それぞれの人生目標を実現するために法を用い動かす主体であることを自覚し，相互にそのような主体であることを尊重し合いながら，法というものに関わり合う必要がある。

　第2章以下の各章では，このような法の見方や法への姿勢を身につけること
をめざして法学を学ぶにあたって必要と考えられる基礎的な知識として，法シ
ステムや裁判制度の仕組みと機能，法の実現すべき目的や価値，法の解釈・適
用に関する技法，法律家の組織と活動など，法システムの各側面について，現
代日本の法状況に焦点を合わせながら説明してきた。そして，それぞれ関連箇
所の説明から，このような法の見方や法への姿勢が必ずしも広く一般的なもの
とはなっておらず，わが国における法システム全体，とくに裁判制度が憲法の
制度的理想通り運用されているとは言えない状況も少なからずみられるという
ことが理解できたのではなかろうか。

2　これまでの説明の整理と補足

　これらの三点と関連づけて，これまでの説明で触れたことを整理しつつ，若
干補足しておこう。

　まず，法を公私さまざまの問題解決方式の一つとして相対化してとらえ，そ
のメリット・デメリットをよく考えて用いるということについては，日本人は，
基本的に現実主義的であり，規範と事実の緊張関係の意識が概して弱いことも
あって，法の運用や利用についても大勢順応的で法道具主義的であり，このよ
うな考え方がかなり広く行われているようにも見受けられる。しかし，法的強
制方式の多様化（第5章④），法による道徳の強制や法的パターナリズム（第7
章③④），現代型訴訟や裁判外紛争解決手続（第10章②③，第4章③）など，
次々と生じる新しい法的問題への対応のあり方をめぐる論議をみると，法や裁
判を積極的に用いて法的なルールや権利義務観念によって対応しようとする
リーガリズム的「法化」傾向と，できるだけ法や裁判を用いずにインフォーマ
ルに処理したり，法を用いるにしても司法よりも行政に頼ろうとしたりする
「非＝法化」傾向とが対立しており，さらに，法的な問題処理に対する根強い
反発・不信（「反＝法化」傾向）もみられ，全体としてかなり複雑な様相を呈し
ている。

　次に，法の見方についても，依然として，法というものをもっぱら国家権力
の行使に関わる強制的で権力的なものとみる傾向が強く，国家権力の行使と直
接関係しない社会レベルで私人相互間の自主的な相互交渉や紛争解決などを促

進し支援するための枠組と指針を提供しているという側面は，必ずしも“法的なもの”として正当な位置づけを与えられていないきらいがある。法の見方を，強制的な命令・裁定システムから自主的な行動調整フォーラムへと転換することは，まだまだ時間がかかりそうであり，容易には進みそうにない。

　最後に，法への相互主体的な姿勢の確立についても，たしかに，人々が以前よりは主体的に法に関わり合うようになり，自分の権利主張を積極的に行うようになったことは間違いない。しかし，人々のいろいろな法の用い方や権利主張の仕方をみると，かなり便宜主義的で利己主義的であり，必ずしも相互に相手の人格や権利を尊重し合う規範的関係を原理的に受け容れたものではなく，利用できるものは国家でも何でも利用してとにかく一定の利益を確保・実現しようという現実主義的傾向もかなりみられる。自己決定権や多様な個性の尊重ということが強調されるようになったけれども，パターナリズム的な配慮への期待や画一化・同調傾向も根強く残っているのみか，むしろ強まっているきらいもあり，法システムを自由で公正な社会の基幹的なインフラとして用い動かそうとする自律的主体意識が成熟しつつあるかどうかは定かではない。さらに，一般の人々が裁判などの法制度を利用して自主的に法的な問題解決をはかろうとしても，それを支援する人的・制度的インフラの整備が不十分であって，弁護士へのアクセスも容易ではなく，司法制度が国民に分かりやすく利用しやすい身近な存在になっていないというネックがある。

2 問題の所在とその背景

1　法の三類型と「法化」「非＝法化」「反＝法化」

　現代日本法のこのような状況を，これまでの説明でも何度か用いた「法化」「非＝法化」「反＝法化」という概念を使って少し理論的に整理し，そもそもどこに問題があるのか，その背景は何なのかを確認しておこう。

　日本社会の都市化・工業化が急速に進みはじめた1970年前後から，「わが国もようやく『法化社会』を迎えた」というような言い方で，「法化」という言葉が用いられるようになった。社会の「法化」とは，広い意味では，一定の問題や紛争に対処するのに，法律を制定したり，行政的規制を行ったり，弁護士

に相談したり裁判所に持ち込んだり，要するに「法」を用いる必要が生じ，「法」を用いて対応するようになることを意味する。問題は，一口に「法」と言っても，さまざまな類型の法があり，どのような目的でどのような類型の法が用いられるかによって，社会や人々の行動に及ぼす効果も異なることである。[1]

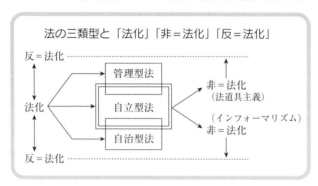

法の主な類型は，自立型法と管理型法・自治型法の三つに分けることができる。自立型法とは，民法や刑法などの典型的な法のことであり，一般的な法規範を制定して権利義務関係を予め公に示しておいたうえで，具体的な事例には裁判によってこの法規範を個別的に適用して，要件＝効果図式で対処することを基本的な特徴としている。法の支配や権力分立制などの統治原理は，基本的に，このような自立型法を前提としている。

それに対して，管理型法とは，行政法とか社会法・経済法など，一定の政策目標を実現するための手段という性質の強い法類型であり，主に行政機関によって目的＝手段図式で運用されるところに特徴がある。また，自治型法は，私的な組織・団体内部あるいは私人間の相互作用における自主的な取決めやインフォーマルな社会規範に基づいて生成し，合意型調整図式によって問題や紛争を解決することを優先するところに特徴がある。

現代法システムが社会の法的ニーズの複雑多様化に適切に対処するためには，個々の問題領域に応じてこれら三つの法類型を適宜使い分け，組み合わせて用

---

1)　法の三類型と「法化」「非＝法化」「反＝法化」についての詳しい説明は，田中成明『現代法理学』（有斐閣，2011年）第3章，また，この理論枠組を用いた現代日本の法システム・司法制度の問題状況の分析として，同『転換期の日本法』（岩波書店，2000年）参照。

いる必要があるが，その際，これら三つの法類型の次のような相互関係を正しく理解することが重要である。すなわち，自立型法が法システム全体の骨格というか核心部分にあたり，管理型法や自治型法は，あくまでも自立型法の背景的枠組を基礎とする補助的な調整装置であるから，司法的裁判を基軸に作動する自立型法がしっかりと社会的に定着していることが，法システム全体が法の支配の要請に基づいて健全に作動するために不可欠である。

　ところが，現代日本の「法化」の状況をみると，社会の「法化」が進みはじめた 1970 年代以降も，司法的裁判を基軸とする自立型法による「法化」は，"小さな司法"とか"二割司法"とか言われてきたように，不十分な状態が続いていた。先般の司法制度改革では，司法機能とその人的基盤を拡充強化することによってこのような状況を是正することがめざされたが，この改革の効果があらわれるまでには，まだかなり時間がかかりそうである。それに対して，公害や消費者被害など，社会の「法化」によって生じる新たな問題や紛争に対処する必要が生じた場合，行政機関主導の管理型法による「法化」によって対応する法道具主義的政策や，裁判外の各種の代替的紛争解決手続を拡充して自治型法によって対応するインフォーマリズム的政策は，それほど抵抗なく進められてきている。

　広義の「法化」には，自立型「法化」だけでなく，これらの管理型「法化」や自治型「法化」も含まれる。だが，後の二つの「法化」方式の場合には，自立型法や司法的裁判のフォーマルな形式主義的性質の限界や欠陥を是正しようとする「非＝法化」傾向や，およそ法的なものを原理的に否定する「反＝法化」傾向との関係はかなり微妙である。とくに裁判外の紛争解決手続の拡充を要求するインフォーマリズムには，広義の「法化」政策の一環とみることができる傾向と，「非＝法化」あるいは「反＝法化」傾向とが複雑に重なり合っており，現代日本法におけるプレ・モダンとポスト・モダンの交錯と言われる状況がみられ，現況の的確な理解と評価を困難にしている（238 頁図参照）。

2　問題状況の背景

　日本法の現況のこのような特徴の背景は，相当根深いものである。第 4 章［２］で説明したように，わが国の伝統的な法システムは，帝政期中国の律令法制の

影響を受け，刑事法・行政法中心の管理型法システムであり，このような管理型法がインフォーマルな自治型法を囲い込む形で運用され，法文化としては，「反＝法化」傾向が強かった。そして，明治期以降の法システムの近代化も，自立型法と管理型法が混合したドイツ型大陸法制をモデルに推し進められ，ドイツの場合以上に，管理型法に偏った形で行政優位の法運用が行われ，司法的裁判や権利義務観念など，自立型法の核心的な制度や精神は，社会内部に十分には浸透しなかった。第二次世界大戦後，自立型法を基調とするアメリカ型法制をモデルに憲法・裁判制度などの抜本的な再編成が行われたけれども，行政優位から司法中心の法運用への転換は，憲法の制度的理想通りには進んできていない。

　その理由は，いろいろ考えられるが，法文化については，法実務や一般の人々の間では，やはり法道具主義的あるいはインフォーマリズム的な法の考え方や用い方が，とりわけ一般の人々には「反＝法化」傾向が，底流として根強く残っていることにあると推測される。それに加えて，現代では，裁判外紛争解決手続（ADR）の拡充をはじめ，「非＝法化」傾向が世界的な潮流となっていることもあり，わが国でも，それにそった改革提言がなされ，法実務や一般の人々の通念的感覚とも共鳴しあって，あまり抵抗もなく受け容れられているきらいがある。

　このように，管理型法と自治型法が，司法中心の自立型法を回避して，短絡的に結びついて作動しているところに，わが国の法運用の特徴がみられ，このような日本型法運用システムが，利益誘導政治や護送船団型経済などと批判されているわが国の政治経済構造のインフラであった。しかし，従来の政治経済構造の制度疲労が目立ちはじめ，構造的改革を迫られている状況は，法システムのあり方にも影響を及ぼさざるを得ない。とりわけ，法システム全体の作動方式を，行政優位から司法中心に転換することが急務であり，司法制度とその人的基盤を整備強化して，自立型法を核とする「法の支配」を確立しない限り，いくら規制緩和や行政改革を推進しても，自由で公正な社会は実現できないであろう。

　現代日本法の問題状況は，文化・社会のあり方や政治経済の構造とも緊密に関連しており，法についての制度改革も意識改革もなかなか容易ではない。け

れども，自由で公正な社会を実現し，法システムがそこで応分の役割を果たすことができるためには，なによりもまず，司法の容量と基盤を拡充し，自立型法を基軸とする法システムの制度的整備と社会的定着をめざす「法化」を強力に推進し，このような自立型法システムを背景的枠組として，管理型法の肥大化の抑止と自治型法による規制の適正化をはかるという，二段階戦略ないし両面戦略をとって，「法の支配」を確立することが必要である。日本文化の特殊性や日本人の国民性と適合していることを理由に，管理型法による行政的な介入・規制を重視する法道具主義や，自立型法の背景的枠組なしに自治型法だけでやってゆこうとするインフォーマリズムには，問題が多く，批判的な眼でみなければならない。

③　法の支配の実現のために

1　法の支配の諸相

　日本法の現況についての以上のような考え方は，基本的には，日本国憲法の基本原理の一つである「法の支配」を実現するためには，まだまだわが国の法システム全体の運用方式を改革する必要があり，法実務や一般の人々の法文化も変わらなければならないということに他ならない。

　「法の支配」という言葉も，本書でこれまで何度か使用したが（とくに37頁，61頁，116-117頁，194-195頁参照），その意味内容をどのように理解するかについては，法分野によって，また，同じ法分野のなかでも意見が分かれている。ここでは，法の支配が立憲主義とほぼ同義に理解されることが多い憲法分野の議論を中心に少し整理しておこう[2]。

　「法の支配」は，最も狭い意味では，英米における伝統的な「人の支配ではなく，法の支配を」という "Rule of Law" の原理と同じものと理解されており，このような理解が最も一般的である。しかし，その他にも，「法治主義」

---

　2)　わが国の憲法における「法の支配」のあり方に関する見解として，佐藤幸治「自由の法秩序」同『日本国憲法と「法の支配」』（有斐閣，2002年），土井真一「法の支配と司法権」佐藤幸治＝初宿正典＝大石眞編『憲法五十年の展望Ⅱ』（有斐閣，1998年）参照。私見については，田中『現代法理学』（前掲注1）326-336頁参照。

と同じ意味に理解されることもあり，この場合には，ドイツの「法治国家 (Rechtsstaat)」思想も含めて，国家権力の行使はすべて法律の制限のもとで法律を根拠に行われなければならないことを要請するものとして，少し広く緩やかに理解される傾向がある。

　さらに，法治主義については，中国の韓非子らの法家の法治主義も含めて理解されることもある。儒教的な律令体制は，表面では徳治主義を説きつつも，現実には，社会秩序の維持や統治の道具として刑事・行政・警察等の法規の厳しい運用を行ってきており，この点では法家の法治主義と儒教の徳治主義は表裏一体の関係にあったとみられている。しかし，西欧の研究者は，このような律令法制のもとでの法治主義は，たんなる "法による支配（rule *by* law)" であって，西欧の伝統的な "法の支配（rule *of* law)" とは明確に区別すべきだとしており，そのような理解が適切である。

　英米型の「法の支配」とドイツ型の「法治国家」は，どちらも，権力分立制や立憲主義などと不可分の関係にある自由主義的統治原理であるという点では共通性をもっているから，両者を統合して「法治主義」と理解することも，理論的には十分可能であり，このような理解もかなり広く行われている。けれども，両者の前提とする法の見方やその制度的な保障の仕方には，無視できない沿革的相違もあり，やはり，わが国における法の機能や運用の問題状況を解明し，そのあるべき方向をさぐろうとする場合には，法の支配と法治国家を区別するほうが適切であろう。

　ドイツ型の法治国家の場合は，法の形成や運用の見方がいわば垂直的であり，まず国家があって，その国家が法律を制定して個人・社会を統治するという見方が支配的である。戦前のドイツでは，官憲的統治体制のもとで行政優位の法運用がなされ，通常の司法裁判所とは別系列の行政裁判所が設置されていただけでなく，国民の自由権の保障という目的についても，極端な場合には，法律の根拠さえあれば制限できるという形式主義的な運用がされた。そして，わが国の明治憲法のもとでも，このような行政主導の法の運用が行われていた。

　戦後のドイツでは，このような反省をふまえ，国民の基本権の尊重を重視して，法律の内容にも一定の制約があるとする実質的法治国家論が説かれ，以前の形式的法治国家論と区別されるようになっており，英米型の法の支配と接近

してきているところもみられる。わが国でも，法治国家と法の支配を含めて法治主義を強調する論者は，戦後ドイツにおける法治国家論のこのような変化をもその論拠として挙げている。けれども，英米型の法の支配とドイツ型の法治国家を区別して，日本国憲法がめざしているのは基本的に英米型の法の支配であると理解したほうが，わが国の法システムの来歴と現状の問題状況をより鮮明に浮彫りにできるであろう。

　図式的に言うと，わが国の法システムは，律令法制的な法治主義からドイツ型の法治国家を経て英米型の法の支配へと，法の基本的な役割に関する指導原理を変えてきた。けれども，法システムの指導原理が制度上変わっても，その運用には以前の法の見方が影響を及ぼし続け，なかなか制度的理想通りに運用ができないという状況におかれているところに，現代日本の法システムの作動状況の根本的な問題がみられるのである。

2　日本国憲法における法の支配

　それでは，日本国憲法の基本原理として受け容れられた英米型の「法の支配」とはどのようなものであろうか。英米における法の支配の原理は，「王もまた神と法の下に立つ」という，中世イギリスの法律家 H. ブラクトンの有名な言葉にみられる法優位の思想が，裁判所で形成される判例法が国王の権力にも優越するという原理として受け継がれたものである。イギリスでは，法の支配の原理が，議会主権の原理と並んで，法の形成や運用の仕方を規定しており，裁判所では行政機関も一般私人と対等の当事者として扱われ，大陸法型の行政裁判所は否定されている。全体的に，法の形成や運用の見方がいわば水平的であり，ドイツ型の法治国家の場合とはかなり異なっている。

　もっとも，19世紀末にイギリスの法学者 A. V. ダイシーが定式化したような古典的な法の支配の原理[3]は，20世紀以降の行政権の拡大に伴い，その内容の修正を余儀なくされている。また，アメリカにおける法の支配の原理は，自然権思想とも結びつき，基本的人権を保障する憲法優位の思想となり，アメリカ型立憲主義の核心に位置づけられている。司法権の優越を制度的に保障する違憲審査制が，判例法として確立されて強化され，イギリスの議院内閣制と違って，より徹底した権力分立制がとられていることもあって，独自の展開を遂

げてきている。

　日本国憲法は，このアメリカ型の法の支配の原理を受け継いで，憲法・裁判制度を中心に法システムの抜本的な再編成を行った（第 4 章 2 3 参照）。このような法の支配の原理は，一般に，①憲法の最高法規性の観念，②基本的人権の尊重，③裁判所に対する尊敬と信頼，④適正手続の保障という四つの要請を中心に，憲法のなかに制度化されていると理解されている[4]。そして，このような法の支配のめざすところは，国家権力が予め示された理由に基づき公正な手続によって行使されることを要請することによって，国家権力の恣意的行使により個人の自由が不当に侵害されないように，法システムの内容と運用を規律し方向づけることである。

　法の支配のこのような要請内容においては，憲法と基本的人権の尊重という側面が前面にすえられているが，法理論的には，法内在的目的としての「合法性」の内容として第 8 章 3 で説明したものと大幅に重なり合っており，その現代的な意義も「合法性」について説明したこととほぼ同じである。

　この最終章で少し付け加えて説明したいことは，法の支配が本来前提としている法システムは，自立型法を背景的枠組とした法システムであり，現代法システムのもとでの自立型法と管理型法・自治型法の相互関係について先ほど説明した問題状況が，日本社会において法の支配をいかにして実現するかという課題とも基本的に同じであるということである。すなわち，日本国憲法の制度的理想に照らしてわが国の現在の法状況をみた場合にも，法の支配を実現するためには，何よりもまず，行政優位から司法中心へという法システムの運用ス

3）　ダイシーの法の支配の原理は，次の 3 命題からなる。①専断的権力に対立するものとしての正規の法の絶対的優位，国の通常裁判所において正規の法的な方法で確定された法に明確に違反する場合を除いて何人も処罰されず合法的に身体・財産を侵害されえないこと。②法の前の平等，地位・身分を問わず，すべての人が，国の正規の法に服し，通常裁判所の裁判に服すること。③人身の自由の権利などの憲法の一般的諸原則は，個々の事件において私人の権利を決定する司法的判決の結果であること。ダイシー／伊藤正己＝田島裕訳『憲法序説』（学陽書房，1983 年）参照。

4）　伊藤正己「『法の支配』と日本国憲法」清宮四郎＝佐藤功編『憲法講座第 1 巻』（有斐閣，1963 年）124-140 頁，芦部信喜『憲法Ⅰ・憲法総論』（有斐閣，1992 年）105-112 頁など参照。

タイルの転換が決定的に重要だということである。

3　行政優位から司法中心の法運用へ

　現代国家においては，いくら「小さな政府」をめざしても，各種の行政サーヴィスを縮小することには限度があり，管理型法である行政法規を用いて社会経済生活に配慮介入する範囲もそれほど狭くなるとは考えられない。また，さまざまな行政目標を実効的に実現するにあたって，一定範囲の行政裁量を認めないと円滑な行政ができないことも否定しがたい。それ故，ダイシー流の古典的な法の支配の原理に固執して，管理型法の増加や行政権の肥大を批判するだけではどうしようもなく，現代法システムの運用における管理型法や行政の重要な役割を正しく認識して，法の支配のめざす目的に照らして，その要請内容をこのような現代的状況にも対応できるように再定式化し，行政の公正の確保と透明性の向上をはかる新たな制度的工夫をすることが肝要である。

　管理型行政法規は，「法による行政」の要請にのっとって運用されなければならないが，行政過程では第一次的には目的＝手段図式によって運用されるため，「目的は手段を正当化する」という論理がまかり通りやすい。また，規制行政にしろ，給付行政にしろ，その対象者は行政機関の裁量次第で，その利害や生活を大きく左右されるため，なかなか対等な立場で行政に対して権利を主張したり義務履行を要求したりしにくいのが実情である。法の支配の実現という観点からは，公正で実効的な行政を行うために，不透明な裁量の余地をなくし，行政によって実現すべき目的自体だけでなく，その実現の手続過程についても，できるかぎり法的理由を明示して説明責任を果たし，関係者や社会一般の納得を得ることを原則とする行政スタイルを確立することが重要である。

　わが国では，1993年に行政手続法が制定された頃から，行政スタイルのこのような転換を求める声が強まり，それを促進する関連法制が次々と整備されるようになった。行政手続法は，行政運営における公正の確保と透明性の向上をはかり，国民の権利利益の保護に資することをめざして，①許認可などの申請に対する処分について，審査基準を定めること，求められれば理由を提示すること，②不利益処分について，聴聞や弁明の機会を付与すること，③行政指導について，あくまでも任意の協力によって実現すべきであって，それに従わ

ないからといって不利益な取扱いをしてはならないこと，指導の趣旨・内容や
責任者を明確に示すことなど，その一般原則・方式を規定している。このよう
な原則・方式は，法の支配の要請を行政過程の特質に合わせて具体的に定式化
したものであり，行政法規の制定・運用に着実に浸透していくことが期待され
る。また，1999 年に制定された情報公開法（「行政機関の保有する情報の公開に関
する法律」），2003 年に制定された行政機関個人情報保護法（「行政機関の保有す
る個人情報の保護に関する法律」）も，それぞれ目的は少しずれるけれども，それ
らに先行して地方自治体の同趣旨の条例の運用実績もあり，行政における公正
の確保と透明性の向上にも顕著なインパクトを及ぼしている。

　行政の公正の確保と透明性の向上のためには，行政過程自体の適正な法的規
律に加えて，行政に対する司法的コントロールの強化が不可欠である。だが，
この点に関するわが国の裁判所の姿勢がきわめて消極主義的であることは，す
でに第 10 章①②で説明した通りであり，このような実態をどのように是正し
てゆくかが今後の重要な課題である。行政訴訟をもっと利用しやすく実効的な
ものとする必要があり，2004 年の行政事件訴訟法の改正（143 頁参照）によっ
て幾つかの点が改善された。しかし，門戸を拡げても，従来のように最終的に
広範な行政裁量を認める判決が下され続けていては，あまり効果がなく，かえ
って裁判所に対する不信を強めかねない。この問題は，必ずしも裁判所の姿勢
だけに責任を帰しうるものではなく，行政実体法自体の規定方式を改め，裁量
行使の司法的コントロールの法的根拠自体を明確化したり整備したりして，裁
判所独自の司法的判断をしやすくする制度的工夫をする必要もある。

　「法の支配」を確立するためには，以上のように，行政自体を公正かつ透明
なものとし，行政に対する司法的コントロールを強化し，権力相互の抑制＝均
衡関係を適正に作動させるとともに，司法システム自体を，社会の紛争解決や
権利救済のために実効的に利用可能な身近なものとすることが必要不可欠であ
る。このことは，行政改革や規制緩和に伴って，社会調整の基本原理が，行政
による事前規制・指導から透明なルールと公正な手続に基づく監視と事後救済
へと転換するにつれて一層重要となる。しかし，わが国の裁判制度や法律家が
現実に果たしている社会的役割には，西欧先進諸国と比べて問題が少なくない
ということもまた関連箇所で指摘した通りである。

　先般の司法制度改革もまた，わが国のこのような法システム・司法制度の実態の是正をめざしたものであり，それぞれ関連箇所で触れたように，わが国の司法制度・法曹制度をめぐって従来から指摘されてきた諸々の懸案事項について，戦後最大規模の多岐にわたる改革が行われたのである。

　今後も「法の支配」の実効的な実現に向けての努力が継続されるべきであるが，その際の基本的視点は，「歯を食いしばって頑張る人が出てこないと動かない法律制度は，悪い制度です」（田中英夫＝竹内昭夫『法の実現における私人の役割』東京大学出版会，1987 年，194 頁）という一言に尽きるであろう。いくら基本的な法の規定内容が，社会一般の人々の常識的な判断や感覚と合致しているべきだと言っても，現代の法システムの規制や救済の仕組みは，少し専門的な問題になると，かなり複雑である。一般の人々が法システムを利用しようとしても，常識的な判断や感覚だけでは的確に利用できず，どうしても法律家の支援を受ける必要がある。法律家の質量の強化拡充，弁護士の活動領域の拡充，弁護士その他の法的サーヴィスへの実効的なアクセスの確保が，司法制度に限らず，法システム全体が国民にとって利用しやすく身近なものとなるために不可欠の前提条件である。

4　法への相互主体的な姿勢の確立を

　法システムが自由で公正な社会の基幹的インフラとして，日本社会に定着し，自主的な行動調整のためのフォーラムとして活性化するためには，以上のように，法システムの運用を行政優位から司法中心に転換し，それを支える法律家などの人的基盤を強化する制度改革だけでは十分ではない。やはり，究極的には，市民一人一人が，法の考え方や用い方自体を転換し，法を用い動かす主体であることを自覚して，行政にしろ，司法にしろ，公権力機関の助けをできるだけ借りずに，相互に相手や関係者の人格・権利を尊重し合いながら，自主的に法的な規準・手続を用いて交渉し議論して，納得のゆく解決や対応をするように，意識と行動を変革することが不可欠である。法システムを作り上げている諸々の制度の改革も，このような相互主体的な姿勢の確立強化と相まってはじめて，実効的なものとなるのであり，いろいろ制度改革をしても，その運用や利用について，行政機関や裁判所のパターナリズムに依存する姿勢を強める

だけのようなものであってはならない。

　法に対するこのような相互主体的姿勢を確立するためには，国家・自治体などの公権力の行使を監視・批判し，必要に応じてその意思形成過程に異議を申し立てたり参加したりするという，いわば垂直関係での主体的姿勢を個々の市民が強めることも重要であるが，それだけでは不十分である。このような公権力の行使と結びついた法の運用だけでなく，公権力の行使から相対的に独立した社会レベルのいわば水平関係で，権利義務・契約などの法的観念を用いた自主的な相互交渉活動を活性化し，法システム全体の社会的基盤を拡充し社会的定着をはかることがぜひとも必要である。相互主体的な姿勢を確立するためには，強制的で権力的な法という，社会的なすそ野の拡がりを欠いた垂直的な法イメージから，社会レベルの私人相互間の自主的な法利用活動を法システム全体の作動の基軸にすえた水平的な法イメージへの転換が推進されるべきである。本書でも，それぞれ関連箇所でこのような法イメージの転換の方向について説明してきたところである。

　しかし，日本社会の現状をみると，一人一人の市民がこのような相互主体的な姿勢を身につけることは，なかなかむずかしく，個人の自律的能力の向上の支援のためにも，国家・自治体などの公権力機関のパターナリズム的な法的配慮介入が必要な場合があることは否定できない。また，個人が属する企業や地域団体などのいわゆる社会的権力の規制力も無視できない。個人個人が，それぞれの善き生き方の理想像に従って適切な自己決定をして幸福な生活を追求するために，必要に応じて法を用いて相互関係を公正な条件のもとで安心して取り結ぶことにはいろいろな障害があり，このような相互主体的な姿勢の成熟を妨げる各種の障害の除去や軽減についても，さまざまの方式の法的手段によらざるを得ない場合が多い。

　もちろん，法などの規制なしに，個人個人が自由にそれぞれの善き生き方を選択でき多様な個性が尊重される公正な社会が実現できれば，それに越したことはない。けれども，社会の仕組みが複雑化し，個人の価値観の多元化や利害関心の多様化がこれだけ進んだ現代においては，このような理想郷の実現は不可能に近く，やはり，一般的なルールと公正な手続に従って利害調整や紛争解決をはかる一つの制度的な仕組みとして法システムが不可欠なのである。

　このような法システムも決して万能ではなく，一定のメリットがあれば，同時にデメリットも伴っていることは，本書でも繰り返し強調してきたところである。だが，社会に生じるさまざまな問題のなかには，"数"や"力"や"利"の論理を斥けて，一定の原理・ルールや権利義務などの観念を規準として，何が正しいのか，何が理に適っているのかということを物事の決め手とする"正"や"理"の論理にこだわるべき領域が厳存することもまた見落とされてはならない。

　法というものの社会的な存在理由は，基本的には，正しいもの・理に適ったものを共通の規準として，意見や利害を異にする人々が共存し共生するための制度的枠組を確立し維持することにある。そして，法というものを，国家が制定し運用する強制的で権力的な命令・裁定システムとしてではなく，個人個人が本当にこのように自分たちのものと考えて自主的な行動調整のために用いることができるような状況を創り出すことが，「法の支配」の理想なのである。

　本書で法学を学びはじめた方々にも，自由で公正な社会においては，「法の支配」に基づく法システムの整備と運用が，その基幹的なインフラとして不可欠であり，このような法システムの役割が十分に発揮されるかどうかは，市民一人一人の相互主体的姿勢の成熟にかかっていることをよく認識し，本書で学んだことを各人の善き幸福な生き方の追求と自由で公正な社会の実現のために，それぞれの立場から活かすように努めていただきたい。

参 考 文 献

　本書の執筆にあたっては，内外の多くの文献を参照させていただいたが，こ
こでは，法学入門の学習・教育に役立つと考えられる主な文献を，原則として
現在でも入手できる日本語の書物に限って挙げることにした。まず，法学入門
全体に関連する文献（1）を紹介したうえで，本書で取り上げた主要なテーマに
ついてもう少し本格的に取り組んでみようとされる方々のために，法の基本的
な仕組みと機能，法の目的・価値に関する文献（2），裁判制度と法律家に関す
る文献（3），法的思考・法律学に関する文献（4）を紹介し，最後に，主な法学
辞典を紹介する（5）。なお，本書の説明は，私がこれまでに公にした著作を基
礎にしているところも多いので，それらもあわせて挙げておいた。

1　法学入門に関する文献

　法学入門に関する書物は多数あるが，私が学生時代に読んだ入門書のなかで
は，戦前に書かれたものだけれども，末弘嚴太郎『法学入門〔新装版〕』（日本
評論社，2018 年），穂積重遠（中川善之助補訂）『やさしい法学通論〔新版〕』（有
斐閣，1963 年）が，文字通りの入門書としてわかりやすかった。その後も，折
に触れて読み返すことがあるが，その都度新たな示唆を得ることもあり，法学
入門書の名著と言ってよいだろう。私の学生時代には，渡辺洋三『法というも
のの考え方』（岩波書店，1959 年）がよく読まれていたが，その後，それに代わ
って，渡辺洋三『法とは何か〔新版〕』（岩波書店，1998 年），同『法を学ぶ』
（岩波書店，1986 年）が刊行された。
　法学入門書として定評があるのは，それぞれ持ち味は異なるが，伊藤正己＝
加藤一郎編『現代法学入門〔第 4 版〕』（有斐閣，2005 年），団藤重光『法学の基
礎〔第 2 版〕』（有斐閣，2007 年），五十嵐清『法学入門〔第 4 版新装版〕』（日本
評論社，2017 年），田中英夫『実定法学入門〔第 3 版〕』（東京大学出版会，1974
年），三ケ月章『法学入門』（弘文堂，1982 年）などであろう。西村健一郎＝西
井正弘＝初宿正典『判例法学〔第 5 版〕』（有斐閣，2012 年），笹倉秀夫『法学講
義』（東京大学出版会，2014 年）は，判例を通じて学ぶ入門書としてそれぞれよ

く工夫されている。また、中山竜一『ヒューマニティーズ法学』（岩波書店、2009年）は、本書よりも基礎法学的視点の強いユニークな案内書であり、以上のような書物に飽き足りない方々に勧めたい。放送大学でこれまで放映された「法学入門」の各担当者の印刷教材もその都度市販されてきたが、本書と同様、それに手を加えたものとして、星野英一『法学入門』（有斐閣、2010年）がある。

2　法の基本的な仕組みと機能、法の目的・価値に関する文献

　このような問題を体系的に扱っているのは、法哲学・法社会学に関する文献であるが、加藤新平『法哲学概論』（有斐閣、1976年）、碧海純一『新版法哲学概論〔全訂第二版補正版〕』（弘文堂、2000年）、平野仁彦＝亀本洋＝服部高宏『法哲学』（有斐閣、2002年）、H. L. A. ハート／長谷部恭男訳『法の概念』（筑摩書房、2014年）、深田三徳＝濱真一郎編著『よくわかる法哲学・法思想〔第2版〕』（ミネルヴァ書房、2015年）、酒匂一郎『法哲学講義』（成文堂、2019年）、六本佳平『法社会学』（有斐閣、1986年）、同『日本の法と社会』（有斐閣、2004年）、棚瀬孝雄編『現代法社会学入門』（法律文化社、1994年）、村山眞維＝濱野亮『法社会学〔第3版〕』（有斐閣、2019年）などが、本書の内容の理解を深める参考になるだろう。

　本書の説明と関連する私の著作としては、田中成明『現代法理学』（有斐閣、2011年）、同『現代日本法の構図〔増補版〕』（悠々社、1992年）、同『法的空間：強制と合意の狭間で』（東京大学出版会、1993年）などがある。

3　裁判制度と法律家に関する文献

　全般的な概観としては、市川正人＝酒巻匡＝山本和彦『現代の裁判〔第8版〕』（有斐閣、2022年）、木佐茂男＝宮澤節生＝佐藤鉄男＝川嶋四郎＝水谷規男＝上石圭一『テキストブック現代司法〔第6版〕』（日本評論社、2015年）などがある。残念ながら今世紀に入って補訂が行われていないが、先駆的なものとして兼子一＝竹下守夫『裁判法〔第4版〕』（有斐閣、1999年）がある。

　司法制度改革前後の問題状況を理解し考えるには、六本佳平『日本法文化の形成』（放送大学教育振興会、2003年）、佐藤幸治＝竹下守夫＝井上正仁『司法制度改革』（有斐閣、2002年）、広渡清吾編『法曹の比較法社会学』（東京大学出版会、

2003年），『岩波講座・現代の法5・現代社会と司法システム』（岩波書店，1997年），田中成明『現代社会と裁判』（弘文堂，1996年），同『転換期の日本法』（岩波書店，2000年），同『現代裁判を考える』（有斐閣，2014年）などが参考になろう。

　入門書としては，民事裁判については，山本和彦『よくわかる民事裁判〔第3版〕』（有斐閣，2018年），中野貞一郎『民事裁判入門〔第3版補訂版〕』（有斐閣，2012年）が読みやすくよく工夫されており，刑事裁判については，三井誠＝酒巻匡『入門刑事手続法〔第8版〕』（有斐閣，2020年）が版を重ねている。小説ではあるが，大岡昇平『事件』（東京創元社，2017年），加賀乙彦『湿原（上）（下）』（岩波書店，2010年）などの一読も勧めたい。

4　法的思考・法律学に関する文献

　あれこれ畳水練をするよりも，興味のある法分野の代表的な概説書・教科書を実際に読んでみるのがもっとも有益である。法解釈がどのようなものかを知るのに手頃な入門書としては，林修三『法令解釈の常識〔第2版〕』（日本評論社，1975年）が古くから読まれてきたが，その承継をめざす吉田利宏『新法令解釈・作成の常識』（日本評論社，2017年）が刊行された。また，よく工夫された入門書として，笹倉秀夫『法解釈講義』（東京大学出版会，2009年），山下純司＝島田聡一郎＝宍戸常寿『法解釈入門〔第2版〕』（有斐閣，2020年）などがある。少し専門的ではあるが，広中俊雄『民法解釈方法に関する十二講』（有斐閣，1997年），伊藤眞『法律学への誘い〔第2版〕』（有斐閣，2006年），山本敬三＝中川丈久編『法解釈の方法―その諸相と展望』（有斐閣，2021年）が，基本的な問題について具体的事例に即してていねいに説明されており，法解釈の方法をめぐる議論状況がわかりやすい。

　法学の歴史を概観するには，碧海純一＝伊藤正己＝村上淳一編『法学史』（東京大学出版会，1976年）が標準的である。余裕があれば，E. エールリッヒ／河上倫逸＝M. フーブリヒト訳『法社会学の基礎理論』（みすず書房，1984年），同『法律的論理』（みすず書房，1987年），Ph. ヘック／津田利治訳『利益法学』（慶應義塾大学研究会，1985年），B. N. カドーゾ／守屋善輝訳『司法過程の性質』（中央大学出版部，1966年），J. フランク／古賀正義訳『裁かれる裁判所（上）（下）』（弘文堂，1970年）などの翻訳によって，裁判・法学改革運動の旗手たち

の見解に直接触れることも勧めたい。

　わが国の戦後の法解釈論争については，川島武宜『科学としての法律学〔新版〕』（弘文堂，1964 年），同『「科学としての法律学」とその発展』（岩波書店，1987 年），同『ある法学者の軌跡』（有斐閣，1978 年），加藤一郎『民法における論理と利益衡量』（有斐閣，1974 年），星野英一『民法論集第一巻，第七巻』（有斐閣，1970 年，1989 年），平井宜雄『法律学基礎論の研究』（有斐閣，2010 年），ジュリスト編集部編『法解釈論と法学教育』（有斐閣，1990 年）などが主な文献である。この論争に関する私の見方については，田中成明『法的思考とはどのようなものか』（有斐閣，1989 年）などを参照していただきたい。

　諸外国の動向については，U. ノイマン／亀本洋 = 山本顕治 = 服部高宏 = 平井亮輔訳『法的議論の理論』（法律文化社，1997 年），Th. フィーヴェク／植松秀雄訳『トピクと法律学』（木鐸社，1980 年），Ch. ペレルマン／江口三角訳『法律家の論理』（木鐸社，1986 年），N. マコーミック／亀本洋 = 角田猛之 = 井上匡子 = 石前禎幸 = 濱真一郎訳『判決理由の法理論』（成文堂，2009 年），R. ドゥウオーキン／小林公訳『法の帝国』（未来社，1995 年）などの翻訳からうかがうことができる。

　法律学的方法論の主要争点や議論動向については，かなり専門的であるが，長谷川晃『解釈と法思考』（日本評論社，1996 年），青井秀夫『法理学概説』（有斐閣，2007 年），田中成明『現代法理学』（前掲）第 5 編，同「法的思考と賢慮（prudentia）の伝統」同『現代裁判を考える』（前掲）などを参照されたい。

5　法学辞典
　代表的なものは，竹内昭夫 = 松尾浩也 = 塩野宏編『新法律学辞典〔第 3 版〕』（有斐閣，1989 年）と杉村敏正 = 天野和夫編『新法学辞典』（日本評論社，1991 年）であったが，最近の制度・法令などの改廃に対応した補訂が行われておらず，現在では使いづらい。法学を学ぶにあたっては，手頃なサイズの六法とともに，高橋和之ほか編『法律学小辞典〔第 5 版〕』（有斐閣，2016 年）ぐらいを座右に備えておくのがよいであろう。

事項・人名索引

*は人名を示す。

258

著者紹介　　田中 成明（たなか しげあき）

1942年　兵庫県三田市に生まれる
1964年　京都大学法学部卒業
　　　　京都大学大学院法学研究科教授，関西学院大学法科大学院教授などを経て，
現　在　京都大学名誉教授
主　著　『裁判をめぐる法と政治』（有斐閣，1979年）
　　　　『法的思考とはどのようなものか』（有斐閣，1989年）
　　　　『法的空間』（東京大学出版会，1993年）
　　　　『現代社会と裁判』（弘文堂，1996年）
　　　　『転換期の日本法』（岩波書店，2000年）
　　　　『法への視座転換をめざして』（有斐閣，2006年）
　　　　『現代法理学』（有斐閣，2011年）
　　　　『現代裁判を考える』（有斐閣，2014年）
　　　　『法の支配と実践理性の制度化』（有斐閣，2018年）等

法学入門〔第3版〕
Introduction to Law, 3rd ed.

2005 年 12 月 20 日 初版第 1 刷発行　　　2023 年 3 月 10 日 第 3 版第 1 刷発行
2016 年 3 月 5 日 新版第 1 刷発行

著　者　田中成明
発行者　江草貞治
発行所　株式会社有斐閣
　　　　〒101-0051 東京都千代田区神田神保町 2-17
　　　　http://www.yuhikaku.co.jp/
印　刷・製　本　中村印刷株式会社

落丁・乱丁本はお取替えいたします。定価はカバーに表示してあります。
©2023, Shigeaki TANAKA.
Printed in Japan　ISBN 978-4-641-12640-4

本書のコピー，スキャン，デジタル化等の無断複製は著作権法上での例外を除き禁じられています。本書を代行業者等の第三者に依頼してスキャンやデジタル化することは，たとえ個人や家庭内の利用でも著作権法違反です。

JCOPY　本書の無断複写（コピー）は，著作権法上での例外を除き，禁じられています。複写される場合は，そのつど事前に，(一社)出版者著作権管理機構（電話03-5244-5088，FAX 03-5244-5089, e-mail:info@jcopy.or.jp)の許諾を得てください。